마음챙김의 배신

McMindfulness
All Rights Reserved.
Text Copyright ⓒ Ronald Purser 2019
First published in 2019 by Repeater, an imprint of Watkins Media Limited
www.repeaterbooks.com

Korean Translation Copyright ⓒ 2021 by Purun Communication
Korean edition is published by arrangement with Watkins Media Limited through Imprima Korea Agency.

이 책의 한국어판 저작권은 Imprima Korea Agency를 통해 Watkins Media Limited와의 독점 계약으로 푸른커뮤니케이션에 있습니다. 저작권법에 의해 한국 내에서 보호를 받는 저작물이므로 무단전재와 복제를 금합니다.

마음챙김의 배신

로널드 퍼서 지음 | 서민아 옮김

McMindfulness

명상은 어떻게 새로운 자본주의 영성이 되었는가?

필로소픽

| 일러두기 |

본문의 미주는 원저자의 주이고, 각주는 옮긴이의 주이다.

목차

1장 • 마음챙김 혁명이란? 7
2장 • 신자유주의 마음챙김 27
3장 • 스트레스의 만트라 51
4장 • 마음챙김의 개인화 71
5장 • 마음챙김의 식민지화 91
6장 • 마음챙김의 사회적 기억상실증 113
7장 • 마음챙김의 진실스러움 문제 127
8장 • 마음챙김하는 근로자 147
9장 • 마음챙김 장사꾼 169
10장 • 엘리트들의 마음챙김 189
11장 • 학교에서의 마음챙김 207
12장 • 군대에서의 마음챙김 229
13장 • 정치에서의 마음챙김 247
결론 • 마음챙김 해방 271

감사의 글 295
주 299

1장

마음챙김 혁명이란?

마음챙김은 오프라 윈프리, 골디 혼, 루비 왁스 같은 유명인사들의 지지를 받는 주류 문화다. 명상 지도자, 수도자, 신경과학자 들이 스위스 다보스의 세계경제포럼에서 CEO들과 어울리는 동안 이 운동의 창시자들은 마음챙김 전도사로 성장했다. MBSR, 즉 '마음챙김에 기반한 스트레스 감소Mindfulness-Based Stress Reduction' 프로그램을 만들어낸 존 카밧진은 과학과 명상 수련의 결합인 마음챙김이 "보편적인 혹은 세계적인 부흥을 일으킬 가능성이 있다."라고 예언한다. 그러면서 스트레스 극복 이상의 더 큰 포부를 선언한다. 마음챙김이 "인류와 지구가 다가올 200년을 살아내기 위해 품을 수 있는, 사실상 유일한 희망이 될지 모른다."[1]

마법의 만병통치약과도 같은 이 마음챙김을 정확히 어떻게 정의할 수 있을까? 2014년 《타임》지 표지에는 〈마음챙김 혁명The Mindful Revolution〉이라는 제목 위로 더할 나위 없는 행복을 만끽하고 있는 금발의 젊은 여성 사진이 실렸다. 해당 호의 특집 기사에는 MBSR을 가르치는 표준 교육과정 중 특징적인, 건포도를 아주 천천히 먹는 상황이 묘사되었다. "2분 동안 건포도 한 알에 집중하는 것을 우스꽝스러운 일이라고 말할 수 없을 것이다. 이 능력에 필요한 기술이 21세기 생존과 성공의 열쇠라면 말이다."[2]

나는 회의적이다. 불평등한 사회를 변화시키려 애쓰지는 않고, 불평등한 사회에서 성공하는 법을 제안하는 것은 사람들이 불평등에 대처할 수 있게 도울지는 몰라도, 결코 혁명적이라고 할 수 없다. 실은 이보다 더 나쁠 수도 있다. 마음챙김은 근본적인 조치를 장려하기는커녕, 어이없게도 고통의 원인이 우리 삶의 모습을 구체적으로 형성하는 정치적·경제적 틀이 아니라 우리 안에 있다고 말한다. 게다가 마음챙김에 열광하는 사람들은 판단하지 않고 지금 이 순간에 더욱 주의를 기울일 때 세계 전체를 변화시킬 혁명적인 힘이 생긴다고 믿는다. 이런 끝내주는 마술적 사고라니.

내 말을 오해하지 않길 바란다. 마음챙김 수련에는 분명 훌륭한 면들이 있다. 정신적인 깊은 숙고는 스트레스 완화뿐 아니라 만성 불안과 그 밖에 많은 질병에 도움이 된다는 것이 밝혀지고 있다. 무의식적인 반응을 더 깊이 인식하게 되면 더 차분해지고 어쩌면 더 친절해질 수도 있다. 마음챙김 관계자들은 대부분 친절하다. 마음챙김 운동의 대표자들을 비롯해 많은 관계자들을 개인적으로 만나 보니, 그들이 기본적으로 심성이 바른 사람들이라는 데는 의심의 여지가 없다. 하지만 지금 그런 이야기를 하려는 게 아니다. 문제는 그들이 팔고 있는 상품, 그리고 그 상품이 포장되는 방식이다. 그들의 마음챙김은 기본적으로 집중 훈련일 뿐 그 이상도 이하도 아니다. 마음챙김은 불교에서 비롯되었지만, 그들은 다른 모든 존재들에 대한 자비심, 그릇된 자아의식에 대한 집착을 버리는 해탈의 목적 같은 불교 교리에 수반하는 도덕적 가르침은 배제한다.

남은 건 자기계발의 옷을 입은 자기 훈련의 도구뿐이다. 이 도구는 수련자들을 자유롭게 하는 것이 아니라, 그들이 당면한 문제를 만든 원인인 바로 그 환경에 적응하도록 돕는다. 정말 혁명적인 운동이라면 이처럼 역기능적인 시스템을 전복시키려 할 테지만, 마음챙김은 그 파괴적인 논리를 강화하는 데 기여할 뿐이다. 기업이 부를 좇는 동안 불평등이 만연해졌고, 지난 몇십 년 사이에 신자유주의 질서가 은밀히 자리를 잡았다. 사람들은 으레 신자유주의 모델의 요구에 순응할 거라고 여겨진다. 스트레스는 병리학적이고 개인적인 것이 되어, 스트레스를 다스려야 할 책임은 개인에게 맡겨졌다. 그리고 이런 곤경에서 벗어나도록 이제 마음챙김 장사꾼들이 나서는 것이다.

마음챙김 관계자들은 이런 견해를 말하는 비평가들에게 악의적이고 까다로운 인간이라는 역할을 부여하려 한다. 그렇지만 나는 마음챙김이 금지되어야 한다거나, 마음챙김의 유용함을 발견한 사람들이 기만당하고 있는 거라는 말을 하려는 게 아니다. 고통 완화는 숭고한 목표이며 장려되어야 한다. 그러나 그 목표를 효율적으로 달성하기 위해서는, 마음챙김 교사들이 개인의 스트레스에는 사회적 원인이 연관되어 있다는 사실을 인정해야 한다. 집단적 고통과 그 고통을 없앨 수 있는 제도적 변화를 다루지 않는 것은, 마음챙김의 진정한 혁명적 가능성을 박탈하는 것이고, 마음챙김을 사람들이 자기 자신에게만 집중하게 하는 진부한 것으로 전락시키는 것이다.

○ **사적 자유** •

불만족과 고통의 근본적인 원인이 우리의 머릿속에 있다는 것이 마음챙김 운동의 기본 메시지이다. 우리는 매 순간 실제로 일어나는 일에 집중하지 못하기 때문에, 과거를 후회하고 미래를 걱정하면서 스스로를 불행하게 만든다는 것이다. 종종 현대 마음챙김의 스승으로 일컬어지는 카밧진은 이것을 "생각병thinking disease"이라고 부르면서,[3] "사회 전체가 대대적인 주의력 결핍 장애를 앓고 있다."라고 진단한다.[4] 집중하는 법을 배우면 머릿속을 맴도는 생각의 볼륨이 줄어들 것이기 때문에, 카밧진은 다른 문화적 병폐와 관련된 원인들은 논의하지 않는다. 그의 저서 《의식 회복 : 마음챙김을 통하여 우리 자신과 세계를 치유하는 법Coming to Our Senses : Healing Ourselves and the World Through Mindfulness》에는 "자본주의자"라는 단어가 딱 한 번 언급될 뿐이다. 스트레스에 시달리는 한 투자자에 관한 일화에서인데, 그 투자자는 "우리 모두 일종의 주의력 결핍 장애를 앓고 있다."라고 말했다고 한다.[5]

마음챙김 옹호자들은 어쩌면 자기도 모르는 사이에 현 상황을 지지하고 있는지도 모른다. 그들은 구글, 페이스북, 트위터, 애플 같은 기업이 어떻게 우리의 관심을 조작해 돈을 버는지 논의하기보다는, 우리의 마음속에서 위기를 찾아내려 한다. 위기는 불안정하고 불확실한 경제에 주의하지 못하고 회복력을 갖지 못한 개인의 탓이 된다. 자본주의 체제 자체의 본질적으로 문제가 있는 속성 때문이 아니다. 그러므로 이제 그들은 우리를 느긋하게 마음챙김하는 자본주의자로 만들어 줄 해결책을 판매한다.

이런 식의 정치적 단순함에 말문이 막힐 지경이다. 마음챙김 옹호자들이 내세우는 혁명은 저항과 집단의 노력을 통해서가 아니라, 원자화된 개인의 머릿속에서 일어난다. 마음챙김 운동의 견해에 학문적으로 접근한 비평가 크리스 고토 존스Chris Goto-Jones는 마음챙김 혁명은

"사회에서 절망에 빠진 사람, 권리를 박탈당한 사람의 혁명이라기보다, 백인 중산층 계급 미국인들이 주도하는 '평화로운 혁명'이다."라고 말한다.[6] 혁명의 목표가 뭔지는 잘 모르겠다. 자기만의 사적 세계에서 이루어지는 마음의 평화 말고는.

마음챙김을 수련하면, 외부의 부패한 영향에 현혹되지 않는 "순수한 깨어 있음" 안에서 개인적인 자유를 발견하게 된다고 한다. 우리는 그저 눈을 감고 호흡을 바라보기만 하면 된다. 한 번에 한 명씩 마음챙김을 함으로써 세계가 서서히 변화하리라는 것, 이것이 이른바 혁명의 핵심이다. 이 정치철학은 이상하게도 조지 W. 부시의 "온정적 보수주의"*를 연상시킨다. 마음챙김은 사적 영역으로 물러나면서 자기the self의 종교가 된다. 공적 영역의 개념은 약화되고 뜻밖에 온정이라는 낙수효과가 발생한다. 그리고 그 결과, 정치이론가 웬디 브라운의 말에 따르면, "국가는 더 이상 집합체가 아니며, 개인 기업가와 소비자로 이루어진 집단"이다.[7]

긍정심리학과 더 광범위하게 퍼진 행복 산업처럼, 마음챙김은 스트레스를 탈정치화하고 개인화한다. 우리가 실직을 당해 건강보험 혜택을 상실하거나, 아이들이 대학 학자금 대출로 빚을 잔뜩 지는 걸 보게 될 때, 우리의 책임은 더 열심히 마음챙김하는 법을 배워야 하는 것이다. 카밧진은 "행복은 내면에서 이루어지는 일"이므로, 아무런 판단을 하지 않고 마음챙김하면서 의도적으로 지금 이 순간에 존재해야 한다고 확신을 갖고 말한다.[8] 또 다른 열렬한 명상 수련 지지자인 신경과

---

* 조지 W. 부시가 2000년 대선에서 내건 통치 이념으로, 기존 보수주의 이념과 달리 사회적 약자와 소수자를 배려하고 분배와 성장의 균형을 강조했다.

학자 리처드 데이비슨은 "행복은 일종의 기술"로서, 팔의 근육을 키우기 위해 스포츠 센터에서 운동을 하는 것과 마찬가지로 훈련될 수 있는 것이라고 주장한다.[9] 소위 마음챙김 혁명은 시장의 명령을 순순히 받아들인다. 이것은 개인의 정신적·감정적 회복력 향상을 목표로 하는 치료적 도움으로, 모두가 자유롭게 자신의 반응을 결정하고 부정적인 감정을 다스리며, 자기돌봄 하면서 "풍요로워질 수 있다"는 신자유주의의 가정을 뒷받침한다. 대부분의 마음챙김 교사들은 이런 식으로 교육과정을 구상하는 한편, 자본주의 사회의 권력 구조와 경제 체제에 내재하는 고통의 원인을 비판하는 내용은 배제한다.

만일 이런 버전의 마음챙김에 만트라가 있다면, 그 지지자들은 "나, 나, 나I, me, mine"라고 읊조리고 있을 것이다. 내 동료인 C. W. 헌팅턴C. W. Huntington의 말처럼, 평상시 모습을 고려할 때 대부분의 서양인들이 제일 처음 묻는 질문은 "그걸 하면 나한테 무슨 이득이 있는가?"이다.[10] 마음챙김은 개인의 이익과 만족감을 위한 수단으로 시장에서 거래되고 팔린다. 자기-최적화self-optimization는 가장 중요한 요소다. 나는 **나의** 스트레스를 완화하길 원한다. 나는 **나의** 집중력을 향상시키길 원한다. 나는 **나의** 생산성과 성과를 증진시키길 원한다. 우리는 짭짤한 배당금을 기대하며 주식에 투자하는 것처럼 마음챙김에 투자한다. 또 한 명의 회의론자 동지, 데이비드 포브스David Forbes는 이런 내용을 그의 책 《마음챙김과 그에 관한 불평들Mindfulness and Its Discontents》에서 다음과 같이 정리한다.

어떤 자아가 스트레스를 줄이고 행복하길 원할까? 바로 내 자아다! 마음챙김 산업은 당신의 자아가 행복해지는 데 도움이 되길, 당신이라는 개인

브랜드를 홍보하길 바란다. 그리고 그 과정에서 당연히 (당신과 내가) 돈을 벌어 좀 갖다 바치길 바란다. 전제는 단순하다. 당신의 생각과 감정이 어떠하든, 혹은 당신이 무슨 행동을 하든 상관없이 마음챙김을 수련하면, 마음챙김에 더 깊이 들어가면 행복해질 것이다."

당연히 이에는 자본주의의 규범이 반영되어 있으며, 현대 세계의 많은 것들을 왜곡한다. 그런데도 마음챙김 운동은 이 규범을 적극적으로 받아들이며, 꼭 그렇게 해야 하느냐고 묻는 비평가들의 질문을 일축한다.

마음챙김의 상품화

마음챙김은 거대 패스트푸드 기업 KFC가 치킨 파이를 파는 데 이용할 정도로 아주 유명한 상품이다. KFC의 "컴포트 존 : 고기 파이와 함께 하는 명상 시스템Comfort Zone : A Pot Pie-Based Meditation System"은 영향력이 큰 어느 광고 에이전시가 기획했는데, 해설자의 차분한 목소리가 깔린 신비로운 분위기 속에 결가부좌를 하고 앉은 고기 파이가 빙글빙글 회전하는 이미지가 사용된다. 해설자는 시청자들에게 영상을 보면서 "함께 여정을 떠나자."라고 말한다. "컴포트 존은 KFC의 시그니처 메뉴인 고기 파이의 놀라운 힘을 바탕으로 한 개인의 명상, 마음챙김, 긍정의 획기적인 시스템입니다."[12]

마음챙김은 이 운동의 엘리트층이 주도하는 대대적인 언론 홍보와 매끈한 마케팅의 지원을 받아, 현재 40억 달러 가치의 산업이 되었다고 한다. 아마존에서 판매하는 책들 중 10만여 권이 제목에 온갖 형태의 "마음챙김"을 달고 나온다. 몇 가지 예를 들면 《마음챙김 육아》,《마음챙김 식사》,《마음챙김 가르침》,《마음챙김 치료》,《마음챙김 리더십》,《마음챙김 자금관리》,《마음챙김 국가》,《마음챙김 반려견 키우기》 등등인데, 모두 마음챙김의 이득을 내세우고 있다.《마음챙김 컬러링 북》도 있는데 하위 장르에서 나름 베스트셀러다. 책 외에도 워크숍, 온라인 강좌, 고급 잡지, 다큐멘터리 영화, 스마트폰 앱, 종, 쿠션, 팔찌, 미용제품 등 기타 용품뿐 아니라, 최근 급증하는 수익성 좋은 컨퍼런스 순회도 있다. 공립학교, 월스트리트와 실리콘밸리의 기업들, 법률사무소, 미군을 포함한 정부 기관에도 마음챙김 프로그램이 진출해 있다. 미디어에서는 마음챙김이 건강에 미치는 이로운 영향과 이처럼 간단한 수련이 두뇌에 가져오는 변화와 효과를 다룬 과학적 연구들이 거의 매일같이 보도된다.

마음챙김을 자연과학인 양 포장하는 것은 대중의 이목을 끄는 확실한 방법이다. 마음챙김 프로그램의 판매 및 마케팅의 핵심 포인트는 "최신 신경과학"을 기반으로 명상의 "효과"가 증명되었다는 것이다. 그러나 이것은 사실과 전혀 다르다. 명상을 생활화하고 있는 많은 저명한 신경과학자들이 인정하는 바와 같이, 마음챙김과 그 밖에 다른 명상 수련에 관한 과학적 연구는 아직 초기 단계이며, 명상에 의한 뇌 변화에 관한 지식에는 딱히 주목할 만한 내용이 없다.[13] 브라운 대학교의 윌러비 브리튼Willoughby Britton 교수는 이렇게 말한다. "대중의 열광이 과학적 증거를 앞지르고 있다. 사람들은 데이터가 실제로 말하고 있는 사실이 아니라, 그들이 믿는 내용을 뒷받침할 증거를 찾는다."[14] 과학 연구의 지배적인 성격은 객관성과 신중함이다. 무언가를 옹호하기 위해 연구가 이용될 때 연구의 신뢰성은 의심받게 된다. 브리튼은 마음챙김에 대한 "실험자의 몰입은 실제 치료보다 더 큰 효과를 보게 만들 수도 있다."라며 우려를 표한다. 마음챙김 운동의 기세가 워낙 대단해서 건강한 과학의 전형적인 특징인 신중함이 무시될 정도다. 거액의 돈을 좇는 연구자들, 책을 계약하려는 작가들, 수강생을 찾아다니는 마음챙김 강사들, 청중을 구하는 워크숍 기획자들이 다 함께 과학적으로 타당하다는 의심스러운 주장 위에 산업 하나를 띄웠다.

또 다른 마케팅 미끼는 마음챙김이 불교의 가르침과 관계가 멀다고 말하는 것이다. 불교에서 잘라낸 것임에도 말이다. 현대의 전문가들은 불교의 문화적 특징과 마음챙김의 관련성을 거리낌 없이 과시하면서도—다시 말해, 불교의 이국적인 성격과 달라이 라마 같은 상징적 존재의 매력을 이용하면서도—동시에 불교를 없애야 할 외국의 "낡은 문화적 인습"으로 치부한다. 그들은 종종 "불교 없는 불교 명상"이라든지 "모든 미신적인 요소를 배제한 불교의 이점"을 제시한다고 주장하면서 이를 장점으로 내세운다. 대부분 미처 의식하지 못하는 것 같은 모욕적인 논지—마치 이런 식의 말투와 유사하다. "난 말이지 유대인다운 데가 전혀 없는 세속적인 유대인이 좋아. 왜 있잖아, 유대교 신앙, 예식, 관습, 문화유산 등등 별의별 미신을 숭배하지 않는 유대인 말이야."—는 제쳐두더라도, 그들은 식민지 시대의 담론 방식에 갇혀 있다. 명성을 얻기 위해 불교의 진정한 본질에 대한 권리를 주장하는 한편, 이제는 과학이 불교를 대신해 마음챙김에 대한 보편적인 이해를 제공하고 있다고 선언한다.

일부 불교 신자들은 도전적인 주장을 제기한다. 거침없이 의견을 말하는 미국인 승려 빅쿠 보디의 말을 인용하면, 명상을 가르치는 권력이 우리를 노예로 만들지도 모른다. 그는 이같이 경고한다. "날카로운 사회 비판이 없는 불교 수행은 소비 자본주의를 강화하면서, 필시 현 상황을 정당화하고 고착시키는 데 이용될 것이다."[15] 마음챙김이 불교 수행인지 아닌지에 관해 논쟁을 할 수도 있지만(미리 말하지만, 마음챙김은 불교 수행이 아니다), 우리가 다루려는 논의에서 벗어나므로 이쯤에서 넘어가겠다.

경영학 교수이자 오랜 불교 수행자로서 나는, 윤리 의식이 의심스럽고 사회적 책임과 관련된 실적이 저조한 대기업들이 실적을 올리기 위한 방법으로 마음챙김 프로그램을 도입하기 시작했을 때, 이 문제를 공개적으로 밝혀 보여야겠다는 도의적인 의무감을 느꼈다. 2013년에 나는 데이비드 로이와 함께 마음챙김 프로그램의 효과, 윤리, 제한된 관심사에 의문을 제기하는 글을 《허핑턴 포스트》지에 게재한 적이 있다.[16] 제목 때문인지 놀랍게도 우리가 쓴 기사가 입소문이 났는데, 글의 제목은 "맥마인드풀니스를 넘어서Beyond McMindfulness"였다.

"맥마인드풀니스McMindfulness"는 불교 교사이자 심리치료사인 마일스 닐Miles Neale이 만든 용어로, 그는 "당장은 배를 불리지만 오래 건강을 유지하는 데는 도움이 되지 않는 식탐 같은 영적 수행"이라고 설명했다.[17] 적절한 명칭이지만, 여기에는 더 깊은 의미가 함축되어 있다. 현대의 마음챙김 유행은 사업적으로 봤을 때, 맥도날드와 같은 길을 걷는다. 맥도날드 창업자 레이 크록은 패스트푸드 산업을 탄생시켰다. 에크하르트 톨레, 디팩 초프라와 대등한 수준의 영성 판매원인 마음챙김의 거장 카밧진처럼, 크록은 선지자였다. 밀크셰이크 기계를 팔던 초창기에 크록은 캘리포니아주 샌 버너디노에서 식당 체인점 영업권의 판매 가능성을 내다봤다. 그리고 맥도날드 형제의 체인점 사업 대리인으로 일하기로 계약을 맺었고, 얼마 후엔 체인점들을 매수해 글로벌 기업으로 성장시켰다. 카밧진은 MIT에서 분자생물학으로 박사학위를 받은 뒤 어떤 영감에 사로잡혔다. 헌신적인 명상가였던 그는 한창 수행하던 중 문득 어떤 통찰을 얻었다. 불교의 가르침과 수행을 적용하면 병원에 있는 환자들이 육체적 고통, 스트레스, 불안을 다스리는 데 도움이 될 거라고 말이다. 종교적인 색채를 띠지 않는 세속적인 불교 영성으로 마음챙김을 상품화한 것은 그의 빛나는 업적이었다.

크록과 카밧진 모두 기회를 알아보는 탁월한 능력이 있었다. 미개척 시장의 수요를 감지하는 능력, 새로운 사업 기회를 창출하는 능력, 그리고 상품과 서비스를 퍼뜨릴 획기적인 방법들을 감지하는 능력 말이다. 크록은 자동화, 표준화, 훈련을 통해 바쁜 미국인들에게 즉석에서 일관된 방식으로 음식을 제공하는 기회를 내다보았다. 그는 야심과 투지가 넘치는 체인점 가맹주들을 모집한 다음, 일리노이주 엘크 그로브에 있는 그의 "햄버거 대학" 훈련 과정에 보냈다. 체인점 가맹주들은 "전공 햄버거학, 부전공 프렌치프라이학"을 이수하고 자격증을 받았다. 크록은 싼 가격의 패스트푸드에 끌리는 새로운 시장을 찾아다니면서 영역을 계속해서 확장해 나갔다.

마찬가지로 카밧진도 표준화된 교육과정을 이용하여 일관된 방식으로 가르치는, 스트레스 완화를 위한 8주간의 마음챙김 단기 과정으로 스트레스에 지친 미국인들이 MBSR에 쉽게 접근하게 할 수 있으리라는 걸 감지했다. MBSR 교사들은 매사추세츠 주 우스터에 있는 카밧진의 마음챙김 센터에서 운영하는 프로그램에 참여해 수료증을 받았다. 카밧진은 기업, 학교, 정부, 군대 같은 새로운 시장을 알아채고, 여러 형태의 "마음챙김에 기반한 개입Mindfulness-based interventions, MBIs"을 홍보하면서, MBSR의 범위를 계속해서 확장해 나갔다. 사업가로서

두 남자 모두 자신들의 상품이 가맹점별로 질이나 내용에서 차이 지지 않도록 조치를 취했다. 맥도날드의 햄버거와 프렌치프라이는 두바이에서 먹든 더뷰크에서 먹든 예상하는 그대로 맛이 똑같다. 마찬가지로 MBSR의 체계, 교육과정 역시 전 세계 어디에서나 거의 차이가 없다.

〈맥마인드풀니스를 넘어서〉를 발표한 후, 나는 마음챙김이 과대평가되고 상품화되는 과정, 거의 모든 도구적 목적을 위한 기술로 전락하는 과정을 전전긍긍하며 지켜보았다. 마음챙김은 도심의 아이들을 타임아웃으로 진정하게 해주거나, 헤지펀드 트레이더들을 정신적으로 유리하게 만들어 주거나, 군용 드론 조종사의 스트레스를 완화시킬 수 있다. 상품화된 마음챙김은 도덕적 기준이나 윤리적 책무 없이, 사회적 공익에 대한 비전이 없이, 시장의 정신에 닻을 내리고 있다.

자본주의 영성

이것은 부분적으로 마음챙김 관계자들이 수련과 정치는 아무런 관련이 없다고 믿으면서 도덕적 탐구를 하지 않고 사회적 공익을 고려하길 꺼리는 경향과 밀접한 관계가 있다. 자유방임주의적 마음챙김은 "공익"과 같은 문제를 지배적인 시스템이 결정하도록 내버려둔다. 윤리적인 행동은 수련을 통해, 그리고 나긋나긋한 말투와 훌륭한 인품을 가진 "전형적인" 마음챙김 교사의 모습을 통해, 혹은 귀납적으로 우연히 도출한 자아발견을 통해 "자연스럽게" 일어날 거라고 단순하게 가정한다. 그러나 "판단하지 않고 지금 이 순간에 주의를 기울이면" 주된 윤리적 변화들은 본질적으로 따라오게 되어 있다는 주장에는 명백히 결함이 있다. "판단하지 않는 알아차림"을 강조하는 것은 개인의 도덕 지능을 아주 쉽게 무력화할 수 있다. 만일 마음챙김을 한 군인들이 일제히 전쟁을 거부한다면, 미 국방부가 마음챙김에 투자할 일은 없을 것 같다.

마음챙김은 자본주의적 영성의 최신판으로, 그 계보는 서양 사회에서 종교가 개인화되던 때로 거슬러 올라간다. 이것은 몇백 년 전, 신앙과 현대의 과학 지식이 화해하는 방식으로 시작되었다. 개인의 사적 경험은 과학으로 측정될 수 없기에 종교는 내면화되었다. 이 과정에서 중요한 인물로는 종교를 심리학적으로 해석하는 데 기여한 19세기 심리학자 윌리엄 제임스, 뉴에이지 운동을 추동한 인본주의 심리학자 에이브러햄 매슬로를 들 수 있다. 《영성 팔이 : 침묵의 종교 장악Selling Spirituality : The Silent Takeover of Religion》에서 저자 제레미 카레트와 리처드 킹은 아시아의 지혜 전승들은 18세기 이후 식민지화와 상업화의 지배를 받으면서, 지배적인 문화적 가치관에 완벽하게 순응하는 매우 개인주의적인 영성을 생산하고, 생활 방식에 아무런 실질적인 변화를 요구하지 않는다고 주장한다.[18] 이러한 개인주의적 영성은 특히 마음챙김에서 사용하는 모호한 용어에 가려질 때 개인화라는 신자유주의 의제와 명백히 연결된다. 시장의 힘은 마음챙김 운동의 기세를 이용하여, 마음챙김의 목표를 굉장히 제한적인 개인 영역으로 조정하고 있다.

카레트와 킹은 개인화된 마음챙김 수련은 "고통을 일으키는 사회적·정치적·경제적 불평등에 도전하기보다, 개인적인 차원에서 두려움과 불안의 감정을 진정"시키려는 "타협적인" 태도에 쉽게 편입되고 또 제한된다고 말한다.[19] 그러나 개인화된, 그리고 심리학적으로 다루어지는 마음챙김에 몰두하는 것은 다분히 정치적인 행위다. 이는 한병철이 말하는 "심리-정치psycho-politics"에 해당하는 것으로, 심리-정치란 현대 자본주의가 마음을 일종의 생산력으로 이용하는 것이다.[20] 마음챙김을 기반으로 하는 개입들은 개인이 시스템 안에서 제 기능을 유지하기 위해 "정신적으로 건강하고" 세심하게 주의를 기울이고 회복력을 갖출 수 있도록, 치료적으로 접근해 개인을 최적화함으로써 이 목적을 달성한다. 이러한 포기는 혁명과는 전혀 거리가 멀고 오히려 조용한 굴복에 가까운 것 같다.

　마음챙김은 우리가 자본주의의 유해한 영향을 극복할 수 있도록 돕는 힘으로 입지를 굳히고 있다. 그러나 마음챙김이 제시하는 내용이 시장에 너무도 쉽게 흡수되기 때문에, 사회와 정치를 변화시킬 가능성은 거세된다. 마음챙김 운동의 지도자들은 자본주의와 영성이 조화를 이룰 수 있다고 믿기 때문에, 사회적·정치적·경제적 원인을 더 깊고 넓게 탐구해야 할 필요성을 배제한 채 개인의 스트레스를 완화하려 한다.

　이런 의문을 제기하는 사람들이 있을지도 모르겠다. 기업의 경영진과 그 밖에 사회의 1%에 속하는 지배층에게 마음챙김을 제공하는 것이 뭐가 문제라는 거지? 그들도 다른 사람들과 마찬가지로 마음챙김의 이점을 누릴 수 있는 거 아닌가? 그러나 더 적절한 질문은, 실제로 어떤 마음챙김이 제공되고 있는가 하는 것이다. 기업의 경영진도 다른 사람들과 동일한 마음챙김 상품을 제공받는다. 하지만 그것은 스트레스의 원인에 관한 지혜와 통찰은 주지 않는다. 그저 스트레스를 진정시키기에 적당한 도구일 뿐이다. 정말 혁명적인 마음챙김이라면, 윤리적 행위에 관계없이 행복할 권리가 있다는 서양의 의식에 도전해야 할 것이다. 하지만 마음챙김 프로그램들은 기업의 경영진들에게, 불교의 마음챙김이 버리고자 하는 탐욕, 분노, 망상을 경영상의 결정과 기업 정책이 어떤 식으로 제도화하는지 검토하라고 요구하지 않는다. 대신 마음챙김 수련은 스트레스를 없애고, 생산력과 집중력을 향상하며, 주 80시간 근무 후에 몸과 마음을 회복하는 수단으로 경영진들에게 판매되고 있다. 그들은 틀림없이 "명상"을 하고 있겠지만, 그것은 두통에 아스피린을 먹는 것과 다를 바 없는 기능을 할 뿐이다. 고통이 사라지면, 평소와 다를 게 없다. 개개인은 더 좋은 사람이 될지 몰라도 최대 이윤이라는 기업의 방침은 변함이 없다. 경제학의 낙수효과처럼 마음챙김의 낙수효과는 권력 유지를 위한 눈가림이다.

마음챙김은 신자유주의 사고방식에 지배된다. 활용되어야 하고, "효과"가 입증되어야 하며, 바람직한 결과를 이끌어내야 한다. 그렇게 함으로써 마음챙김이 저항의 도구로 제시되지 않고, "자기돌봄"의 기술로 한정되도록 예방할 수 있다. 그리하여 마음챙김은 더 나은 성과와 효율 증진을 위해 정신적·감정적 장애 요소를 제거하는 치료제— 만병통치약—가 된다.[21] 이런 논리가 공공 서비스에서 대기업에 이르기까지 대부분의 기관에 만연하고, "적응하느냐, 소멸하느냐!" 하는 말로 회복력 추구가 강요된다.[22] 그 결과 내면 상태에 대해 강박적으로 자기검열을 하고, 사회에 대한 근시안적인 견해가 만들어진다. 외부 세계에 대한 관심보다 자기 몰두 self-absorption가 우선하는 것이다. 그리고 한병철의 말처럼 이것은 청교도적 직업윤리를 다시 끌어들인다.

끊임없는 자기계발 노력은 그 자체로 주체화와 지배의 기술인 프로테스탄트적 자기 성찰, 자기검열과 닮아 있다. 이제 우리는 죄를 수색하는 대신 부정적인 생각을 추적한다.[23]

마음챙김이 마케팅에 성공하자 사람들은 종종 이것을 매력적일 정도로 무해한 것으로, 그리고 도움이 되는 것으로 여기는 것 같다. 그러니 뭐 하러 흠을 찾겠는가? 마음챙김을 잠깐이라도 접하는 것이 전혀 접하지 않는 것보다 낫지 않겠는가? 회사원이 긴장되는 회의가 시작되기 전에 스마트폰에 깔린 앱으로 3분짜리 호흡 수련을 하는 데 무슨 문제가 있겠는가? 표면적으로는 별로 문제 될 게 없다. 그러나 우리는 비용에 대해서도 생각해봐야 한다. 마음챙김이 스트레스를 주는 애초 원인인 치명적인 조건에 대처하는 데 도움이 된다면, 아마도 우리는 좀 더 높은 목표를 세울 수도 있을 것이다. 왜 우리는 체제가 비도덕적인 기업의 목적을 위해 마음챙김을 멋대로 이용하는 걸 용납해야 하는가? 우리는 이런 변칙적인 방법이 사람들을 스스로 "자기 착취" 하게 만든다는 사실을 축하해야 하는가? 이것이 문제의 핵심이다. 마음챙김 수련을 위해 개인의 내면에 초점을 맞출 때, 이것은 기업의 요건부터 사회의 지배 구조에 이르기까지 또 다른 요소들을 내면화하는 것으로 이어진다. 어쩌면 가장 최악은 이런 순종적인 자세가 자유입네 포장된다는 사실이다. 실제로 마음챙김은 자유라는 모호한 용어를 즐겨 사용하면서 자기중심적인 "자유"를 찬양한다. 반면에 시민의 책임, 즉 협력하는 공정한 사회 안에서 진정한 자유를 찾는 집단적 마음챙김 함양에는 관심을 두지 않는다.

물론 부당함, 불평등, 환경 파괴 들의 원인에 대한 진지한 문제제기보다는 스트레스 완화, 개인의 행복과 안녕 증진이 훨씬 판매하기 쉽다. 전자는 사회 질서에 대한 도전을 의미하지만, 후자는 개인의 집중력을 높이고, 직장과 학교에서 성과를 향상시키며, 심지어 보다 즐거운 성생활을 약속하는 등 당장 중요한 일과 직접적으로 관련이 있다. 일반 대중을 대상으로 발간되는 잡지《마인드풀Mindful》을 아무 발행 호수나 집어서 펼쳐보면, 마음챙김의 현실적이고도 세속적인 유익을 내세우는 기사들이 넘쳐나는 걸 알게 될 것이다. 이런 기사가 정신적, 육체적으로 더 건강해지기 위한 수단으로 영성을 중요하게 여기는 소비자들의 마음을 끈다는 것은 두말 할 나위가 없다. 마음챙김은 새로운 심리치료 기법으로 재포장될 뿐 아니라 자조 기술로서 그 유용성이 상업적으로 광고되고 있다. 이런 상품화는 영적 수련이 정말로 개인의 사적인 일이라는 개념을 강화한다. 이렇게 개인화가 이루어지고 나면, 이 수련들은 사회적·경제적·정치적 통제를 위해 쉽게 동원된다.

〈맥마인드풀니스를 넘어서〉에서 주장했던 것처럼, 이는 순전히 현대의 교사들이 수련을 구성하는 방식 때문이다.

사회윤리라는 토대뿐 아니라 해방과 변화라는 본래 목적에서도 벗어난 마음챙김은 결국 파우스트식 거래에 이르게 된다. 마음챙김은 탐욕, 적의, 망상이라는 해로운 뿌리에서 개인과 집단을 깨어나게 하기 위한 수단으로 적용되기보다는, 사실상 이 뿌리를 강화하는 진부하고 치료적인 자조 기술로 개조되고 있는 것이 일반적인 현상이다.[24]

이 책은 이러한 현상이 일어나는 과정, 그리고 해결 방법을 탐구한다. 마음챙김은 사회적 불평등에 깊이 공모할 필요가 없다. 마음챙김은 또한 그 복잡한 얽힘을 푸는 방식으로 가르침을 줄 수도 있다. 그러기 위해 우리는 실제로 어떤 일이 일어나고 있는지 알아야 하고, 집단적 고통을 경감시키기 위해 전념을 다해 노력해야 한다. 또한 신자유주의적 사고로부터 마음챙김을 해방시켜 "나"에서 "우리"로 초점을 옮겨야 한다.

이 목적을 위해서, 나는 이 책에서 기업의 부당하고 이기적이며 탐욕스럽고 기만적인 행태를 단호하고 냉정하게 지적한다. 개인의 스트레스와 사회적 억압의 관계를 은폐하며 제대로 마음을 들여다보지 않는 마음챙김 운동이 옹호하는 주장들을 밝혀 보이려 한다. 또한 마음챙김 지지자들의 자화자찬하는 설명에, 균형을 위해 반드시 필요한 비판적인 견제를 제시한다. 마음챙김 운동의 과장 광고와 반지성주의적 정서 아래 감추어진 그림자에 조명을 비추어 상기시키려 한다. 이 과정은 마음챙김하는 신자유주의의 신하를 양산하는 사회적 건망증과의 싸움이다. 진정한 의미의 마음챙김은 우리의 상황을 상기하고 그 상황 안에서 주의를 기울여 존재한다는 측면에서만이 아니라, 우리의 삶을 총체적으로 재조합한다는 측면에서도 기억을 재형성하는 re-membering 행위이다.

2장

신자유주의 마음챙김

경제 전문 기자 데이비드 겔레스는《뉴욕 타임스》에〈실생활을 위한 명상Meditation for Real Life〉이라는 칼럼을 2년 동안 연재했다. 그는 저서《마음챙김 효과Mindful Work》에서 "세금 계산할 때 하는 마음챙김", "스포츠 센터에서 하는 마음챙김", "병원에서 하는 마음챙김" 등 품질 보증서 같은 진부한 표현들을 남발했다. 이 가운데 "지하철에서 하는 마음챙김"은 혼자 보기 아까울 만큼 아주 재미있다. 만원 지하철에서 겔레스의 조언에 따라 마음챙김하는 뉴요커를 상상해 보시길.

몇 차례 심호흡을 하십시오. 그런 다음 살며시 미소 짓듯 입술을 위로 올리고, 함께 지하철에 타고 있는 다른 사람을 지긋이 응시하십시오. 그 사람을 바라보면서 떠오르는 생각이나 감정에 주목하세요. 그를 당신의 친구라고 상상하면서 다정하고 친절한 시선으로 그를 바라봅니다.[1]

이런 식의 마음챙김은 금욕주의적인 자기 진정에 가깝다. 무엇이 나를 불안하게 만들지라도, 그저 내 앞에 있는 대상에 마음을 집중하면서 포근하고 따뜻한 감정을 느끼기 위해 최선을 다하면 된다(아무쪼록 내가 응시하는 그 사람도 나와 같은 행동을 하길 바라면서)!

마음챙김의 권위자 카밧진은 "자기 자신과 세계와 조화를 이루며" 더 나은 삶을 사는 것이 목적이라고 말한다.[2] 생각, 스트레스, 걱정을 재빨리 통과시키고 오아시스 같은 안도감을 제공하는 마음챙김 수련을 통해, 사람들은 감정적 반응과 충동을 다스리는 법을 배울 수 있다. 꽤 유익하게 들릴지 모르지만, 여기에는 숨은 의미들이 있다. 첫째, 마음챙김은 현대 사회의 거대한 불평등, 빈곤, 부당함이라는 스트레스의 원인들로부터 주의를 돌린 채 자기 자신과 마음의 작용에만 집중하길 권하고, 결과적으로 고통의 일부 원인들을 강화한다. 둘째, 이 부분이 더 명확한데, 세계와 조화를 이루며 산다는 것은 자본주의를 기정사실로 받아들인다는 것을 의미한다. 사회 변화에 대한 근본적인 비평이나 의견은 필요하지 않다. 겔레스는 《뉴욕 타임스》의 보수 좋은 직책에 앉아 가볍게 어깨를 으쓱해 보이며 우리에게 장담한다. "우리는 자본주의 경제에 살고 있고, 마음챙김은 그 사실을 바꿀 수 없습니다."[3]

하긴, 그런 조건으로 팔린다면 결코 바꿀 리가 없다. 스스로를 시장 친화적인 고통 완화제로 제시하는 만큼 마음챙김은 대중문화에서 따뜻한 대접을 받기 마련이다. 직장의 사고방식에 완벽하게 들어맞는 마음챙김의 현 위치를 위협하는 게 있다면, 무한 경쟁에 더 능숙하게 대처하는 방법이 나타나는 상황일 것이다. 현대 사회의 신자유주의적 합의는 부와 권력을 누리는 사람들이 더 많이 축적할 수 있도록 마음껏 자유를 허용해야 한다고 주장한다. 시장의 논리를 잘도 받아들이는 이 마음챙김 장사꾼들이 다보스 세계경제포럼에서 CEO들에게 호평받는다는 사실은 놀랍지도 않다. 다보스 포럼에서 카밧진은 명상 수련을 해서 얻게 되는 경쟁 우위의 복음을 거침없이 전한다.[4]

지난 몇십 년 동안 신자유주의는 보수주의적인 뿌리에서 벗어났다. 그리하여 카밧진 같은 자칭 진보주의자들까지도 신자유주의적 입장에서 생각할 정도로 공공 담론을 장악했다. 시장의 가치는 사람들의 생활 구석구석에 침투해, 우리가 세상을 어떻게 해석해야 하는지, 그 안에서 어떻게 생활해야 하는지 규정한다.

마음챙김 운동은 신자유주의식 리더십 아래서 확고하게 자리잡았다. 이 운동은 카밧진이 1979년에 매사추세츠 의과대학에 설립한 스트레스 완화 클리닉과 함께 시작되었는데, 이는 마거릿 대처가 영국 수상이 되던 때와 같은 해였고, 곧이어 로널드 레이건이 미국 대통령으로 당선되어 합류했다. 두 사람 모두 신자유주의 프로그램을 추진했다. 대처는 "경제학은 방법론이다. 목적은 마음과 정신을 변화시키는 것이다."라고 말했다.[5] 마음챙김이 이와 비슷한 작용을 해서 신자유주의의 요구에 부응하도록 우리를 개조할 수 있을까? 우리는 마음챙김 산업의 시장 친화성을 의심해 봐야 한다.

○ '나' 주식회사 ●

신자유주의에 대한 가장 간단명료한 정의는 아마도 프랑스 사회학자 피에르 부르디외가 내린 정의일 것이다. 부르디외는 신자유주의가 "순수한 시장 논리를 저해할 소지가 있는, 집단적 구조collective structures들을 파괴하기 위한 프로그램"이라고 말한다.[6] 이것은 정부, 중앙은행, 국제통화기금의 글로벌 엘리트들이 찔끔찔끔 내놓는 일련의 정책들을 넘어선다. 더 정확히 말하면, 신자유주의는 문화적 헤게모니의 복합적인 형태. 그 음험한 세계관 안에서는 인간을 다른 사람들과 경쟁하는 개인 사업—'나' 주식회사—을 운영하는 기업가로 이해하는 것이 가장 정확할 것이다. 교과서는 합리적인 경제 행위자를 이야기하지만, 실제로 그 효과는 명백한데, 인류를 돈을 좇는 동물—호모 이코노미쿠스homo economicus—로 재창조했다. 시장의 심리는 오늘날 소셜 미디어에서 쉽게 볼 수 있다. 페이스북, 트위터, 인스타그램, 링크드인의 프로필은 관리된 개인의 이미지를 장려한다. 대체로 우리는 시장 중심 사회가 "인적 자본"과 자아존중감의 가치를 향상시키기 위해 우리에게 무한한(동등하지는 않더라도) 기회를 제공한다고 여기도록 길들여져 있다. 그리고 개인의 자유와 잠재력을 충분히 실현하기 위해, 우리는 내적 자원들을 능숙하게 관리해 '나'의 안녕과 자유, 행복을 극대화해야 한다.

신자유주의 이데올로기는 경쟁이 가장 중요하기 때문에, 사회의 운영 방식에 관한 모든 결정을 시장의 작동에 맡겨야 한다고 주장한다. 시장은 경쟁자들이 '나'의 이익을 극대화할 수 있는 가장 효율적인 메커니즘이기 때문이다. 정부, 자발적 결사체 등을 포함한 사회적 행위자들은 시장 논리가 원활하게 작용하는 데 방해만 될 뿐이므로 해체되거나 무시되어야 한다. 어쨌든 신자유주의는 이론적으로 사유재산권 방어를 규정하고 시장의 자유를 옹호함으로써 기업가 정신을 고취한다. 그러나 실제로는 "너무 비대해서 망할 수도 없다"고 여겨지는 은행 같은 일부 경제 행위자들은 편법을 이용하는 반면, 복지 대상자 같은 그 밖에 행위자들은 약탈자라며 악마처럼 취급받는다.

그 결과가 어떤지 보자. 우리가 본능적으로 막연하게 좌파 쪽으로 기울어 대부분의 신자유주의 정책을 거부하지만, 자기도 모르는 사이에 그 뒤에 숨은 기본적인 세계관을 공유하면서 동시에 마음챙김의 가치를 굳게 신뢰하고 널리 활용한다고 가정해 보자. 이 두 경향이 바싹 붙어 자본주의적 관행을 옹호하도록 지지하게 된다. 신자유주의 사회의 행위자들에게 마음챙김은 함양되어야 할 기술 내지는 활용되어야 할 자원이다. 숙달이 되면, 마음챙김은 우리 개인의 안녕을 극대화하도록 돕는다. 경쟁으로 인해 불가피하게 겪게 되는 스트레스와 불안을 다루기 위해 주의를 "현재에 집중하고 판단하지 않도록" 유지하면서, 자본주의라는 험난한 해류에서 방향을 찾는 데 도움이 된다.

이 모든 기술은 밤에 숙면을 취하는 데에도 도움이 될 수 있다. 하지만 잠재적으로 사회에 미치는 영향은 심각하다. 슬로베니아의 철학자 슬라보예 지젝은 이런 경향을 매우 예리하게 분석했다. 그가 보기에 마음챙김은 "정신건강이라는 외양을 유지하는 한편, 사람들이 자본주의의 동력에 완전하게 참여하게" 함으로써 "스스로 글로벌 자본주의라는 지배적인 이데올로기로 자리잡고 있다."[7] 그러므로 오늘날 월스트리트의 주식 중개인들과 헤지펀드 매니저들이 두뇌를 예리하게 돌아가게 하고, 실적을 높이고, 경쟁에서 우위를 점하기 위해 마음챙김 수련을 이용하는 것은 아주 당연하다.

마음챙김은 사회·정치·경제적 구조로부터, 즉 자본주의 문화의 물리적 환경으로부터 주의를 돌림으로써 쉽게 흡수된다. 유명한 역할 모델들이 마음챙김을 찬양하고 지지하는가 하면, 캘리포니아의 "근사한" 기업들—구글, 페이스북, 트위터, 야후, 세일즈포스, 애플, 징가 등—은 마음챙김을 자기들 브랜드의 부속품으로 받아들인다. 한때 구글의 사내 마음챙김 지도자였던 차드 멩 탄은 실제 직함이 '정말 유쾌한 친구Jolly Good Fellow'였다. "자신의 내면을 탐구하십시오." 그는 동료들(그리고 베스트셀러인 그의 책을 읽는 독자들)에게 이렇게 조언했다. 자기 문제의 근원은 기업 문화가 아니라 바로 거기에 있다고 말이다. 이런 식으로 응용된 마음챙김은 신자유주의적 자아를 유지하게끔 완벽하게 조율된 자본주의 영성의 한 형태가 된다.

○   자기의 테크놀로지   ●

마음챙김은 대중에게 어떻게 드러날까? 구글에서 학교, 기업, 병원, 정부, 교도소, 심지어 군대에서의 마음챙김 등을 검색하면 으레 특유의 동일한 이미지가 이어진다. 홀로 눈을 감고 명상 자세로 앉아 바깥 세상과 분리되어 마냥 행복해 보이는 표정을 짓고 있는 사람의 이미지 말이다. 이런 주관적인 마음의 활동은 개인은 각자 고용에 적합한 상태를 유지하기 위해 스스로 책임지고 "자기를 돌봐야 한다"는 신자유주의의 명령을 효과적으로 내면화한다. 시장 규제 완화와 더불어 사회보호제도가 해체되면서 사람들은 이제 스트레스를 관리하고 성장을 돕기 위해 자기-통치self-governance에 의지해야 한다. 마음챙김은 벨벳 장갑을 낀 손으로 메시지를 전달하지만, 그 장갑이 감싸는 건 여전히 강철 주먹이다.

카밧진이 MBSR을 개발하고, 대처가 "부를 창출하는 사람들을 제약으로부터 자유롭게 하겠다."[8]라고 선언하면서 권력을 쥔 때와 비슷한 시기에, 미셸 푸코는 "신자유주의로의 전환"을 확인했다. 이 프랑스 사상가는 이러한 문화적 변화에는 정치 활동을 훨씬 넘어서는 정부의 이중적 방식이 있다고 설명했다. 푸코는 이 개념을 "통치성governmentality"이라고 말한다. 푸코의 통치성은 권력관계를 주체화의 과정—즉 그가 "품행의 통솔the conduct of conduct"이라고 설명한 것—

과 관련이 있다고 말한다. 다시 말해, 신자유주의 제도는 사람, 자아, 정체성의 의미를 새로 정립해 미시권력을 행사한다. 1978~79년 콜레주 드 프랑스 강의에서 이루어진 푸코의 비평과 역사적 해석은 통치성이 어떤 식으로 작동하는지 폭로하는 데 중점을 두었다. 통치성은 자발적인 행동을 유도하기 위해 지식, 전문성, 관습을 어떻게 개발할지 모색한다.

푸코는 권력 방식을, 외부에서 부여하는 "지배의 테크놀로지 techniques of domination"와 개인 행위의 지표가 되는 "자기의 테크놀로지 techniques of the self"로 구분한다. 둘 다 신자유주의의 주체로서 자아를 형성하기 위한 도구이며, 또한 서로에게 영향을 미친다. 푸코는 이렇게 설명한다. "개인이 타자에 의해 주도되는 방식과 스스로 행동하는 방식은 연결되어 있으며, 그 접점이 바로 우리가 통치라고 부르는 것이다."[9]

금지된 행동을 제한하기 위해 가혹한 처벌을 했던 과거의 권력 행사 방식과 달리, 신자유주의의 "규율 권력"은 전문직과 기관을 통해 사람들의 정신에 침투한다. 그렇게 함으로써 자유롭고 진취적인 사람들이 스스로를 통치하도록 유도하는 것이다. 푸코에 따르면 기업 문화와 개인의 안녕 사이의 이런 연결이 가장 유익하다. 다시 말해, 경제 활동은 기업가 정신을 고취함으로써 최적화된다고 말하고, 개인들은 자유롭게 기업가처럼 행동하면 각자의 삶이 개선될 거라고 설득될 때 말이다.

이것은 제도화의 초기 형태, 즉 성직자가 교회의 교리와 문화적 행동 규범 사이에서 중개자 역할을 했던 조직화된 종교에서 권위를 얻은 것과는 매우 다르다. 세속화의 영향에도 불구하고 가톨릭 고해성사의 흔적들은 온전히 남아, 과학적으로 인정받은 마음챙김 사제들에 의해 집전된다. 푸코가 지적한 것처럼 "고해의 의무는 이제 매우 다양한 요소들을 통해 전달되고 우리 안에 매우 깊이 뿌리박혀서, 우리는 더 이상 그것을 우리를 제약하는 권력의 영향으로 여기지 않는다."[10]

전형적인 마음챙김 과정에서는 교사이자 전문가가 여러 가지 수련 지침을 제공한다. 호흡을 지켜보라, 몸의 감각을 살펴라, 판단하지 말고 지금 이 순간에 주의를 기울이라 등등. 수련을 마치면 대개 교사와 참가자에게 "질의응답" 시간과 교훈적인 소통의 시간이 주어진다. 참가자들은 심각한 죄를 고백하는 대신, 자신이 얼마나 딴생각을 했는지, 상념과 반추 속에서 어떻게 길을 잃었는지, 감정적 반응에 어떻게 휩쓸렸는지 고백한다. 이런 점에서는 고백이 강압적인 상의하달식 권력 구조로 작용하지 않는다. 오히려 마음챙김에서의 고백은 용인되는 감정과 사고방식의 범위를 전제함으로써 작용하는데, 참가자들은 자신의 주의력이 얼마나 산만한지 "알아차렸음"을 드러내면서 이 범위에서 벗어난 감정과 생각을 고백해야만 한다. 이 미묘한 권력 관계는 권위를 지닌 이들이 그들의 요구 사항을 전달하는 수단이 된다. 고백을 통해 사람들은 스스로를 검열하고, 돌보고, 통치할 수 있는 순종적인 마음챙김 신하가 되는 법을 배운다.

마음챙김-학문-과학 집합체

자기의 테크놀로지로서 마음챙김은 행동을 유용하게 통치하고 관리하기 위해 다양한 형태의 제도화된 전문지식에 크게 의지한다. 오늘날 매사추세츠, 위스콘신, 캘리포니아, 영국에는 마음챙김과 관련된 분야를 연구하는 대학 연구소들이 상당히 많다. 뿐만 아니라 '마음과 삶 연구소'라는 선구적인 단체에서는 달라이 라마의 주관 아래 과학자과 명상가의 토의가 이루어지기도 한다. 이런 학문적인 연구소들은 마음챙김을 과학적으로 연구하는 동시에, 마음챙김 강사들을 훈련시키고 수료증을 발급하기 위한 교육 프로그램들도 개발한다. 급성장 중인 "마음챙김학"은 주체성이라는 새로운 테크놀로지, 개인의 자기 규제를 위한 새로운 용어들, 그리고 기업 문화에 맞추어 조정된 개인의 정서를 표준화하고 규격화하는 새로운 수단들을 만들어내고 있다. 가장 최근에 추가된 정신에 관한 학문으로서 이 새로운 마음챙김-학문-과학 집합체는 개인의 정신적 자유, 안녕, 행복을 보장하는 전문적인 지식과 수련 방법을 전파한다.

이런 연구소들은 존립을 위해 거액의 정부 기금과 보조금에 의지하고 그 돈을 얻기 위해 경쟁한다. 따라서 불가피하게 기업가적 마음가짐을 장려하게 되는데, 이런 분위기 속에서 학자들은 각각의 연구로 여러 프로젝트를 만들려 하고, 자신들의 작업을 출판하며, 가장 화려한 상점의 진열창 안에서 강연함으로써 수익을 극대화한다. 이들이 자신의 작업을 알리는 주된 목적은 자금을 조달할 기회를 얻기 위해서인데, 자금의 출처에는 거의 관심이 없다.

《불안한 미국 : 행복 추구는 어떻게 난파된 국가를 만드는가America the Anxious : How Our Pursuit of Happiness Is Creating a Nation of Wrecks》에서 루스 휩먼은 긍정심리 운동 역시 대학의 연구소들에 의해 주도되고 있으며, 일부 극우 성향 보수 단체의 후원을 받고 있다고 지적한다.[11] 복음주의 기독교도인 억만장자가 설립한 존 템플턴 재단은 종교와 과학을 대등한 위치에 놓으려는 야심찬 사명을 갖고 있다. 이 재단의 웹사이트에는 "중요한 문제들Big Questions에 관한 연구를 지원하고, 인성 발달과 개인의 자유, 자유시장을 장려함으로써 인류의 안녕을 증진하는 것을 목적으로 한다."라고 되어 있다.[12] 이는 개인을 변화와 안녕을 위한 주요한 발판으로 육성하는 연구에 자금을 대는 것으로 이어진다. 11억 달러가 넘는 기부금으로, 존 템플턴 재단은 긍정심리학 교수들에게 연구비와 상금으로 수천만 달러를 나눠준다. 마음챙김의 과학적 연구를 장려하는 주요 기관 중 하나인 마음과 삶 연구소도 120만 달러 이상의 연구비를 지원받았다.

대학의 마음챙김 연구소들은 구조화된 지식 체계를 생산하고, 과학 연구와 수련 방법, 담론, 전문 지식을 조직적으로 전함으로써, 마음챙김 신하들을 형성하기 위해 미시권력을 이용하는 진리의 체계regime of truth를 구축했다. 마거릿 대처는 자랑스러웠을 것이다. 영국의 사회학자 니컬라스 로즈의 말을 인용하면, 이런 연구소들은 "인간 영혼의 기술자"가 되어 신자유주의적 주체성을 관리하는 데에 도구적인 역할을 했지만, 마음챙김은 마치 상냥한 치료법처럼 여겨지고 있다. 《영혼을 통치하다 : 사적 자아의 형성Governing the Soul : The Shaping of the Private Self》에서 로즈는 정신 수련이 "어떻게 정부 당국의 열망에 협력하도록 하기 위해 주체의 자기 지시적 예언을" 형성해 왔는지 설명한다.[13]

자기계발 분야와 마찬가지로, 마음챙김에 관한 대부분의 담론들은 과학 잡지뿐 아니라 대중매체에서도 개인의 자율성, 자유, 선택, 진정성의 가치를 설정한다. 지배권력의 영향력이 잘 위장되어 있지만, 신자유주의와 마음챙김 운동 둘 다 개인주의적이고 심리학적인 용어로 사회의 안녕을 표현하는 것은 단순한 우연이 아니다.

"자제력", "회복력", "행복" 같은 말들은 그저 기술만 익히면 안녕

해질 수 있다고 가정한다. 마음챙김 치어리더들은 행복해지려면 근육을 단련시키는 것처럼 뇌를 훈련시키면 된다는 비유를 유독 좋아한다. 행복, 자유, 안녕은 개인의 노력으로 얻을 수 있는 산물이 된다. 그리고 그러한 이른바 "기술들"은 외부 요인이나 관계, 사회적 환경에 의지하지 않고도 계발될 수 있다. 마음챙김은 치료적 화법으로 가장하고는, 문제들을 선택에 따른 결과로 교묘하게 재구성한다. 개인적인 문제는 결코 정치적 혹은 사회-경제적 조건에 기인하지 않으며, 본질적으로 늘 정신적인 문제와 관련되고 병리적으로 진단된다. 그러므로 사회는 근본적인 변화가 아니라 치료가 필요한 것이 된다. 아마도 바로 이것이 마음챙김의 계획이 정부의 정책 입안자들에게 그토록 매력적으로 다가오는 이유일지 모르겠다. 불평등, 인종차별, 빈곤, 중독과 약물남용, 악화되는 정신건강의 뿌리인 사회 문제들이 치료적인 도움이 필요한 개인의 심리적 측면으로 재구성된다. 쉽게 상처받는 주체들은 심지어 스스로 이런 도움을 마련해야 한다는 당부를 듣기도 한다.

○　　　　탈상상 기계장치로서 마음챙김　　　　●

　　신자유주의는 세계를 승자와 패자로 나눈다. 그리고 이념의 근간, 즉 모든 사회 현상의 개별화를 통해 이 과업을 완수한다. 자율적인(그리고 자유로운) 개인은 사회의 중심점이므로, 사회의 변화는 정치적 시위, 조직화, 집단행동을 통해서가 아니라 자유시장과 개인의 개별화된 행동에 의해 이루어진다. 집단의 구조를 통해 사회를 변화시키려는 어떤 노력도 대개 신자유주의 질서에 성가신 일이 될 뿐이므로, 이런 노력은 좌절된다.

한 가지 예로 플라스틱 재활용 실천을 들 수 있다. 실제 문제는 기업에서 플라스틱을 대량 생산하고 소매업에서 남용하는 것이다. 하지만 소비자들은 개인의 낭비가 근본적인 문제이므로 각자 습관을 바꾸어야 문제를 해결할 수 있다고 믿게 된다. 《사이언티픽 아메리칸》에 게재된 최근 에세이는 이렇게 조롱한다. "플라스틱 재활용으로 지구를 구할 수 있다면, 못 하나만 박아서 쓰러지는 고층 건물을 멈출 수 있겠다."[14] 그럼에도 개인의 책임에 대한 신자유주의 원칙은 교묘한 속임수를 부려 우리에게 진짜 범인을 외면하게 만든다. 새삼스러운 일도 아니다. 1950년대 "미국을 아름답게Keep America Beautiful" 운동은 개인들에게 쓰레기를 주우라고 장려했다. 이 프로젝트는 규칙을 무시하는 이들에게 수치심을 느끼게 하려고, 코카콜라, 앤호이저-부시, 필립 모리스 같은 기업들에 재정 지원을 받고 광고 위원회의 공익광고 협의회와 제휴하여, "리터버그litterbug*"라는 신조어를 만들었다. 20년 뒤에는 한 유명한 TV 광고에 쓰레기를 버리는 운전자를 보며 눈물을 흘리는 아메리카 원주민 남자가 나온다. "사람이 공해를 일으킵니다. 사람이 멈출 수 있습니다."가 슬로건이었다. 매트 윌킨스Matt Wilkins는 《사이언티픽 아메리칸》에 쓴 에세이에서 이런 빤한 수작들을 통찰한다.

이런 노력들은 겉으로는 선의로 보이지만, 공해를 유발하는 기업이 플라스틱 문제를 일으킨다는 진짜 문제를 모호하게 만든다. 이런 교묘한 오도는 대중의 초점을 소비자의 재활용 실천으로 돌리고, 폐기물 관리에 대한 생산자 책임을 확대하려는 입법을 적극적으로 무산시켰다. 저널리스트이

---

* litter 쓰레기와 bug 벌레의 합성어로 공공장소에 쓰레기를 버리는 사람을 일컫는 말.

자 작가인 헤더 로저스는 '미국을 아름답게' 운동을 최초의 위장 환경주의 활동이라고 말한다.[15]

우리는 같은 메시지를 반복해서 듣는다. 개인의 행동만이 사회 문제를 해결하는 진정한 방법이므로, 우리가 책임을 져야 한다고. 신자유주의는 비판적이고 급진적인 사고를 억압하기 때문에, 우리는 교육학자 헨리 지루가 "탈상상 기계장치disimagination machine"라고 부르는 것에 의해 신자유주의의 최면 상태에 빠져 있다.[16] 그리하여 자신의 내면을 들여다보라는, 스스로 자신을 관리하라는 책망을 받는다. 탈상상은 우리가 새로운 가능성에 대한 창조적인 아이디어를 단념하게끔 만든다. 자본주의를 해체하거나 과잉 생산을 억제하려 애쓰는 대신, 우리는 그 요구를 받아들여야 하고 시장에서 더욱 효율적이 되기 위해 자기 수양을 활용해야 한다.

마음챙김의 탈정치적 성격은 개인의 행동을 대하는 마음챙김의 치료적 특성이 신자유주의를 뒷받침한다는 걸 의미한다. 개별화된 자아가 혼자서 행복과 정서적 안녕의 책임을 도맡을 때, 실패는 외부 조건이 아닌 자아의 실패가 된다. 우리는 세계를 바꾸려면 우리 자신을 바꾸라는 말을 종종 듣는다. 더 열심히 마음챙김을 하고, 판단하지 않고, 자신의 상황을 받아들임으로써 마음을 바꾸라고. 이처럼 신자유주의의 마음챙김은 탈상상의 기계장치로서 기능한다. 자아는 자신의 정체성으로부터 하나의 프로젝트를 만들도록(혹은 개조하도록) 요구받는 와중에도 끊임없이 자신의 행동을 검열하고, 구속받지 않는 행위자라는 환상을 충족시키기 위해 자신을 새롭게 바꾸며, 사회적 조건화의 제약에서 벗어나려는 열망을 품는다. 하지만 이것은 도저히 불가능한 일이다. 주의의 일부는 자아의 프로젝트를 검열하고 있기 때문에, 신자유주의의 배우로 있으면서 온전히 "순간에 존재하기"는 결코 이룰 수 없는 일이다.

그렇기 때문에 마음챙김 과정이 사회를 변화시킬 거라는 근거 없는 주장에 대해 많은 사람들이 회의적이다. 불교학자 리처드 페인 Richard Payne은 신자유주의의 요청으로 결국 현대 명상가들은 종종 감정 상태에 몰두하게 되고, 행복이라는 모호한 개념을 추구하면서 감정 상태를 다스릴 의무에 집착하게 된다고 말한다. 그러나 자신의 내면을 바라보는 수련은 한 번에 한 명씩, 평화와 조화를 창조하는 매일의 "대담하고 영웅적인 행위"로 알려져 있다. 이 수련이 마음챙김의 세계를 창조하리라는 환상은 사회적 행동은 개인의 행동의 총합일 뿐이라는 가정을 바탕으로 한다. 페인의 설명에 따르면 이때 개인 행동에는, "개인의 내면에 모든 지혜가 깃들어 있다는 신비주의적 관념에 찬성하느라 자본주의 제도의 거대하고 견고한 권력을 못 본 체"하는 것이 포함된다.[17]

그리하여 우리는 사람들이 가진 문제의 근원을 각자의 내면에서 찾을 수 있다는 신자유주의적 마음챙김의 기본 교의로 향하게 된다. 이것은 스트레스를 병리적으로, 치료해야 할 질병으로 간주하면서 강조되었고, 그래서 이제 스트레스는—마음챙김 개입이라는 형태로—치료와 전문가의 처치를 필요로 한다. 고통을 일으키는 환경을 바꾸지 못한다면 각자 환경에 대한 반응을 바꾸면 된다는 이념적인 메시지가 내포되어 있는 것이다. 많은 것들이 우리 마음대로 되지 않으므로, 어떤 점에서 이 메시지는 도움이 될 수 있다. 그러나 환경을 개선하기 위한 모든 노력을 포기하는 건 지나쳐 보인다. '마음챙김을 하는 한 나는 괜찮아.'라는 생각은 그 자체로 일종의 마술적 사고로, 사람들에게 최면을 걸어 스트레스를 부적응적인 정신생리학 반응이라고 순순히 받아들이게 만든다. 그러면 시스템이나 제도적이고 구조적 원인에 관해 비판적인 질문을 할 필요가 없다. 그러나 개인적 고통이든 사회적 고통이든, 고통에 대해 설명하고 반응하는 방식은 결국 윤리적인 동시에 정치적인 문제다. 사람들이 많이 배우는 마음챙김 수련은 무엇이 부당하거나, 문화적으로 해롭거나, 환경적으로 파괴적일 수 있는지에 관한 비평이나 논의를 허용하지 않는다. 오히려 "판단하지 않고, 지금 이 순간에 깨어 있기"를 수련하면서 "상황을 있는 그대로 받아들이라"는 마음챙김의 명령은 현 상황을 유지하는 사회적 마취제로 작용한다.

스트레스의 원인을 개인화하는 것은 공공 영역과 국가의 개념을 약화시키는 신자유주의의 우선순위와 매우 잘 들어맞는다. 신자유주의에서는 개인의 이익이 공적 담론에 우선한다. 자기돌봄이라는 탈정치적 수련은 정치적 시민성, 집단행동, 시민의 덕목을 약화시킬 수 있다. "인간의 번영"이라는 마음챙김 운동의 약속—긍정심리학의 구호이기도 하다—은 사회 변화의 비전에 대한 정의와 매우 유사하다. 그러나 이 비전은 개인적인 차원에서 더 나아가지 못하며, 마음챙김에 더 깊이 참여하려는 개인의 선택에 달려 있다. 물론 마음챙김 수련자들이 신자유주의의 정치적 의제와 상당히 다른 정치적 의제를 가질 수도 있다. 하지만 그들만의 사적 세계와 특정한 정체성 속으로 물러나기 시작한다는 점에서 위험하며, 이것이야말로 신자유주의 권력층이 원하는 바다.

내면 바라보기라는 치료법

　마음챙김 전도사들이 미사여구를 사용하는 전략은 마음을 혹하게 만든다. 자기계발서 저자들과 마찬가지로, 이들은 현대 사회를 비판하는 목소리를 내면서 해법을 제시해 사람들을 유혹하는 데 능숙하다.《치료요법의 전환 : 심리학은 어떻게 서양 문화를 바꾸었나The Therapeutic Turn : How Psychology Altered Western Culture》에서 저자 올레 야코브 마드센은 유명한 TV 프로그램 진행자이며 작가인 필 박사Dr. Phil의 예를 이용한다. 필 박사는 자신의 책들 서문에서 툭하면 사회 문제들을 장황하게 늘어놓으면서 "사회는 지금 내리막길로 향하고 있다."라는 심각한 경고를 일삼는다.[18] 카밧진도 비슷한 위협 전술을 사용한다. 카밧진은 사회 전체가 주의력 결핍 장애ADD에 시달리고 있다, 모두가 스마트폰에 중독되어 서로 분리되어 있으며 자연과의 연결이 끊어지고 있다, 라고 그를 따르는 수련자들에게 말하길 좋아한다. 마음챙김 운동의 거물인 카밧진은 마음챙김을 집단적인 것이 아니라 개인적인 것으로 만들어 제시해 왔다. 심지어《재앙으로 가득한 삶Full Catastrophe Living》의〈세계 스트레스World Stress〉장에서는 문제와 "해결" 둘 다 그런 식으로 정의한다. 카밧진은 이렇게 쓰고 있다. "광범위한 환경 문제들에 긍정적인 영향을 미치기 위해, 우리는 우리 자신의 중심을 향해 채널을 맞추고 또 맞추어 개인의 삶에서 끊임없이 각성과 조화를 함양해야 할 것이다."[19]

　진단은 지극히 단순하다. 우리의 생각이 바로 범인이다, 매순간! 우리는 내면에 주의를 기울이지 않고, 감정적으로 반응하며, 망상에 빠짐으로써 스스로를 약화시킨다. 그렇기 때문에 우리는 은연중에 실패했고, 도덕적으로 판단되었다. 비판적인 생각은 마음챙김에서 병리적인 것으로, 수행에서 벗어난 것으로 간주된다. 그리고 이런 메시지를 반복함으로써 정치적인 성과가 만들어진다. 철학 교수인 크리스 고토 존스의 말처럼, 마음챙김의 주된 서사는 이상한 결론에 도달한다. "어쩐지 사회의 대다수가 갈피를 잡지 못한 채 병들어 있다."[20]

마음챙김 관계자들은 사회 문제를 다루기 위한 여러 가지 방법에 대해 실질적인 논의를 하거나, 하다못해 그럴 필요가 있다고 암시라도 하기보다 그들의 만트라만 내내 읊조린다. 필 박사처럼 카밧진에게도 해답은 내면으로 향하는 것이며, 자아와 개인의 성장—자존감 향상을 위한 수단으로든 더 깊은 마음챙김을 위한 수단으로든—을 위해 애쓰는 것이다. 마음챙김을 하면 우리 삶의 수많은 상황과 불행을 "재인식"할 수 있다고 한다. 위기를 관리하는 한 가지 방법으로서 무슨 장점이 있든 간에, 더 큰 맥락에서 볼 때 해답으로는 아주 부적절하다. 우리의 문화적 병폐에 대한 카밧진의 전문가적 예측은, 우리는 단지 "함doing"의 방식에서 "있음being"의 방식으로 일제히 이동해야 한다는 것이다. 그러면서도 "있음"의 방식이 그 안에서 기능해야 하는 틀을 바꾸어야 한다고는 결코 제안하지 않는다.

마음챙김이 삶의 도전들에 완충제 역할을 한다고 생각할 수도 있다. 보다 숭고한 상태를 회복하자는 마음챙김의 구호는 인간의 본성은 사회적 조건화에 의해 타락하는 경향이 있다는 루소의 낭만적인 개념과 다르지 않다. 하지만 이런 꿈같은 비전에는 상당한 정치적 비용이 필요하다. "있음"의 방식에서 "순수한 깨어 있음"의 가치를 유지함으로써 마음챙김은 민주주의가 의존하는 공론화를 대체한다. "함"은 주의를 흩트리는 것으로, 사실상 나쁜 것으로 취급된다. 그러나 이러한 면은 마음챙김을 모두가 지니고 있는 보편적인 상태, 즉 우리의 "선천적인 생득권"으로 묘사함으로써 은폐된다. 당연히 이 방법이 신자유주의의 요구에 매일같이 굴복하는 것보다 매력적으로 보인다.

이런 암묵적인 정치적 시각은 "진정한" 사적 자아로 물러서는 방법 가운데 하나다. 자율적인 개인은 좀처럼 잡히지 않는 행복을 홀로 자유롭게 추구한다. 신자유주의적인 자아는 늘 내면을 향해 "좀 더 깊이 들어가기"를, 내면을 더 잘 돌보기를 요청받는다. 자기관리가 전면으로 나올 때 집단적 생활은 덜 중요해진다. 그러므로 마음챙김은 우리를 줄곧 경쟁과 연결시키는 정치적 서사와 잘 들어맞는다. 《신자유주의Neoliberalism》에서 줄리 윌슨Julie Wilson이 묘사한 것처럼 이런 서사들은 "외부로부터 우리 자신을 보호하고 지키기 위해 우리의 불만족스러운 동의를 우리 자신의 내부로 돌리도록, 현재에 몰두하도록 우리를 부추긴다."[21]

마음챙김의 올바른 자세

레이먼드 윌리엄스는 1970년대에 〈감정의 구조structures of feeling〉라는 에세이에서 보다 광범위한 역사적·정치적·경제적 힘이 "의식과 관계의 감정적 요소들"을 어떤 식으로 형성하는지 설명했다.[22] 신자유주의 아래서 정세가 안정되면서 마음챙김 수련에 의해 신자유주의 정서가 만들어진다. 스트레스가 병리적으로 취급된 후로, 마음챙김 프로그램은 주체의 내면생활에 개별적으로 초점을 맞추어 개입한다. 감정적 반응은 문제로 다루어지고 마음챙김의 세심한 관찰 대상이 된다. 마음챙김 과학에 따르면 분노, 혐오, 슬픔, 경멸, 좌절, 적개심 같은 감정들은 "파괴적"이고 부정적인 영향을 미치므로 스스로 감정을 조절할 필요가 있다. 하지만 부당한 일을 당해 화가 나고, 노발대발하게 된다면? 그냥 내버려두라. 호흡에 집중하라. 지금 이 순간에 주의를 집중하라. 물론 마음챙김 수련자들도 수련을 하지 않을 땐 여전히 별의별 생각들을 하지만, 강한 감정에 휘말리면 이 감정을 문제로 보도록 훈련받는다. 그리고 그 영향으로 정치적 사고가 약화된다. 마음챙김이 화내며 행동하지 않게 하는 데 도움이 된다 해도, 생각 외부의 무언가를 변화시키고자 한다면 우리는 여전히 행동을 해야 한다. 그러나 조슈아 아이젠Joshua Eisen의 말처럼, 마음챙김 프로그램의 진부한 가르침들은 감정을 "마음대로 요동치는 것", 그리고 "어떠한 이념적 기반과도 관계 없는 것"으로 취급한다. 물론 지배적인 사회 질서의 명령은 제외하고 말이다.

이런 종류의 탈사회적 논리는 신자유주의적 주체성 형성에서 핵심적인 부분이다. 또한 대중적 마음챙김의 핵심이기도 하다. 부정적인 감정을, 인정하고 내려놓되 결코 사로잡혀서는 안 되는 무언가로 여길 때 감정들은 의미를 잃는다. 이런 논리는 분노, 슬픔, 실망 같은 감정들을 개인의 병리적 증상으로 치부함으로써, 정치적 측면에서 감정이 일어날 가능성을 거세하는 효과를 낳는다.[23]

마음챙김 교사들은 다른 사람들이 따라하기를 기대하면서 느리고 신중한 화법, 온화한 말투로 모범을 보이는 경향이 있다. "올바른 마음챙김 자세"를 익히려는 노력은 중세 유럽의 궁정 계급이 예절과 사교상 예의범절을 익히려 했던 노력과 많은 면에서 닮아 있다. 노르베르트 엘리아스는 《문명화 과정》에서 과거 야만적이던 중세가 섬세함, 수치심, 품위, 혐오 등의 감정에 변화를 거치면서 정서적으로 점차 달라지고 문명화된 과정을 연대기적으로 서술했다.[24] 사회의 지배층에 오르고 싶다면 예의바르게 행동하고, 몸짓을 하고, 말해야 했다. 현대 마음챙김과의 연관성에 대해 뭔가 의심이 든다면, "태도와 마음챙김Manners and Mindfulness"이라는 웹사이트를 들여다보자. 이 웹사이트는 "어린이와 청소년이 생활 속에서 사회성 기술을 다루는 데 도움이 되는 필수적이고 기본적인 훈련을 제공하기 위해 기획된 예절 프로그램"을 권한다.[25] 그런가 하면 "워싱턴 프로토콜 스쿨Protocol School of Washington"의 블로그에는 "직장에서 '마음챙김 예절'을 갖추는 법" 과정이 소개되어 있다.[26] 이 블로그는 또 올바른 마음챙김 자세에 관해 많은 요령들을 알려준다. "화를 억제하고", "동료와 부하 직원에게 공격적이거나 모욕적인 언사를 삼가며", "감사를 표시하고" 등등. 각종 마음챙김 컨퍼런스에 참석해 보면 저마다 성인군자인 척하는 가식적인 모습을 보이기에 바쁘다. 큰 소리로 말하거나 격한 감정이나 비난의 기색이 조금이라도 드러나면 의아하다는 듯 쳐다보는 시선들과 마주치기 십상이다. 그러다가도 누군가 마음챙김을 수련하지 않는다고 고백이라도 하면, 틀림없이 그들 내면의 전도사들이 들고 일어나 잔뜩 분개할 것이다.

　마음챙김 수련은 사회학자 제니퍼 실바가 말하는 이른바 "기분의 경제학mood economy"과도 깊은 관련이 있다. 《성과 미달 : 불확실성 시대의 노동자 계급 성인Coming Up Short : Working Class Adulthood in the Age of Uncertainty》에서 실바는 위험의 개인화와 마찬가지로 기분의 경제학은 "개인이 자신의 감정적 운명을 전적으로 책임지게" 만든다고 설명한다.[27] 이러한 정서의 정치경제학에서 감정은 개인의 "감정 자본"을 늘리기 위한 수단으로서 통제받는다. 구글의 마음챙김 프로그램인 "내면 검색Search Inside Yourself"의 교육과정에서는 감성 지능이 매우 중요하다. 이 프로그램은 구글 엔지니어들에게 직업에서 성공하기 위한 도구로 광고되고 있다. 마음챙김 수련에 참여하면 감정을 다스릴 수 있으므로, 자본 획득에 상응하는 여분의 경제적 가치를 발생시킬 수 있다고 말이다. 또한 기분의 경제학은 불안한 경제 환경에서 생산성을 유지하기 위해 좌절을 딛고 일어설 수 있는 능력, 즉 정서적 회복탄력성을 요구한다. 긍정심리학과 마찬가지로 마음챙김 운동은 "행복의 과학"과 통합되었다. 일단 이런 식으로 포장해서 내놓으면, 개인을 사회로부터 이탈시켜 개인의 생활을 잘 해내도록 최적화하는 기술로 판매될 수 있다.

잔인한 낙관주의

사회학자 로렌 벌렌트Lauren Berlant는 신자유주의의 본질적인 특징을 "잔인한 낙관주의"라고 정의하는데, 마음챙김의 모든 약속들은 바로 이 잔인한 낙관주의로 가득하다.[28] 이것은 사람들에게 환상과 다름없는 것에 감정을 투자하게 만든다는 점에서 잔인하다. 마음챙김 수련으로 개인의 생활이 정돈되면 행복하고 안전할 수 있다고들 말한다. 이 말에는 안정된 고용, 주택 보유, 계층 이동, 성공적인 경력, 평등이 저절로 따라올 거라고 암시된다. 자제력을 갖게 되어 마음과 감정을 통제하면, 자본주의의 예측할 수 없는 변화 한가운데에서 번영과 풍요를 누릴 수 있다는 약속도 받는다. 아이젠의 글에서처럼, "케일, 아사이

베리, 스포츠 센터 회원권, 비타민 워터, 그리고 다른 많은 새해 결심들처럼, 마음챙김은 변화를 향한 깊은 갈망을 가리킨다. 이는 본질적으로 자제력 있는 자유로운 행위자라는 신자유주의의 환상에 대한 재확인을 전제로 한다."[29] 우리는 그저 침묵 속에서 가만히 앉아 호흡을 바라보며 기다리기만 하면 된다. 그러나 이것은 이중으로 잔인하다. "좋은 삶"이라는 이런 규범적인 환상들은 신자유주의 하에서 이미 무너지고 있고, 우리가 각자 자기 느낌에만 집중할 때 우리 삶은 더 나빠지기 때문이다. 나약한 모습을 공유하며 서로에게 기대는 삶을 소홀히 할 때 우리는 우리 자신을 보호할 수 있는 집단적인 방법들을 상상하지 않게 된다. 그리고 공허함에도 불구하고 계속해서 환상을 키우는 데 매달린다.

　마음챙김은 그 자체로는 잔인하지 않다. 허황된 약속들에 집착하고 매달릴 때 잔인하다. 벌렌트가 지적한 것처럼, 바로 그런 때 "우리가 애착을 가진 대상은 우리가 처음에 지향했던 목표를 적극적으로 방해한다."[30] 잔인함은 변화의 언어를 사용하면서 현재의 상황을 지지하는 데 있다. 이것이 신자유주의의 마음챙김이 인간의 풍요에 대한 개인주의적 시각을 장려하면서, 마음챙김을 통해 상황을 있는 그대로 받아들이도록 유도하고, 자본주의의 폐해를 견디게 하는 방법이다.

3장

스트레스의 만트라

스트레스 문제가 없다면 마음챙김은 발붙일 데가 없을 것이다. 두 현상은 현대라는 동전의 양면이다. 스트레스에 관한 담론이 만연하고 스트레스로 인한 휴직으로 손해를 보는 상황이 비일비재하다 보니, 한 심리학 교수는 "스트레스는 21세기형 흑사병"이라고 주장하기도 했다.[1]

　　마음챙김 판매에는 이런 식의 과장된 표현이 사용된다. 예를 들어, 카밧진의 《재앙으로 가득한 삶》 표지 안쪽에는 이런 글이 있다. "스트레스, 방치하면 우리의 에너지를 고갈시키고, 건강을 약화시키며, 수명을 단축시키기까지 한다. 스트레스는 불안과 우울, 단절과 질병에 우리를 더 취약하게 만든다."[2]

　　사람들이 불안과 우울을 느끼는 건 분명한 사실이지만, 이런 고통의 원인이 오직 마음에만 있는지는 결코 분명하지 않다. 하지만 카밧진은 그렇다고 진단을 내리면서, 우리는 "우리의 머릿속에, 우리가 중요하다고 여기는 것에 너무 사로잡힌 나머지, 우리 삶을 끊임없이 침범하는 만성 긴장과 불안 상태에 쉽게 빠진다."라고 말한다.[3] 마음챙김 운동의 가장 중요한 대변인인 카밧진의 메시지는 안정에 대한 전망과는 거리가 먼 두려움과 불안의 메시지다. 그의 말에 따르면 스트레스는 유해한 영향이며, 얼마나 해로울지는 우리 개인에게, 그리고 마음챙김을 얼마나 열심히 하느냐에 달려 있다. 그 밖에 다른 것은 어떤 도움도 되지 못한다.

스트레스나 통증을 없애는 약, 무슨 마법처럼 단독으로 우리 인생의 문제를 해결하거나 치유를 촉진하는 약은 없다. 치유와 내면의 평화를 향해 나아가려면 우리의 의식적인 노력이 필요할 것이다.[4]

이것은 유혹적인 제안이지만 심각한 부작용을 동반한다. 마음챙김은 사람들이 침착하게 고통과 마주하도록 돕지만, 스트레스에 대해 도움이 되지 않는 방식으로 생각하도록 우리를 길들이기도 한다. 첫째, 마음챙김은 우리가 직면한, 현대 생활에서 피할 수 없는 유행병을 직면하라고 말한다. 둘째, 스트레스는 고질병이므로, 이것을 통제하고 최선을 다해 이런 환경에 적응하는 것은 순전히 우리에게 달려 있다고 말한다. 언뜻 우리에게 힘을 주는 도구 같아 보이지만, 사실상 마음챙김은 우리의 생각 외부에서 벌어지는 고통의 원인은 어느 것도 인정하지 않는다. 자본주의 체제만 하더라도 일상생활에서 너무나 많은 압박을 주고 있는데도 말이다. 그 결과 마음챙김은 스트레스를 병으로 취급하지만, 치료법을 제시한다 해도 더 광범위한 원인들은 다루지 못한다.

○ 　　　　　스트레스 담론　　　　　●

마음챙김과 마찬가지로 스트레스의 개념 역시 정의를 내리기 어려울 수 있다. 마음챙김은 그 성격이 상당히 모호해서 어디에서나 흔히 접할 수 있지만, 우리는 바로 그런 성격 때문에 대중적인 담론의 일부 가정들, 특히 불가피성에 대해 언급하는 가정들을 받아들이는 것에 신중해야 한다. 스트레스 담론에는 이념적인 요소들이 있는데, 마음챙김 운동은 스트레스를 받는 주체를 중심으로 산업 전체를 구축하기 위해 이념적 요소들을 도입한다. 그러나 이 주체는 외부 힘들의 대상이기도 하다. 《스트레스 관리Managing Stress》에서 팀 뉴턴이 한 말에 따르면, 학자, 의사, 기자 같은 전문가들은 "우리의 비밀을 드러내는, 소위 정신의학·심리학·생물학·의학·경제학 담론을 통해 우리 자신과 세계에 관해 이야기함으로써" 스트레스 담론이 만들어지는 데 일조한다.[5] 우리 대부분은 과학 담론을 통해 스트레스에 대해 알게 되는데, 생의학적 설명들은 역사적 혹은 사회적·정치적 맥락에서 벗어나 스트레스 문제를 개인적인 것으로 만든다.

마음챙김 운동의 지도자들은 스트레스에 관한 이런 담론에 거의 의문을 제기하지 않는다. 스트레스를 다루는 유일한 방법으로 판매되는 치료법의 공급업자인 만큼, 그들은 이런 방식으로 마음챙김을 이해하는 데에 막대한 투자를 한다. 물론 마음챙김을 배울지 말지 결정하는 건 우리의 자유인데, 스트레스와 마음챙김에 관한 담론들을 매력적으로 만드는 것은 이렇듯 개별적 행위자를 강조한다는 점이다.

문제는 무엇이 감추어지느냐다. 마음챙김 수련은 사회 문제를 개인화함으로써 현재 상황에서 가장 고통받는 사람들을 불리하게 만든다. 다나 베커Dana Becker는 스트레스를 상당히 제한적으로 정의하는 것을 비판하면서, "스트레시즘stressism"이라는 용어를 만들어 다음과 같이 설명한다.

현대 생활의 긴장은 대개 스트레스 관리를 통해 해결해야 할 개인의 생활 방식 문제라는 최근의 믿음은, 이 긴장들이 사회적 영향력과 관련 있으며 우선 사회적·정치적 수단을 통해 해결되어야 한다는 믿음과 대조적이다.[6]

마음챙김 운동은 스트레시즘이라는 교리를 차용해, "스트레스와 관련된" 광범위한 환경에 대한 해결책으로 마음챙김을 홍보했다. 중심 대상은 카밧진이 "생각병"이라고 즐겨 부르는 증상이 치료되길 기대하는 개인으로 정확하게 설정된다. 카밧진에 따르면, 우리는 마음챙김을 수련함으로써 "함"에 대한 광적인 집착―그리고 그에 따르는 희망과 두려움―에서 보다 조화로운 "있음"의 방식으로 전환할 수 있으며, 그 안에서 스트레스로 가득한 상황을 놓아버리고 그것과 함께 흐르는 법을 배운다. 마음챙김의 과학적 틀을 이용하는 것, 그것은 우리를 "성장하도록" 돕는 정신적 백신이 된다.

미국인의 신경과민

우리는 어쩌다 이렇게 스트레스로 가득한 시기에 이르게 되었을까? 제2차 세계대전 이전에는 심리적 스트레스는 논의되지도 않았다. 과학계도 스트레스라는 단어나 기본 개념에 거의 관심을 갖지 않았다. 물론 유사한 개념의 초기 형태들은 있었다. 19세기 중후반, 미국인의 생활은 "신경과민"에 취약했다. 산업화와 도시화라는 기관차에 속도가 붙음에 따라, 신경과민은 현대적인 생활방식―철도, 전보, 주식시세 표시기, 매일같이 쏟아지는 뉴스들, 손목시계와 일반시계의 확산 등에 적응해야 하는―과 관련된 불안을 일컫는 진단명으로 유행했다.

1869년, 뉴욕의 신경학자 조지 M. 비어드George M. Beard는 《보스턴 의학과 수술 저널Boston Medical and Surgical Journal》에 글을 발표하면서 "신경쇠약증Neurasthenia"이라고 불리는 상태를 분석했다. 신경쇠약 증상에는 육체적·정신적 피로, 무기력, 두통, 심장 두근거림, 우울증, 불안, 불면증, 집중력 상실, 의욕 상실, 심지어 충치도 포함되었다. 이 모두가 동일한 진단명을 받을 자격이 있었는데, 이는 빠른 변화에 직면한 불안 상태를 포괄적으로 기술한 것이었다.

신경쇠약증은 "신경 에너지의 결핍"을 의미하는 그리스어에서 유래했는데, 뚜렷한 신체적 이상이 나타나지 않기 때문에, 신경 에너지의 양이 한정되어 있어서 일어나는 질환으로 여겨졌다. 사람은 한정된 양만큼의 에너지만 낼 수 있는데, 그렇지 않으면 신경이 제대로 기능하지 못하리라는 것이다. 이 이론은 종종 전구와 모터에 전력을 공급하기 위해 전선에 전류를 흐르게 하는 것에 비유되었다.

신경쇠약증 진단을 받은 사람들은 대부분 중상류층 출신이었고 주로 여자들이었다. 비어드는 여성은 사회적·기술적 변화로 인한 영향 외에도 사회 참여가 늘어나면서 상당한 긴장 상태에 놓이게 되었기 때문에 신경쇠약에 더 취약하다고 생각했다. 19세기 후반의 의사들은 일반적으로 그의 의견에 동의했다. 당시의 사회적 다윈주의 경향대로, 상류층은 자신들이 상당히 진화된 부류여서 신경계가 예민하다고 생각했다. 그리고 여자들은 특히 섬세하다는 믿음 때문에 남자들보다 신경쇠약증에 걸리기가 더 쉽다고 여겨졌다. 다른 신경학자들과 마찬가지로 비어드는 신경쇠약증을 문명병, 즉 현대 사회의 압박에 적응하는 어려움을 보여주는 의학적 증거라고 설명했다.

20세기로 접어들 무렵, 신경쇠약증은 미국 문화에서 일상용어가

되었다.[7] 윌리엄 제임스, 제인 애덤스, 샬럿 퍼킨스 길먼 등 많은 유명 인사들이 신경쇠약증 환자였다. 언론은 이 질환을 종종 신경 소진 혹은 단순히 "신경증"이라고 불렀다. 중산층과 상류층의 남성과 여성들 사이에서 신경쇠약증 진단은 낙인이 되기보다는 종종 명예의 훈장쯤으로 여겨졌다. 신경쇠약증은 그들이 겪고 있는 증상을 의학적으로 해명했고, 미국적 경쟁력을 추구하기 위한 희생과 연결되었다. 비어드는 나중에 저서 《미국인의 신경과민American Nervousness》에서 신경쇠약증은 미국인 특유의 증상일 뿐 아니라, 적극적인 마음, 경쟁심 강한 성격, 자유에 대한 사랑을 지닌 시민들(특히 상류층)이 특징인 선진 문명 국가의 위대함을 보여주는 증거이기도 하다고 주장했다.

상류층의 "정신노동"에 대한 이런 합리화는 자본주의의 요구에 순응하기 위한 그들의 몸부림을 한결 기분 좋게 만들어 주었다. 비어드의 분석에 따르면, 근사한 성취를 위해서라면 사소한 불편쯤은 아무렇지도 않았다. 그의 사회적 다윈주의 경향은 동일한 진단에서 노동자를 배제했다. 엘리트 계층은 정신적으로 부담이 큰 의무를 더 많이 감당하느라 툭하면 신경이 피폐해졌을 테지만, 노동자들은 그들과 같은 부담을 견딜 필요가 없었다. 사회의 하층 계급에 속한 사람들—비백인과 비개신교도를 포함해—은 "만병통치약" 약장수가 파는 강장제와 "아픈 신경"에 특효약이라는 어딘가 미심쩍은 알약 몇 알에 의지해야 했다.

이런 이해하기 힘든 질병은 어떻게 치료했을까? 치료 방법은 남성과 여성이 매우 달랐다. 직장에 휴가를 내는 등 "신경증"의 조짐을 드러내는 행동은 19세기 남자들에게 사회적으로 용납되지 않았다. 그들의 치료법은 주로 거친 야외 활동, 격렬한 운동, 황무지에서의 은둔 같은 것이었다. 많은 남자들이 미국 서부로 보내져 소목장에서 일하고 생활했다. "환경보호 대통령" 시어도어 루스벨트는 신경쇠약증 진단을 받은 유명인사 중 한 명이었다.

여성들의 경우 대개 "안정 요법"을 처방받았다. 진단의 심각성에 따라 종종 가족과 자녀들로부터 격리되어 6주 내지 8주 동안 누워서 안정을 취해야 했다. 정신적 활동은 여성의 신경 에너지를 고갈시키고 감소시키는 것으로 여겨졌기 때문에, 환자들은 책과 정기간행물을 가까이할 수 없었다. 신경과민에 걸린 여성은 깡마르고 혈액이 굉장히 묽다고 여겨지기도 했다. 유명한 필라델피아 의사 사일러스 위어 미첼은 휴식 치료를 고안해 상표 등록을 한 것으로 유명하다. 그는 휴식 치료의 변형으로 약간의 정신 활동을 권장했다.

비어드는 인간의 신경은 배터리처럼 충전될 수 있다고 생각해, 전기요법으로 치료를 보완했다. 그는 환자의 두피에 한쪽 전극을 고정시킨 다음, 다른 쪽 전극을 쥔 자기 손을 환자 몸의 각 부위에 갖다 대며 환자의 몸에 약한 전류를 흐르게 했다. 많은 환자들이 전기요법을 받고 나면 기분이 상쾌해진다고 말했는데, 본인들이 모르는 사이에 배터리가 방전되었을 때도 그렇게 말했다. 비어드는 플라시보 효과 비슷한 이 치료법을 "정신치료법"이라고 불렀다.

결국 신경쇠약증은 역사의 기록 속으로 사라졌고, 지금은 거의 그 못지않게 모호한 것, 즉 스트레스로 대체되었다.

원시적 본능

스트레스에 대한 대부분의 현대적인 설명들은—그러므로 마음챙김도—우리가 21세기 생활방식에 맞지 않게 혈거인처럼 살고 있다는 생각을 하게 만든다. 몇 가지 기본적인 반응을 재설정하는 법을 배울 수 있다면, 우리 뇌는 현재에 맞게 최적화될 수 있을 것이다. 그러지 못하면, 우리는 스트레스의 희생자가 될 것이다. 이런 생물학적 설명은 다음과 같이 요약될 수 있겠다. 우리 선조들은 날카로운 송곳니를 드러내는 호랑이를 비롯한 무서운 포식자들과 대범하게 맞설 준비를 해야 했다. 그 결과 그들은 잠재적인 위협에 대처하기 위해 신속하게 엄청난 양의 에너지를 끌어내는 능력을 발달시켰다. 석기시대 인간에게 아드레날린으로 충만한 "투쟁 혹은 도피" 본능은 일종의 생존 기제로 인간의 생명 작용에 "선천적으로 새겨지게" 되었다. 그리고 우리 뇌는 그 사이 수십 세기 동안 거의 진화가 이루어지지 않았기 때문에, 우리를 동요시키는 상황이 닥치면 여전히 이런 과잉반응에 의지한다.

그러나 비교적 한가한 수렵채집민과 달리, 우리는 솟구치는 아드레날린으로부터 우리 몸을 회복하기 위해 동굴 속으로 물러나 쉬지 않는다. 그랬다면 아무런 문제가 없었을 것이다. 하지만 우리는 계속해서 생활을 꾸려나가고 스트레스는 계속 쌓인다. 우리의 투쟁 혹은 도피 본능이 시도 때도 없이 알람을 울리며 항상성 체계를 깨뜨리는 바람에 우리는 내내 스트레스에 시달린다(이 표현은 1980년대에 와서야 대중적으로 사용되었다). 그로 인해 우리의 몸과 면역 체계는 갈수록 지쳐가고 자연스러운 회복력은 약화된다. 하지만 마음챙김은 우리에게 자기 조절 기술을 가르쳐 주고, 우리는 현재의 경험에 주의를 기울임으로써 긴장을 해소하는 법을 배운다. 기본 원리는 이런 거다.

최근 신경과학으로 스트레스 연구가 활기를 띠고 있지만, 대부분의 내용은 이미 100년도 더 전부터 알려진 것들이다. 그리고 스트레스가 통증 치료, 특히 외상 후 스트레스 치료와 어느 정도 관련이 있는 건 분명하지만, 너무 빈번하게 일반적인 설명으로 사용되어 현대의 불편함의 다른 원인들을 보지 못하게 한다. 스트레스 개념이 처음 알려진 때는 하버드 의과대학 교수 월터 B. 캐넌이 과학 논문에 "스트레스"라는 단어를 처음 사용한 1914년으로 거슬러 올라간다. 캐넌은 고양이와 개를 대상으로 실험을 했는데, 개들을 고양이 우리에 넣어 고양이들에게 고통을 유발했다. 캐넌의 관심은 이런 환경에서 고양이들이 어떻게 회복하는가 하는 것이었다. 스트레스 생리학은 본능과 감정의 생리학, 그리고 항상성을 담당하는 생물학적 메커니즘보다 덜 중요한 것으로 여겨졌다. 그는 동물들이 위협에 직면한 뒤 어떻게 안정된 상태로 돌아올 수 있는지 알고 싶었다.

캐넌의 이론 작업은 "추위, 산소 결핍, 저혈당, 출혈"과 같은 주로 생물학적인 조건과 관련이 있었다. 캐넌은 실험실의 고양이들이 짖어대는 개들 앞에 노출될 때 몹시 고통스러워하면서 아드레날린 호르몬을 분비하는 현상을 관찰하면서, 공포와 분노와 같은 반응은 우리의 생물학적 진화의 일부이며, 본능적 반응은 "생존을 위한 투쟁에서 신속하게 도움이 되기 위해" 일어나는 것이라고 추론했다.[8]

캐넌은 사회적 다윈주의, 우생학, 본능에 대한 이론에 크게 영향을 받았다. 인구의 퇴화를 막기 위해, 특히 전쟁을 피하고 싶다면, 우리의 "투쟁 본능"이 충족되어야 한다고 주장했다. 또한 공격성은 사회적 맥락에서 일어나는 것이 아니라, 사실상 생물학적인 반응이라고 결론을 내렸다. 그리하여 그는 사회 문제는 생명 작용biology에 의해 야기된다는, 마음챙김 담론의 일반적인 견해를 위한 씨앗을 심었다. 사람들이 겪는 문제의 뿌리는 시대에 뒤떨어진 원시적 본능으로 축소된다. 시급히 다루어야 할 복잡한 사회 문제와는 관계없이 말이다.

스트레스의 정착 과정

석기시대 생리학과 현대 생활방식 사이의 싸움은 지금도 계속되고 있다. 그와 관련되어 자주 반복되는 이야기들에는 이상한 생각 하나가 내포되어 있다. 마음챙김 관련 문헌에서 이 생각을 분명하게 말하는 사람은 아무도 없지만, 우리가 생물학적으로 더 진화되었더라면 자본주의 사회에서 스트레스나 갈등이 없었을 거라는 기본적인 암시가 있는 것이다. 마음챙김 수련은 우리가 이런 케케묵은 문제들을 뿌리 뽑기 위해 우리의 뇌를 변화시키는 데 도움이 될 수 있다. 다시 말해, 우리가 사는 현대 시대에는 본질적으로 아무런 문제가 없다. 단지 우리의 부적응적 반응이 우리를 불행하게 만들 뿐이다. 이처럼 결함 있는 생명 작용을 물려받았으니, 이것을 보완하고 바로잡는 것은 우리 자신에게 달려 있다. 캐넌으로부터 이어져 내려온 생물학적 환원주의는 마구 날뛰는 감정들을 관리할 책임을 개인에게 떠넘긴다. 자본주의 경제는 기정사실이므로 모두 그에 적응해야 한다는 것이다. 이는 그런 반응을 유발하는 구조적인 요인은 무시한 채 스트레스를 잘 길들이라는 적자생존의 이데올로기다.

스트레스 이론이 완벽하게 정립되기까지는 캐넌의 연구 이후 몇십 년이 더 걸렸다. 계기는 제2차 세계대전으로, 이때 비로소 대중의 의식에 스트레스 개념이 들어왔다. 미국 군대는 병사들의 회복력 훈련 방법뿐 아니라 마음에 상처를 입고 전쟁터에서 돌아온 참전 군인들을 위한 치료 방법에도 관심이 많았다. 이 기회를 틈타 한스 셀리에라는 의사이자 생화학자가 자신의 연구에 관심을 끌기 위해 "스트레스 반응", "스트레스 증후군", "스트레스 요인" 같은 용어를 사용하기 시작했다.

셀리에는 체코 출생으로 1930년대에 나치로부터 탈출했고, 몬트리올 대학교에서 실험을 했다. 야심찬 연구자였던 셀리에는 새로운 여성 성호르몬 발견을 실험 목표로 정했다. 내분비학자 제임스 B. 콜롭James B. Collop의 조수로 일하면서, 매일 아침 도축장에 가 양동이 가득 소의 난소를 채운 뒤 방부제로 포름알데히드를 첨가한 뒤 갈아 추출물을 만들었다. 그리고 이 조직 추출물을 암컷 쥐에 주입했다. 그러나 쥐를 부검한 결과 성호르몬에 아무런 변화가 보이지 않았다.

하지만 셀리에는 특이한 사실을 발견했다. 추출물을 주입한 모든 쥐에게 세 가지 공통된 반응—부신 비대, 흉선·비장·림프절의 축소, 출혈, 위궤양—이 나타났다. 처음에 셀리에는 자신이 성호르몬을 발견했다고 믿었다. 그러나 몇 개월 뒤 소의 태반, 신장, 비장, 뇌하수체 추출물을 테스트했을 때, 결과는 그의 예상대로 나오지 않았다. 어떤 추출물을 주입하든 쥐들은 모두 동일한 증상을 보였다. 셀리에는 거의 즉흥적으로 다른 실험을 시도해보았다. 쥐에게 유독한 포름알데히드 용액을 주입한 것이다. 그러자 놀랍게도 이 용액을 주입한 쥐에게서 동일한 세 가지 증상이 훨씬 강력하게 나타났다. 그는 몹시 당황했고 자신의 연구가 실패했다고 여겼다.

며칠 후, 낙담에서 빠져나온 셀리에에게 문득 기발한 생각 하나가 떠올랐다. 쥐들이 추출물에 특정한 호르몬 반응을 보이는 것이 아니라, 유해한 물질에 비특이적이고 일반적인 반응을 보이는 거라면? 이 가설을 테스트하기 위해 셀리에는 쥐들에게 여러 가지 실험을 했고, 다양한 방법으로 사실상 고문을 가했다. 쥐들은 심한 저온이나 고온, 소음에 노출되든, 계속해서 쳇바퀴를 돌게 되든, 심지어 눈꺼풀이 젖혀져 고정된 채로 강한 빛에 노출되든 동일한 세 가지 반응을 보였다.

셀리에는 쥐의 이런 반응이 적응력을 압도하는 상황에 대한 기본적인 반응이라고 상정하고, 이것을 일반 적응 증후군General Adaptation Syndrome, GAS이라고 칭했다. 초기의 "경고" 단계에서는 생리적 각성과 함께 투쟁 혹은 도피 시스템이 촉발되었다. 내분비샘에서 가슴 두근거림, 땀, 혈당 급증을 일으키는 호르몬들이 분비되었다. 다음으로는 몸이 스스로 회복해 항상성으로 돌아오려 하는 "저항" 단계가 이어졌다. 회복과 항상성이 불가능하다는 것이 판명되고 스트레스 요인이 지속될 경우, 마지막 "소진" 단계에서는 질병이 발생하거나 심지어 죽을 수도 있었다.

스트레스의 아버지

1956년, 셀리에는 《생활 스트레스The Stress of Life》라는 유명한 책을 출판했다. 이 책은 일반 적응 증후군 이론을 사회심리학적 해설로 개편한 것으로,[9] 그는 스트레스와 질병 사이에 누락된 연결 고리를 발견했다고 주장했다. 셀리에는 스트레스 관리—정확히 말하면, 성공적으로 환경에 적응하기—는 건강의 열쇠이고, 질병과 불행의 궁극적인 예방책이라며 대중과 의료 전문가들을 향해 경고의 목소리를 냈다. 스트레스와 질병의 관계를 강조하면서 스트레스를 의학화한 것은 큰 인기를 모았다.

셀리에는 연구 경력을 통틀어 약 1,700편의 학술 논문과 40여 권의 책을 발표했고, 여러 나라의 언어로 쓰인 11만 편의 글이 소장된 스트레스 연구 도서관을 설립했다. 셀리에는 여러 차례 대중 강연을 했고 TV 쇼에 출연했을 뿐 아니라 "스트레스의 아버지"로 《타임》지 특집

난에 실리는 등, 자신의 아이디어를 적극적으로 홍보했다. 그 결과 대단히 성공적으로 민간과 공공 부문 양쪽으로부터 거액의 실험실 연구비를 확보했다. 1950년대 후반과 1960년대 초반, 셀리에는 일약 유명 인사가 되었고, 그의 스트레스 개념들은 모두가 공유하는 문화적 밈이 되었다. 그러나 과학계는 그의 이론을 전적으로 믿지는 않았다.

셀리에의 과학계 동료들 중 다수가 스트레스에 대한 그의 개념적인 해석이 지나치게 모호하다는 걸 발견했다. 일부 동료들은 그의 연구 방법은 물론이고, 스트레스와 질병의 관계에 대해서까지 의문을 품었다. 셀리에의 스트레스 이론은 쥐를 대상으로 한 실험실 실험에서 비롯되었지만, 그의 대중적인 글들은 이 발견을 제멋대로 인간에게 일반화했으며, 스트레스를 본질적으로 심리적인 것으로 만들었다. 사회학자 크리스티안 폴록Kristian Pollock은 한 학술지에서 셀리에의 개념적 비약에 이의를 제기하며 이렇게 지적한다. "분명 얼마간 경솔하고 교활한 생각에 의해 생리학적 모델이 사회심리학적 이론으로 대체되었을 것이다. 구체적이고, 사회심리학적 이론과는 기본적으로 유사점이 없음에도, 생리학적 모델은 여전히 이 이론을 정당화하는 근거가 되고 있다."[10]

이러한 비판에도 불구하고, 셀리에의 전도 활동은 조금도 수그러들 줄 몰랐다. 그의 글들은 더욱 거창해지고 이상적이 되었으며, 정치적으로 권위를 갖게 되어 사회를 "더 나은 건강한 철학"으로 안내하기 위한 국가적·국제적 정책까지 천명할 정도였다. 폴록의 말처럼 "이제는 '사회적 사실'이 되어 버린 날조된 개념"[11]임에도, 1980년대에 셀리에의 스트레스 이론은 당연하게 받아들여졌다.

바탕에 깔린 혈거인 이론과 마찬가지로 셀리에의 견해는 복합 외상에 대한 신체 반응을 이해하는 데 어느 정도 타당한 면이 있다. 그러나 문화와 관련된 면을 간과했기 때문에, 결코 모든 형태의 정신적 긴장을 설명하지는 못한다. 스트레스라고 불리는 것의 명확한 정의도 내리지 못한다. 대신 현대의 많은 문제들을 심리적으로 해석하기 위해 망을 넓힌다. 다나 베커가 스트레스 담론을 다룬 저서에서 언급한 것처럼, 이 점을 기억해야 한다.

신경쇠약증의 경우와 마찬가지로, 스트레스 개념이라는 "진리"와 미국인이 그것을 수용한 과정은 과학적 합의나 "스트레스와 관련된" 질병의 의료적 치료를 통해서가 아니었다. 그것을 실현시킨 것은 스트레스의 인기였다.[12]

셀리에의 스트레스 홍보는 대중의 두려움을 이용하며 계속되었고, 스트레스와 질병과의 경쟁적인 관계는 사람들에게 그의 이론을 생생하게 기억하게 하고 새로운 치료법을 찾게 하는 도구적 요소가 되었다. 그의 견해들은 스트레스에 시달리는 사람을 희생자로, 즉 현대 생활의 일상적인 압박을 감당하기에는 힘없고 나약하며 생물학적으로 준비가 되어 있지 않은 부류로 묘사했다. 그리고 셀리에의 메시지를 앵무새처럼 되풀이하던 언론은 스트레스의 위험을 과장하면서, 스트레스 관리 및 항불안성 정신 약물이라는 새로운 산업의 포문을 열었다.

○　　　스트레스와 대형 담배 회사　　　●

셀리에의 연구에는 스트레스 연구의 신뢰도와 과학적 무결성, 특히 공공 보건 정책을 위한 함의에 심각한 의혹이 제기된다는 어두운 측면이 있다. 셀리에는 1950년대 후반부터 1970년대까지 담배 회사로부터 재정을 지원받았다. 하지만 2002년 법원의 명령으로 담배 회사의 1,400만 개에 이르는 내부 문서가 발표되기 전까지 이 사실은 거의 알려지지 않았다. 런던위생열대의학 대학원의 마크 페티그루Mark Pettigrew와 그의 동료들은 캘리포니아 주의 샌프란시스코 대학교의 온라인 아카이브에서 파일을 샅샅이 살펴보았다. 그리하여 대형 담배 회사가 셀리에에게 미친 영향이 어느 정도였는지 확인했고, 스트레스와 건강에 관한 셀리에의 연구가 담배 회사의 목적에 부합하도록 진행되었다는 사실을 밝혀냈다.[13] 페티그루는 이렇게 설명한다. "그는 담배 산업과 매우 매우 긴밀한 협력 관계를 맺었다. 담배 회사들은 그가 아이디어를 구체화하도록 도왔고, 그는 담배 회사들이 아이디어를 구체화하도록 도왔다."[14]

담배 제조 회사들의 관심은 흡연을 스트레스 완화를 위한 방편으로 마케팅하는 한편, 과학자들을 동원해 담배와 만성 질환 사이의 관계를 왜곡하여 혼란스럽게 만드는 데 있었다. 그들은 흡연과 심혈관 질환, 암, 만성 기관지염, 폐기종의 연관을 살피는 역학 연구는 소홀히 한 채, 이 질환들의 원인이 담배가 아니라 스트레스라는 메시지를 전하고자 했다. 업계 간부들과 법률가들은 노벨상 후보에 거듭 지명된 셀리에의 스트레스학 연구를 끌어들일 기회를 엿보면서 이런 이야기를 전파하려 애썼다.

먼저 접촉을 시도한 쪽은 셀리에였지만, 불행히도 미국 담배 회사로부터 자금을 구하는 데 성공하지 못했다. 그러나 얼마 후 담배 제조 회사와 담배연구위원회CTR의 변호사들이 그에게 전문가 증인을 맡아 달라고 요청하기 시작했다. 이 위원회의 임무는 분명 "대립되는 가치"

를 지닌 연구에 자금을 지원하는 것이었다. 간단히 말해 대중과 규제 기관을 호도하려는 것이었다. 셀리에와 담배 산업에 우호적인 다른 과학자들은 그들의 연구 프로젝트가 소송을 위해 의뢰된 것이라는 사실을 밝혀서는 안 되었다. 뿐만 아니라 담배연구위원회의 자금을 지원받은 과학자들은 그들의 연구 작업이 발표 전에 담배 회사의 검토를 거쳤다는 것을 드러내서도 안 되었다.

처음에 셀리에는 흡연과 암의 관계를 대수롭지 않게 여기는 짧은 글을 하나 썼다. 이후 1967년에는 2,000달러를 지원받고 스트레스에 관한 글을 쓰기로 했는데, 뭐라고 써야 할지 몰라서 업계 법률가들에게 도움을 요청했다. 필립 모리스와 로릴라드의 변호사, 윌리엄 신은 "셀리에는 흡연이 심혈관계 질환을 일으킬 수 있는 메커니즘은 있을 것 같지 않다고 언급해야 했다."[15]라고 말했다. 신은 또 셀리에에게 금연하라는 공익 메시지 자체가 "스트레스"라고 주장하라고 조언하기도 했다.

셀리에는 흡연은 스트레스로 가득한 삶에서 "기분을 전환시킬" 많은 유용한 방법 중 하나인 만큼 "예방적이고 치료적인" 효과가 있을 수 있다고 주장했다. 한 담배협회 팸플릿에서는 더욱 자세히 설명하면서 이렇게 말했다. "담배의 이로움을 말하는 사람이 아무도 없다니 놀랍다. 나는 좋은 의도랍시고 하는 계몽 운동 때문에 수많은 건강 염려증이 유발되는 것이 훨씬 큰 피해를 준다고 믿는다."[16] 5개월 후, 신은 자신의 업계 동료들을 위해 셀리에의 임무를 규정하는 편지—일명 "셀리에에 관한 의견들"로 알려진—를 작성했다. 편지 내용은 이렇다. "기분전환을 위한 방법을 찾음으로써 스트레스로 가득한 생활에 적응하는 것이 바람직하다는 제안이 전반적으로 자리 잡아야 할 것이다." 뿐만 아니라 "이 이론은 기사, 책, TV 출연 등으로 널리 알려져야 한다."[17]

셀리에는 담배 업계로부터 재정 지원을 받고 있다는 사실을 결코 공개적으로 밝히지 않은 채, 종종 정부 청문회에 전문가 증인으로 참석해 금연법 제정, 광고 규제, 건강 유해성 경고에 반대하는 진술을 했다. 셀리에의 결탁은 담배연구위원회가 "특별 프로젝트"를 위해 그에게 3년 동안 해마다 5만 달러를 지급한 1969년에 한층 심해졌다. 캐나다의 한 담배 이익 단체도 그에게 5만 달러가 넘는 자금을 제공했다. 그로부터 얼마 후 셀리에는 캐나다 정부 위원들에게 증언을 하고 라디오에 수시로 출연해 흡연의 이로움을 옹호했으며, 심지어 담배협회 홍보 영화에도 출연했다. 그리고 프랑스 앤틸리스 제도에서 열린 유명한 1972년 컨퍼런스에도 참석했다. 이 컨퍼런스는 필립 모리스가 주최하고 후원한 것으로, 여섯 개 대형 담배 회사가 모두 참석했는데, 결국에는 미 법무부의 부정이윤행위방지 사건에서 그들에 불리한 증거로 이용되었다.

담배 업계는 나중에 셀리에에게는 흥미를 잃었지만, 여전히 스트레스에 초점을 맞추었다. 담배협회 연구위원회TIRC는 미국 심장병 전문의인 마이어 프리드먼과 레이 로즈먼에게 지대한 관심을 보였다. 그들이 연구에서 심장질환과, 나중에 "A유형 성격"이라고 부르게 될 행동 패턴 간의 인과관계를 발견한 것이다. 그들은 남자들에게 초점을 맞추어, 전형적인 A유형 성격인 사람은 열정적이고, 의욕이 넘치며, "반드시 시간을 엄수하고, 기다리게 되면 몹시 짜증을 낸다."라고 묘사했다.[18] 그러므로 만성 질병은 이처럼 매우 특정한 스트레스 반응 유형 탓이었다.

필립 모리스는 이 연구에 상당한 자금을 제공했다. 캘리포니아 대학교 샌프란시스코 캠퍼스 의과대학 석좌교수 임명을 위한 자금 지원을 포함해, 10년에 걸쳐 마이어 프리드먼 연구소에 1,100만 달러를 쏟아부었다. 연구자들은 이 연구의 아이디어에 여러 측면에서 이의를 제기했으며, 체계적인 검토를 거친 결과 1990년대에 이르러 A유형 성격과 관상동맥 심질환 사이에는 아무런 유의미한 상관관계가 없다는 사실이 밝혀졌다. 그러나 증거가 빈약함에도 불구하고, 이 연관성은 언론에서 인기 있는 개념으로 오랫동안 명맥을 유지했다.

스트레스 팔이

마음챙김 인기의 상당 부분은 저질 과학에 기초한 견해들에 기대고 있다. 많은 사람들이 어느 정도 스트레스를 경험하지만, 과학적인 측면에서 보면 스트레스는 행복만큼이나 모호하다. 하지만 마음챙김은 스트레스를 걱정하는 사람들의 두려움에 편승해, 행복으로 가는 길을 팔기 위해 스트레스를 이용한다. 스트레스의 유해한 영향에 관한 언급들은 스트레스가 신체적 질병을 일으킨다는 생각, 그러나 우리가 겪는 대부분의 고통은 어쨌든 우리의 잘못 때문이라는 생각을 강화시켜 왔다. 설사 마음챙김이 스트레스를 다루는 데 도움이 된다 하더라도, 스트레스 감소와 생물학적 요인의 관계를 이야기함으로써 더 이상 사회적 병폐에 관심을 갖지 않게 만든다. 자본주의 사회에서는 부와 권력의 총체적인 불균형과 더불어 예측할 수 없는 경기 순환과 위기가 스트레스를 유발하지만, 마음챙김 옹호자들은 이 사실을 좀처럼 인정하지 않는다. 더욱이 원시적인 투쟁 혹은 도피 기제를 작동시켜 사람들을 심리적 지배에 취약하게 만든다.

애초에 MBSR은 만성 질병으로 고통받는 사람들에게 도움이 되기 위해 고안되었지만, 그 목표 시장은 점차 모든 사람을 대상으로 확대되었다. 스트레스 담론에 대한 무비판적인 수용이 없었다면 불가능했을 것이다. 만트라 암송은 마음챙김 장사꾼들이 불안을 이용하는 걸 돕는다. 그들은 우리가 겪는 불행의 원인을 통제하는 마법의 열쇠라는 온갖 개입들을 홍보하며, 스트레스의 심리적 해석·병리화·표준화에 기득권이 있다. 그러나 외부 조건에 기인한 집단적 고통의 원인들은 아무것도 달라지지 않은 채로 있다.

4장

마음챙김의 개인화

마음챙김에서 하는 명상 수련은 불교에서 비롯되었다. 그러나 마음챙김 명상은 불교가 제시하는 가르침을 바꾸기 위해 불교의 맥락에서 벗어나, 현대 과학 및 심리학과 완벽하게 양립하는 실용적 접근을 제시해 왔다. 존 카밧진에 따르면 이것은 마음챙김의 장점 가운데 하나다. 카밧진은 이렇게 말한다. "처음부터 나는 불교나 '뉴 에이지', '동양의 신비주의' 혹은 그저 정신 나간 짓으로 보일 위험을 최대한 피해 마음챙김 명상에 대해 이야기할 방법을 찾기 위해 많은 애를 썼다."¹

　1979년에 있었던 카밧진의 첫 강좌는 "스트레스 완화와 이완 프로그램"이었다. 이 강좌는 매사추세츠 의과대학 지하 강의실에서 열렸는데, 그가 과학자 자격이 없었다면 불가능한 일이었을 것이다. 그로부터 30여 년 뒤 《타임》지와의 인터뷰에서 그는 이렇게 회상했다.

　불교의 교리를 배제한 불교 명상을 주류 의학에 도입하겠다는 생각은 서고트족이 서양 문명의 요새를 허물기 위해 성문 주변에 모여들었던 행위와 다를 게 없었습니다. 사람들이 나에 대해 '그 사람이라면 분명 자신이 뭘 하고 있는지 알고 있을 것이다.'라고 생각했던 이유는, 내가 MIT에서 분자생물학 박사학위를 받았고 노벨상 수상자의 실험실에서 연구한 경력이 있다는 것도 한몫하지요. 그 덕분에 나는 이 일을 할 수 있게 되었습니다.[2]

카밧진은 의과대학 안에 "스트레스 완화 클리닉"을 설립함으로써, 마음챙김을 믿을 만한 주류 학문으로 만들기 위해 필요한 보호막을 갖게 되었다. 또한 그는 종교적인 색깔을 걷어내고 보편적이고 과학적인 방식으로 이미지를 쇄신하면서, 마음챙김은 역사적·문화적 우연성과 무관하다고 말했다. 그는 자신의 클리닉을 열기 위한 아이디어를 불교 수행에서 얻었지만, 불교 교리와 불교 용어에 관한 모든 언급은 생의학 용어로 대체했다. 1997년 미국에서 열린 한 불교 관련 컨퍼런스에서 그는 이렇게 설명했다. "여러분이 의학에 통합되길 원한다면, 보험회사에 비용을 청구할 수 있어야 할 겁니다."[3]

초창기에 카밧진은 의료 제도로부터 거절당할 것을 걱정해 마음챙김이나 심지어 명상 같은 단어조차 사용하지 않도록 조심했다. 심지어 클리닉을 설립한 후에도, 마음챙김에 대해 "매 순간을 알아차리기" 위한 기본적인 현상학적 기법이라는 정도로만 말했다. 그의 과학계 선배인 허버트 벤슨도 이 방법을 똑같이 따라했다. 벤슨은 한 연구에서 초월명상Transcendental Meditation, TM의 효과를 생의학 용어로 설명한 바 있는데, 카밧진이 MBSR에 대해 설명한 것과 마찬가지로, "이완 반응"이 특별히 종교적 혹은 영적 전통에서만 독점적으로 사용하는 무엇이 아니라, 단순한 "일반적인 신체 능력"이라고 표현했다.[4]

카밧진은 지금은 고인이 된 급진주의 역사학자이며 사회운동가인 하워드 진의 딸과 결혼했다. 그는 1960년대에 베트남 전쟁 반대 운동에도 참여하기도 했지만, 관심은 이내 내면으로 돌아왔다. MIT 학생시절 선불교를 알게 되면서 미국인 승려 필립 카플로Philip Kapleau의 강연에 참석했고, 계속해서 케임브리지 선 센터에서 한국 선불교의 스승인 숭산 스님의 지도 아래 명상에 입문했다. 이후 매사추세츠 주 바Barre 지역에 있는 통찰명상협회Insight Meditation Society에서 소승불교 수행법을 익혔는데, 이때 불교 전통을 바탕으로 한 현대적인 아이디어를 직접 경험했다.

오직-마음챙김 학파

카밧진이 통찰명상협회에서 배운 기법은 버마, 태국, 스리랑카의 부흥 운동에서 수입된 것이었다. 대영제국 점령 당시 소승불교 수도승들은 "통찰" 명상의 한 형태인 위파사나 명상을 장려하면서, 기독교로 개종하려 드는 선교사들에게 저항했다. 19세기 말 이전에는 수도승이 아닌 일반인은 거의 명상을 하지 않았다. 그러나 버마의 레디 사야도와 마하시 사야도 같은 개혁가들의 주도로 대규모 운동이 전개되었고, 이 운동은 서양의 제자들과 S. N. 고엔카 같은 영향력 있는 스승들에 의해 전 세계적인 운동으로 번졌다. 이들은 고행과 불교 교리 대신 마음챙김을 강조했는데, 마음챙김은 "불교의 심장"으로 새롭게 해석되면서도, 이성적이고 과학적인 서양의 감성과 양립할 수 있었다.

종교학자 리처드 킹이 "오직-마음챙김" 학파라고 지칭하는 이들은 서양의 시각을 복제함으로써 식민주의에 저항했다. 불교의 명상 방법들은 의례와 전근대적인 사고와 분리된 "마음의 과학"으로 제시되었다. 이제 개혁가들은 정작 미신적인 것은 기독교 교리이고, 아시아 문화에는 서양이 중시하는 것들에 큰 반향을 불러일으킬 수 있는 사상이 담겨 있다고—제법 성공적으로—주장할 수 있게 되었다. 그리하여 식민지 사람들은 퇴보하지 않고 독립할 자격을 얻었다. 그러나 킹의 지적대로, "마음챙김에 기반한 수련을 지지하는 현대의 비종교적인 일반인들이 종종 주장하는 바와 같이, 이것은 불교의 사상과 수행에 대한 가치중립적인 탈맥락화가 아니었다."[5] 오히려 식민지 헤게모니에 대한 문화적 방어였는데, 이는 현실적이고 세속적인 이익을 준다며 마음챙김을 홍보하는 부작용을 낳았다.

MBSR : 새로운 계보의 탄생

소승불교의 개혁 운동은 서양의 통찰명상 분파처럼 대단한 인기를 얻게 된 한편 여전히 불교 전통과 권위자에 호소하고 있었다. 그러나 MBSR은 임상과 의료 환경에서 비불교도들에게 수용되길 원했기 때문에 그렇게 할 수 없었을 것이다. 카밧진은 다르마—불교의 가르침을 일컫는 총칭—를 내던진 이 같은 근거를 설명하면서, "다르마를 이용하거나, 깨뜨리거나, 탈맥락화할 의도가 결코 없으며, 오히려 다르마를 새로운 맥락 안에 재설정하려 한다."라고 말한다. 또한 "다르마" 측면에서 이것은 자신의 "숙명적인 과제"라면서, "너무 전통적인 다르마의 문을 통해서는 가르침을 들을 수 없거나 가르침 안으로 들어설 수 없는 사람들에게 최대한 도움이 될 수 있도록 과학과 의학(정신의학과 심리학을 포함해), 의료라는 틀"을 선택했다고 덧붙인다.[6]

상품화에 성공했다는 이야기들은 대개 기존의 산업이나 경험을 전복하고 파괴하는 과정을 거친다는 특징이 있다. MBSR이 상품으로 엄청난 파괴력을 지니게 된 것에는 카밧진의 역할이 크다. 그는 "부처는 불교 신자가 아니었다.", "마음챙김은 인간의 선천적이고 보편적인 능력인 만큼 불교 신자의 전유물이 아니다."와 같은 촌철살인을 포함해 많은 화두를 던졌다. 따라서 잠재 고객들은 MBSR이 종교와 관계없는 상품이지만 그럼에도 불구하고 부처의 가르침 가운데 가장 훌륭한 가르침을 제공한다고 확신한다. 카밧진의 말에 따르면, 그가 전하는 마음챙김은 "전체 다르마의 대용"이다.[7]

이 주장에는 감동적인 여운이 남는 강력한 브랜딩 스토리가 담겨 있다. 즉 달라이 라마 같은 권위자가 MBSR을 "보편적인 다르마"의 한 형태로 승인하고 보증했다고 말이다. 카밧진은 다음과 같이 회상한다.

나는 2005년에 워싱턴 D.C.에서 열린 제8회 마음과 삶 컨퍼런스에서 달라이 라마 성하에게 분명히 물었습니다. 부처의 다르마와 보편적인 다르마 사이에 근본적인 차이가 있느냐고 말입니다. 성하는 "없다."라고 말했습니다.[8]

그러나 녹화된 비디오 내용은 그의 회상과 다르다. 카밧진은 달라이 라마에게 MBSR의 역사와 성과를 소개하면서 결정적인 질문을 하고 달라이 라마의 통역사 툽텐 진파가 그 내용을 전달했다. "한편에는 불교의 다르마가 있고 다른 편에는 보편적인 다르마가 있다면, 둘을 구분하는 것이 타당하겠습니까?" 달라이 라마는 빙그레 웃으며 답했다. "오, 그럼요. 가령 과학자들로서는 이쪽 보편적인 다르마를 적용하려 시도할 수 있을 겁니다 … [잠시 멈춤, 웃음] … 모든 사람이 모든 다르마에 마음을 쏟을 수는 없을 테니까요."[9] 확실히, 이 말의 의미는 카밧진이 암시하는, 감동적인 여운이 남는 "없다"와 다르다. 이 말은 이른바 "보편적인 다르마"는 과학계에서는 유용할 수 있겠지만, 결코 부처의 모든 가르침과 같지 않다고 말하는 것 같다. 그럼에도 불구하고 카밧진에게는 MBSR을 위해 굳이 불교의 승인을 얻는 것이 여전히 중요한 모양이다. 마케팅을 위해서는 불교와의 연관성을 그토록 부인하면서도 말이다.

이 이상한 모순이 마음챙김 운동 전체에 퍼져 있다. 오랫동안 MBSR 강사로 활동해온 마거릿 쿨렌Margaret Cullen은 마음챙김을 기반으로 한 개입들은 폭넓은 접근이 가능하고, 민주적이며, 종교적 교리와 아무런 관계가 없고, 실용적이며, 공리주의적인 "새로운 미국식 다르마"를 낳는다고 믿는다. "MBSR의 목적은 단순한 스트레스 완화보다 훨씬 큰 것이다."라고 그녀는 말한다.[10] 카밧진과 그의 친구들이 어떻게 생각하는지 모르겠지만, 그들은 이같이 선언함으로써 그들의 가르침을 전통과 어느 정도 일치하는 불교의 한 종파로 세운 것이다. 불교의 각 종파는 경전과 같은 독본에 기반을 두고, 특정한 엄선된 수행에 초점을 맞추며, 이 독본이 부처의 진정한 의도를 제대로 해석한 것이라고 주장한다. 불교의 역사적 측면에서 카밧진은 자신을 새로운 계보의 창시자라고 선포한 것과 다를 바 없다.

그의 주장대로 만일 MBSR이 "부처의 가르침과 동일하지는 않더라도 유사한 외연을 지닌 보편적인 다르마"를 대표한다면, 그 방향으로 질문을 받아야 할 것이다.[11] 바쁜 서양인들에게 마음챙김은 편리한 "원스톱 쇼핑"과도 같은 약식 불교를 제공한다. 카밧진은 이를 "주로 선 수행을 동반하는 위파사나 수행(조셉 골드스타인과 잭 콘필드 같은 이들이 가르친 것처럼 소승불교 측면의)"이라고 설명한다. 이때 선 수행은 일본의 소토와 린자이 전통, 그리고 한국과 중국의 선 사상으로부

터 영향을 받은 것이다.[12]

 불교와의 관련성에 관해 말하라는 재촉을 받으면, 마음챙김 지도자들은 종종 자신들의 교육과정이 전통적인 불교 수행의 모든 요소를 포함하며 그에 못지않게 엄격하다고 강조한다. 그리고 MBSR은 부처가 사티파타나 경*에서 제시한 마음챙김의 네 가지 기초에 근거한다고 주장한다. 즉 "바디 스캔body scan"—수련자는 머리부터 발끝까지 온몸의 감각을 관찰하면서 알아차림을 한다—은 마음챙김의 첫 번째 기초("몸身 관찰하기")를 적용한 것이다. 자리에 앉아 잠시 명상을 하는 것만으로도 나머지 세 가지 기초(느낌受, 마음心, 만물을 이루는 특성인 법法 관찰하기)로 확장하게 될 것이다. 이때 네 번째 기초를 단순히 "마음의 내용"이라고 말하기도 한다. 도덕의 기반—몸, 말, 마음을 자제하도록 요구하는 전통적인 훈련—과 브라마 비하라스(자애, 연민, 이타적 기쁨, 평정심의 함양)도 모두 수련 중에 "자연스럽게 통합"된다. 약간의 하타 요가와 시詩가 추가로 포함되기도 한다. 불교의 정식 가르침이 사실상 세속적인 환경에 설 자리가 없다는 점을 감안하면, MBSR 강사들에게 가장 중요한 문제는 아마도 그들의 행위에서 다르마의 본질을 구현하고 전달하는 신비한 능력일 것이다.

 카밧진의 스승들을 양성한 위파사나 부흥 운동에 의해 일찍이 불교의 현대화가 경작되어 비옥한 토양을 이루지 않았다면, MBSR이 뿌리를 내릴 수 있었을 거라고는 상상하기 어렵다. 그러나 카밧진은 전통주의자가 아니다. 불교의 근본 교리에 호소하고 불교 신자였던 초기

---

* 사념처경. 신身(몸), 수受(느낌), 심心(마음), 법法(현상)을 관찰하는 명상의 네 가지 형태를 전하는 경.

의 경험을 과시하길 좋아하지만. 카밧진의 임무는 대중을 위해 마음챙김을 현대화하는 것이다. 서양의 다른 세속적인 불교신자들처럼, 카밧진은 종종 자신이 부처의 통찰력 가운데 가장 심오한 부분을 엄선하고 종교가 포장한 쓰레기들을 걷어낸 것처럼 말한다. 런던의 선 지도자이며 실존주의 심리치료사인 마누 바짜노Manu Bazzano는 한 컨퍼런스에서 카밧진과 네 시간 동안 담소를 나눈 경험을 회상한다.

나는 그에게 MBSR은 정말 좋은 방법이지만, 계보가 없고 일대일 진덜(스승에서 제자에게로)이 이루어지지 않는다면 그의 방법은 진정한 다르마라고 할 수 없다고 말했습니다. 나는 그의 대답에 놀랐습니다. 그는 "내가 MBSR로 만들고 있는 것이 바로 그 새로운 계보입니다."라고 말했습니다. 실망스럽더군요. 그의 과도한 자신감뿐 아니라 본인의 도구적인 기술이 다르마의 완전한 위대함과 견줄 수 있다는 암시 때문에 말입니다.[13]

카밧진은 자신을 새로운 계보의 창시자로 여기고, 전통적인 불교 교단이 아닌 개인적인 카리스마로부터 권위를 얻는다. 그는 기본적으로 자신이 마음챙김이라는 기적에 특별히 접근해, 세계를 해석하고 공유할 수 있다고 주장한다. 카리스마를 이용한 리더십은 신흥 종교의 공통적인 특징이다. 카밧진이 불교 용어—"계보" 같은—를 변형시켜 의도적으로 이용하는 것은 그가 추종자들에게 권위를 부여하고 마음챙김을 전파하는 구루guru 같은 지위에 있다는 걸 보여주는 신호이다.

○ **불교 신자라는 정체성 드러내기** •

　MBSR은 창업 단계를 지나 사업적 성숙기와 광범위한 수용기로 접어들었고, 마음챙김 센터(요즘은 스트레스 이완 클리닉으로 알려져 있다)는 스텔스 모드를 유지할 필요가 없어졌다. MBSR의 웹사이트는 MBSR이 낮은 수준의 다르마라는 비난을 피하기 위해 이렇게 주장한다. "MBSR은 전적으로 세속적이고 보편적인 표현 방식을 통해 다르마를 구현하고 전달하기 위한 수단이다. 이것은 다르마의 맥락에서 벗어나는 것이 아니라 맥락을 새롭게 *재설정*하는 것이다." 이 진술은 MBSR의 화두가 되고 있다. MBSR에서 가장 지위가 높은 교사 한 사람은 나에게 이렇게 말했다. "사실 나는 MBSR이 세속적이지 않다고 생각합니다. 실제로 그 단어를 좋아하지도 않을뿐더러, MBSR이 세속적인 범주에 속한다고 인정하고 싶지도 않습니다. 세속적이라는 말은 신성하거나 종교적이지 않으며 '교회'와 분리된다는 의미를 내포하는데, 그것은 MBSR이 매우 영적이고 성스럽다고 보는 내 관점과도 분리됩니다."

　이 교사가 어떻게 "생각"하든, 골자만 남긴 채 탈맥락화시킨 마음챙김 모델에는 문제가 있다. 이것은 마음챙김이 맥락에서 벗어나 핵심만 지니고 있으며, 이 핵심을 건져내 더 제대로 이해하고, 연구하며, 실천할 수 있다고 가정한다. 그러나 마음챙김 운동은 그 나름의 맥락을 가지고 있다. 마음챙김 운동은 다분히 미국적이다. 과학적 진보라는 서사, 유일한 의미 결합체로서 개인에 대한 믿음, 기업가 정신, 모호하고 대체로 검증되지 않은 여타의 가정들—보편적인 것은 고사하고 불교적인 것은 더더욱 아닌 단순히 사회적 환경으로부터 흡수된—에 자부심을 갖는다. 이러한 이야기는 과거와의 근본적인 단절이기도 하며, 마음챙김이 사회적·역사적 맥락 안이 아니라 그 바깥에 있다는 견해를 강화하기 위해 이용된다. 이런 점에서 마음챙김 혁명은 미국의 전형적인 엄청난 혁신 신화다.

카밧진은 1993년에 빌 모이어스가 사회를 맡은 미국 공영방송 PBS의 특별 다큐멘터리 〈치유와 마음Healing and the Mind〉에 등장하면서 처음으로 대중적인 명성을 얻었다. 이 무렵 카밧진은 마음챙김 수련이 유익하다는 증거를 제시하기 위해 여러 과학 학술지에 부지런히 글을 싣고 있었다. 1980년대 이후로 수많은 의학 연구들(대부분이 현재는 연구의 품질이 낮은 것으로 여겨진다)이 MBSR을 주제로 다루었고, MBSR이 스트레스와 관련된 질병을 관리하는 데 효율적이라고 제시했다. 그 밖에도 건선 환자의 회복 시간 단축에서부터 독감 백신에 대한 면역 반응 향상에 이르기까지 다양한 긍정적인 결과가 나타났다.

과학적으로 타당성이 검증되자 대담해진 카밧진은 클리닉의 이름을 바꾸고, 프로그램 명칭을 '마음챙김에 기반한 스트레스 감소Mindfulness-Based Stress Reduction, MBSR'라고 부르기 시작했다. 기본 8주 동안 진행되는 MBSR 과정은 이제 전 세계 600여 개 클리닉에서 제공된다. 30년 동안 매사추세츠 대학교 클리닉에서만 2만 명이 수료했고, 9,000명이 마음챙김 센터에서 제공하는 MBSR 지도자 양성 프로그램에 참여했다. 과학계와 의료계에서 MBSR을 대대적으로 받아들이자 많은 임상의들과 기업가들은 이에 자신감을 얻어 마음챙김을 기반으로 하는 수많은 파생 프로그램을 만들기 시작했다. 여기에는 '마음챙김에 기반한 인지 요법Mindfulness-Based Cognitive Therapy, MBCT'도 포함되는데, 이는 재발성 우울증의 재발 방지를 목적으로 하는 집단 수준의 개입으로, 현재 영국의 국민건강보험이 인정하는 치료법이다.

자기계발을 위한 마음챙김

카밧진의 카리스마는 마음챙김 대중화에 큰 역할을 했다. 그는 세 권의 베스트셀러를 썼는데, 그중 가장 먼저 출간된 《재앙으로 가득한 삶》은 40만 부 이상이 판매되었고 현재 제15판까지 나와 있다. 그 밖에도 오디오 강의, 국제 강연, 미디어 출연 등을 통해 마음챙김 복음을 전파하고 있다. 카밧진의 자기계발 사업은 현재 수백만 명의 마음을 움직이고 있는데, 그의 센터에서 MBSR 강좌를 들은 수천 명을 훨씬 뛰어넘는 규모이다. 대부분의 사람들은 책과 CD를 통해 그의 마음챙김 상품을 접하면서, "스스로 실천하기do it yourself"의 치료적 버전의 문을 열었다. 대부분의 자기계발 도구와 기법들이 그렇듯이, 마음챙김 상품의 창작자 역시 마음챙김은 스스로 배우고 실천할 수 있다는 개념을 홍보했다. 잠깐이라도 마음챙김을 한다면 아예 하지 않는 것보다 낫고, 쉽게 접할 수 있다는 약속과 매력은 제도화된 의학의 기준과 요구에 더 이상 얽매일 필요가 없다는 의미이기도 했다.

어떤 매체를 통해 배우든, 개인화된 마음챙김의 기본적이고도 광범위한 요소는 바로 이 자기계발의 서사다. 카밧진의 책과 오디오 강의를 접하는 내내 우리는, 건강과 행복은 내면으로 방향을 돌리고, 치유를 위해 "내면의 자원"을 회복하는 것에 달려 있다는 말을 듣는다. 사회학자 커스틴 바커Kirstin Barker는 마음챙김의 의료적 효과를 확인하기 위해 카밧진의 가장 유명한 책과 녹음 자료 들을 분석했다. 오늘날 인간의 많은 문제와 경험은 그것을 다루기 위해 개입이 필요하다는 면에서 병리화되었다. 스트레스를 개인의 병리로 취급하는 것이 그 첫번째 단계였는데, 바커의 지적처럼 마음챙김 치료는 이제 "인간의 생활에서 점점 많은 부분들"에 "건강"과 "병"이라는 꼬리표를 붙인다.[14] 질병이 우리 주변에 도사리고 있는 위험한 상황에서, 마음챙김은 이에 상응하는 치료를 제공해 정상적인 상태를 회복하도록 돕는 한편, 마음챙김을 수련하지 않는 모든 사람들을 잠재적으로 건강하지 않은 사람들로 규정한다. 바커는 이렇게 말한다. "일상의 흔한 불안감은 병적인 상태"로 여겨지고, "마음챙김은 그 주된 이유를 우리가 주의를 기울이지 못하기 때문이라고 설명한다."[15]

카밧진은 우리가 주의를 기울이는 본래의 능력을 상실했기 때문에, 필연적으로 도처에서 스트레스를 느낄 수밖에 없다는 견해를 반복해서 설명한다. 지금 이 순간에 주의를 기울이는 것은 부주의함이라는 질병을 치료하기 위한 의학적인 방법이다. 실제로 MBSR 전반에 걸친 전제는 우리는 감정이 우리를 압도하도록 내버려두기 때문에 고통받는다는 것이다. 여타의 자기계발 기법과 마찬가지로 마음챙김은 개인을 목표로 삼으면서, 사회적·정치적·경제적 차원의 고통에는 둔감하다. 카밧진의 책을 펴낸 출판사는 그의 베스트셀러 《당신이 어디를 가든 당신은 그곳에 있다》를 "자기계발/영성" 장르로 분류한다. 책의 뒤표지에는 강력한 홍보 문구가 목청껏 외치고 있다. "세상에서 가장 흥미진진한 사람, 나를 흥분시킬 사람을 만나고 싶은가? 존 카밧진이 당신에게 **당신**을 소개한다. 당신 자신에게로 가는 이토록 단순하고 상식적인 방법을 어느 명상 서적에서도 발견할 수 없을 것이다."

반체제문화적 세력이 되기는커녕("혁명"의 약속을 기억하길), 서구의 개인주의를 강화하는 마음챙김 운동은, 오히려 행복으로 향하는 자격을 갖춘 자기중심적이고 근시안적인 방법처럼 보인다. 세상의 외침을 차단하는 비눗방울 속에 갇혀 있는 한, 얼마든지 스트레스 없는 삶을 누릴 수 있다. 마음챙김 상품은 성취감을 주는 감각적 경험을 준다고 광고된다. 미덕, 윤리적 행동, 도덕적 용기, 연민의 향상이 아니라.

자기중심적인 마음챙김

미국을 비롯한 자본주의 사회에서 사회적 고립이 확산되는 상황을 고려할 때, 마음챙김의 개인화는 당황스럽다. 루스 휩먼은 《불안한 미국》에서 비교적 부유함에도 상당수 사람들이 의미 있는 관계를 맺지 못해 심한 외로움을 호소한다고 지적한다. 자기계발의 개인화 추세에 회의적인 휩먼은 "사회적 고립의 한가운데에서 우리는, 각자 자기만의 마음속 행복으로 향하는 고독한 길을 터벅터벅 걸어가 완전한 침묵 속에서 방 안에 앉아 있는 것이 행복의 비결이라는 메시지를 받고 있다."라며 한탄한다.[16] 휩먼은 사람들이 스트레스가 심하다고, 바쁘고 외롭다고, 아이들과 함께 하거나 친구들과 우정을 쌓을 시간이 부족하다고 불평하면서, 장시간 침묵을 지키는 명상에 참석하거나 혼자서 마음챙김 명상을 수련하는 데 많은 시간을 보내는 것 같다며, 이런 상황이 아이러니하다고 강조한다.

마음챙김 운동은 건강과 행복에 대한 강박적인 집중이 도덕적인 의무가 된 이념적 변화의 한 예다. 칼 세데르스트룀과 앙드레 스파이서는 《건강 신드롬》에서 이러한 현상을 "건강 제일주의healthism"라고 부른다. 건강 제일주의는 개인이 각자 "올바른" 생활—운동이든, 음식이든, 명상이든—을 선택해 불안한 경제 상황에서 스스로 더 많은 유연성과 시장성을 갖추라고 말하는 일종의 생명도덕이다.[17] 마음챙김 옹호자들은 연쇄 실업을 포함한 후기 자본주의의 불안정한 상황에 직면해 변화의 수용을 칭송하기 위해 종종 무상함에 관한 불교의 가르침을 끌어들인다(불교가 전통적으로 강조해온 탐욕의 근절은 편리하게 생략된다). 뿐만 아니라 각자의 몸, 감정, 건강을 스스로 관리하도록 개인에게 무거운 책임을 지운다. 세계의 변화는 곧 자신의 변화에서 시작한다는 것이 현대 마음챙김 이데올로기의 숨은 의미다. 그리고 사회와 정치에 직접 참여하기보다는, 주로 개인의 생활 방식을 선택하는 것이 변화로 여겨진다.

"마음챙김하라"는 명령에는 개인은 자제력도, 규율도, 의지력도 부족하다는 암묵적인 가정이 내포되어 있다. "건강 신드롬"의 강요된 자기관리는 반복되는 다이어트 실패와 그로 인해 한번씩 일어나는 죄책감과 유사하다. 자기 훈련의 이 두 가지 형태 모두 초자아의 가혹한 명령을 내면화한다. 개인은 자신의 생활 규제regimen*에 실패할까 봐 조심하고 수치심에 괴로워할까 봐 걱정하면서 평생 긴장을 놓지 않는다.

MBSR은 의료적-임상적 환경 외부에서 활약하기 때문에, 더 큰 안녕과 행복을 보장하면서 점점 쾌락주의적인 분위기가 만들어진다. 이런 분위기는 개인의 믿음과 전제, 혹은 가치관과 우선순위, 생활방식(마음챙김을 저해하는 요소는 제외하고)에 대한 도전이나 변화 없이도 제공된다. 마음챙김은 비록 개인의 생활방식이 현실과 균형을 이루지 못한다 해도 원치 않는 증상들—스트레스, 우울, 불안—을 줄일 수 있기 때문에, 개인의 세계관이나 선택이 역기능적인지 어떤지는 중요하

---

* regimen에는 식이요법이라는 의미도 있다.

게 여기지 않은 것 같다. 가령 월스트리트의 트레이더들처럼 말이다.

카밧진은 여기에 동의하는 걸로 보인다. 스트레스를 완화하려면 생활방식을 바꿔야 하느냐는 인터뷰 진행자의 질문에 그는 다음과 같이 대답했다.

스트레스가 생긴다고 해서 무언가를 포기해야 한다고 생각하지 않습니다. 경험 전체를 받아들이고, 자신의 마음과 직관으로 가치 있는 것이 무엇인지 파악해야 할 겁니다. 방법은 사람마다 다를 테지요. 월스트리트에서 성장하는 사람이 있는가 하면 황무지에서 성장하는 사람이 있을 거예요. 여러모로 스트레스는 각자가 생각하기 나름입니다.[18]

MBSR과 마음챙김 운동은 대체로 윤리의 중요성을 가볍게 여기고 심지어 무시한다. 또한 마음챙김 발전의 기본적인 토대로서뿐 아니라 수련의 의미와 목적, 취지의 측면에서도 양성 과정에서 해야 할 역할을 소홀히 한다. 그래서 궁극적인 질문을 하게 된다. 그렇다면 왜 마음챙김인가? 마음챙김은 그저 더 건강하고, 더 높은 성적을 얻고, 일에 더 집중하고, "자기 자비self-compassion"를 얻기 위한 도구일 뿐인가? 자기계발의 의료적 형태인가? 어떤 면에서 이런 질문은 철학의 전통적 기반인, 무엇이 "좋은 삶"을 이루는가를 묻는 것과 다르지 않다.

마음챙김 훈련은, 적어도 불교 전통 내에서 이해하기로는, 윤리적 발전과 분리될 수 없다. "올바른 마음챙김" 수양은 "바른" 견해, 의도, 말, 행위, 생활, 노력, 선정禪定과 함께 불교의 팔정도八正道 중 하나일 뿐이다. 이 여덟 가지에 상응하는 서양의 덕목은 없다. 각각의 요소는 서로 연결되어 있으며, 유대 기독교의 칙령이나, 인간이 도덕적으로 올바르기 위해 "행해야 하는" 규범적인 의무에 관한 서양의 사상들과 직접적인 관련이 없다. 하지만 MBSR에는 "올바른 마음챙김"―건강한 정신을 수양함으로써 지혜에 이르는―을 뒷받침하는 나머지 요소들이 빠져 있으며, 이는 MBSR 교사들이 불교 윤리를 잘못 해석하고 있음을 시사한다.

세속적인 면에 치중하는 양상으로 알 수 있듯이, 카밧진과 그의 무수한 선임 교사들은 윤리적 틀이 부적절한 강요라고 주장한다. 이 공백을 메우기 위해 일부 MBSR 옹호자들은 히포크라테스 선서에 힘없이 호소해 보지만, 이런 발상은 한계가 있다. 즉 이것은 의료 환경에서 MBSR을 가르치는 전문직 종사자들에게만 해당할 뿐, 회사나 군대 같은 다른 환경에서 일하는 사람들에게는 해당하지 않는다. 더 중요한 사실은, 히포크라테스 선서는 MBSR 과정에 참여하는 사람들과 아무런 관계가 없다는 것이다. 이 주제를 계속 밀고 나가면 마음챙김 장사꾼들이 내세우는 최후의 보루가 있는데, 수련을 하면 스트레스를 일으키는 사고 패턴에서 벗어나 자기 자신을 더 친절하게 대하게 되므로 어쨌든 수련을 통해 윤리적인 방향이 조용히 흡수된다는 미심쩍은 주장이다.

카밧진의 방식처럼 다르마를 현대 서양의 필요에 따라 새로운 맥락으로 재설정하는 것은 당연히 축하할 일이라고 주장할 수 있다. 결국 불교의 역사는 인도 아대륙에서 이동해 간 곳의 새 주류 문화에 적응하기 위해 자주 주요한 변화들을 겪은 변형의 역사다. 그러므로 우리는 중국의 번역자들이 인도의 전통 학문과 모든 신들 및 우주론을 비롯한 문화적 덮개를 걷어내기 위해 썼던―그 결과 중국의 선불교가 명상 수행을 강조하게 된―방식과 현대의 마음챙김이 실제로 그리 다르지 않다고 어느 정도 근거를 갖고 주장할 수 있다.

그런데 역사에서 지금 시점은 자본주의 사회에서 이루어지는 다르마의 변형이 기회만큼이나 큰 위험을 수반한다는 점에서 독특하다. 오늘날의 위험은 초창기 몇 년처럼 마음챙김이 현대 과학에 받아들여질지 말지의 문제가 아니라, 마음챙김이 유해한 방식으로 심리학적으로 해석되고 있다는 것이다. 마음챙김의 영역은 대부분 "개인화된 영성"으로 축소되어, 신자유주의 사회에서 점차 가중되는 삶의 압박감을 무릅쓰고 보다 효율적으로 적응하고 대응하고 기능하도록 개인을 돕는 것에 국한된다.

역사적으로 불교는 사회의 "정상적인" 기능으로 여겨진 것으로부터 그 주변성을 유지할 수 있을 때에만 개인의 변화와 근본적인 사회 변화를 위한 예언적인 힘을 지녀왔다. 에리히 프롬이 그의 에세이 〈정상성의 병리학The Pathology of Normalcy〉에서 설득력 있게 진술했던 것처럼, 사회는 그 자체로 집단 병리의 혼란스러운 패턴이 될 수 있다. 고대 그리스의 경우, 지혜를 향한 진실한 사랑은 철학자가 "정해진 자리에서 벗어난" 아토포스atopos의 상태에 있음을, 즉 정상성의 흐름을 거슬러 때 이른 비판에 열중하는 상태에 있음을 의미했다. 불교의 수도자 공동체(승가僧家)는 부처의 가르침을 전하는 단체로서의 역할을 담당하지만, 이 공동의 공간은 고통과 사회적 부조화로 이끄는 표준적이고 관습적인 생활 방식에 근본적인 질문을 던지는 시련의 장소를 제공하기도 했다.

카밧진의 관점에서 마음챙김은 "불교와는 아무런 관련이 없으며, 자유와 관련이 있다."[19] 하지만 이른바 이 자유는 사회적인 측면에서는 드러나지 않는다. 공동체 시민으로서의 책임이나 공공 영역의 규범적 기대에 부담을 느끼기보다는, 스마트폰 명상 앱을 켜고 마음챙김하면서 삶으로부터 물러나면 된다. 결국 마음챙김은 피트니스 센터에 갈 필요 없이 그저 신경세포를 펌프질하면—정신의 체력을 단련하면—되는 문제다. 마음챙김 운동의 개인화된 영성은 다르마에 깊이 새겨진 집단적 노력을, 그리고 긍정 심리학자들이 툭하면 써먹는 진정한 행복과 "번영"이라는 의미의 그리스어 에우다이모니아eudaimonia가 다름 아닌 공공의 안녕을 위한 전제조건이라는 생각을 망각하고 있다.

세속화된 마음챙김 운동에서는 윤리적 성장에 이르는 길이 확연하게 부재하며 따라서 도덕적 진공 상태가 만들어진다. 반복해서 강조되는 자기검열—지금 이 순간에 머물기—은 윤리적 반성을 대체하며 과거에서 미래를 잇는 고리를 끊는다. 미래에 대비하기 위한 숙고와 주의, 행동의 결과에 대한 경각심, 건강하지 않은 정신적 속성을 뿌리 뽑기 위한 노력(모두 불교의 기본적인 목표들이다)은 "마음챙김하라", "현재에 머물라", "철저히 받아들이라" 같은 진부한 명령들 뒤로 밀려난다. 마음챙김 운동은 숭고한 견해와 목표가 빠진 채 '스스로 실천하라', '생각하는 대로 이루어진다'는 견해에 모든 것을 맡기고 표류하는 것처럼 보인다. 카밧진을 대표하는 모호한 용어, "마음챙김"은 상업화와 도용을 초래하는 새로운 "상표 X"가 되었다. 서양의 주류 문화인 소비자 중심 문화의 공통분모—기업 자본주의, 무신경한 도구주의, 과학적 유물론—가 안타깝게도 "전체 다르마를 새로이 대용하고" 있는 것이다.

5장

마음챙김의 식민지화

McMindfulness

한 가지 분명하게 짚고 시작하겠다. 나는 마음챙김이 치료에 적용할 가치가 있다는 데에 의문을 제기하지 않으며, 사람들에게 도움이 될 수 있다는 점도 부인하지 않는다. 내가 신경 쓰는 문제는 마음챙김 관계자들이 양다리를 걸치는 방식이다. 어느 땐 그래야 팔리니까 마음챙김을 과학이라고 했다가, 또 어느 땐 그래야 심오하게 들릴 테니까 불교의 모든 요소를 지지하는 방식 말이다. "불교"를 상품화해서 편의대로 상표를 뗐다 붙였다 하는 건 모순될 뿐 아니라 오해의 소지가 있다. 마음챙김은 어쨌든 보편적이어서 인간 경험의 근원적인 본질이라느니 초월적인 핵심이라느니 하는 주장도 마찬가지로 문제가 있다. 신비주의적 용어는 마음챙김 관계자들이 비평가들과 맞붙지 않도록 막아 준다. 그들이 판매하는 것이 말로는 표현할 수 없는 어떤 것이라면, 그것을 논하는 사람은 마음챙김하면서 침묵을 지키는 방법을 먼저 배워야 할 것이다.

　언론이 MBSR에 대해 상세하게 전하는 듣기 좋은 말들은 반지성적이다. 마음챙김을 이용한 치료 방법들에 더 폭넓게 접근할 수 있게 함으로써 많은 것을 얻긴 했지만, 과학적 타당성을 추구하느라 든 비용은 좀처럼 논의되지 않는다. 불교는 식민주의까지 거슬러 올라가 차용되고 이용되는데, 이로 인해 현대 서양은 불교의 전통을 왜곡해서 이해하게 된다. 내가 MBSR에 이의를 제기하는 이유는 마음챙김이 불교 신자들만의 전유물이라서가 아니다. 내가 비판하는 것은 자신의 목적을 위해 불교를 이용하면서, 마음챙김의 응용물들이 불교의 마음챙김과 동등한 것처럼 가장하는 태도이다.

마음챙김 치어리더들 사이에 만연한 습관이 있는데, 종종 실제 불교 신자들에게 지나치게 공격적으로 굴고 불교 전통을 구시대적인 부속물이라며 무시하는 것이다. 작가 샘 해리스Sam Harris가 좋은 예다. 그는 "불교 내부의 섬뜩한 형이상학과 근거 없는 주장들"을 조롱한다. 그러면서 동료 명상가들에게 "우리는 종교 사업을 그만두어야 한다."라고 말한다.[1] TV 뉴스 앵커이며 베스트셀러《10%씩 더 행복하게10% Happier》의 저자인 댄 해리스는 "명상 홍보에 심각한 문제"가 있다고 비난한다. 즉 명상은 기본적으로 불교와의 관련성을 드러내는 코드일 뿐 아니라, 그가 생각하기에 명상에는 뉴에이지의 수사적인 멋 부리기가 포함되어 있다는 것이다. 해리스는 이렇게 말한다. "나는 명상─마음챙김 수련이라고도 알려진─이 유르트에 사는 사람들 혹은 수정 구슬을 수집하는 사람들이나 하는 것인 줄 알았다. 밝혀진 바에 따르면, 명상은 지극히 과학적인 것으로 면역체계를 강화하고, 혈압을 낮추며, 뇌의 주요 부위들을 재생시킬 수 있다고 한다."[2] 마음챙김은 샘과 댄 해리스처럼 언론에 빠삭한 사업가들이 필요하다.

2014년에는 또 다른 뉴스 앵커가 《60분60Minutes》이라는 방송에서 마음챙김에 관한 문제를 특집으로 다루기 위해 더욱 신중하게 접근했다. CNN의 앤더슨 쿠퍼는 통찰명상 센터인 스피릿 록Spirit Rock에서 카밧진이 지도하는 단기 명상 과정에 참여했다.[3] 카밧진이 수련했던 유명한 전통 불교 분파가 소재한 곳임에도 방송에는 불교의 "ㅂ"자도 언급되지 않았다. 그러나 카메라는 명상용 방석에 명상 자세로 가부좌를 틀고 앉아 티베트 심벌즈를 울리고, 양손으로 종교적인 무드라 모양을 취하고 있는 카밧진을 집중적으로 촬영했다. 이런 전통적인 불교 관습들은 정통성을 전달하기 위한 표현이었지만, 마음챙김에 대한 과학은 이미 그럭저럭 다르마의 핵심을 포착해 놓은 터였기에 더 이상 그것에 대해 설명할 필요는 없었다. 대신 쿠퍼는 실험실로 이동해 실험실용 흰 가운을 입은 신경과학자들과 대화를 나누며, 기능적 자기공명 영상fMRI 기계에서 자신의 뇌를 스캔했다. 종교학자 제프 윌슨의 말을 인용하면, 이런 연출들은 홍보를 위해 불교를 식민지로 만들고, 마음챙김의 신비화와 치료 효과를 결합하는 것이다.

《60분》이라는 방송은 기본적으로 마음챙김 운동이라는 이른바 반反불교화 상업 방송으로서, 카밧진 본인이 비용을 지불했다면 더할 나위가 없을 것이다. 이런 방송은 아주 흔하지만 여전히 유감스럽다. 마음챙김 관계자들이 내세우는 장점 중 일부를 전달하지만, 미국인들은 그것들이 판매되는 전체적인 맥락에 대해 정보를 제공받을 권리가 있다.[4]

인식론적 폭력

문화적 전용의 과정이 항상 부정적인 것은 아니다. 불교는 인도에서 중국, 티베트, 동남아시아로 전파되면서 변화되었다. 불교는 서양의 근대화를 접하면서 필연적으로 적응하게 될 터였지만, 변화의 성격이 미리 정해진 것은 아니었다. 그러나 서양에서 불교의 문화적 변형은 권력관계, 이해관계의 네트워크, 그리고 해석에 따른 판단 등과 관련된 일련의 복합적인 상호작용의 힘들에 의해 이루어진 공적 담론에서는 종종 가려진다. 이상적으로 말하면, 불교의 가르침과 수행뿐 아니라 그것을 접한 서양 문명도 함께 변화되는 것이 가장 바람직할 것이다. 그러나 지금까지 마음챙김의 과정은 한 방향으로만 진행되어 왔다. 즉 명상 수행의 타당성을 입증하고 장점을 "증명"함으로써, 과학이 종교로부터 명상을 "해방"시키고 있다고 말하고 있다. 그러나 과학자들의 연구가 이런 의견을 뒷받침하는 데 이용될 수 있다 하더라도, 모든 과학자가 이런 관점을 공유하는 것은 아니다. "우리 문화에는 승복 입은 사람들 말은 들으려 하지 않는 무리들이 있습니다. 대신 그들은 과학적 증거에 주목하지요." 명상 신경과학이라는 새로운 분야의 창시자, 리처드 데이비슨은 말한다.[5] 유사한 견해가 《뉴욕 타임스》 베스트셀러 《내면 검색 : 성공, 행복(그리고 세계 평화)을 이루기 위한 뜻밖의 방법 Search Inside Yourself : The Unexpected Path to Achieving Success, Happiness(and World Peace)》의 표지에 조금 덜 공손하게 표현되어 있다. 마음챙김은 "괴상한 가운을 입은 대머리들의 전유물이 될 수 없다."[6] 이 책의 저자 차드 멩 탄은 구글의 전前 사내 명상 지도자로, 마음챙김이 보다 큰 행복과 건강, 성공적인 경력과 부를 가져오고, "모든 것은 완벽하게 세속적일 수 있다."라고 주장하면서, 자신의 주장을 뒷받침하기 위해 무수한 연구 결과를 인용한다. 그는 마음챙김이 유쾌한 정신으로 모든 것을 성취하는 방법이라고 해석한다. 이런 기복주의식 사고는 종종 진리와 의미, 가치의 유일한 결정권자로서, 과학의 권위에 대한 순진한 믿음과 결합된다.

초창기 불교 사상 지지자들은 과학적인 은유를 사용하여 현대적으로 접근했다. 예를 들어 1894년에 출간된 폴 카루스의《부처의 복음 The Gospel of Buddha》에는 부처를 "과학 종교에 대한 최초의 예언자"로 묘사했다.[7] 현대 마음챙김은 이 미사여구를 똑같이 따라한다. 2013년, 뉴욕 과학 아카데미와의 인터뷰에서 카밧진은 이렇게 말했다. "우리는 부처를 오히려 위대한 과학자—갈릴레오나 아인슈타인 같은—에 더 가깝다고 생각해도 좋을 것입니다. 자신이 겪은 경험의 본질을 매우 깊이 통찰한 대단한 사람으로 말입니다." 부처의 "실험 도구들"이 오늘날 마음챙김을 가르치기 위해 사용된다는 말도 덧붙였다.[8]

불교의 현대화—간혹 프로테스탄트 불교라고 알려진—는 서양 문화에 쉽게 동화된 개인화된 형태의 영성을 제시한다. 하지만 마음챙김은 병원, 기업과 정부기관, 공립학교에 받아들여지기 위해, 불교의 분위기가 약간만 풍겨도 과하다고 여기는 것 같다. 그러므로 MBSR는 그 뿌리가 소승불교의 통찰명상에 있음에도 불구하고, 철저히 세속적인 개입으로 소개된다. 종교학자 캔디 군터 브라운은 이런 교묘한 속임수에 주목하면서, 마음챙김 관계자들이 "세속적"이라는 말의 의미도 "종교"라는 말의 의미도 좀처럼 정의하지 않는 태도는 이른바 "태세 전환"을 하기 쉽게 만든다고 주장한다.[9]

세속의 일을 해야 하는 공공 부문 자금 조달 기관들과 이야기할 땐 불교의 스위치를 내렸다가, 불교를 환영하는 곳에서는 다시 스위치를 올린다. 불교 신자와 함께 있을 때, 수련 담당자들은 "숙련된 방편"의 공급업자임을 자처하면서 다르마를 가르치기 위해 "트로이의 목마"처럼 마음챙김을 이용하는 거라고 주장한다. 예를 들어, '불교의 괴짜들 Buddhist Geeks'이라는 팟캐스트에서 진행한 인터뷰에서 세속적인 마음챙김 교사 트레이시 굿맨은 마음챙김은 본질적으로 "몰래 하는 불교"라며 진행자들과 낄낄대며 농담한다.[10]

오랫동안 달라이 라마의 통역사로 일한 툽텐 진파는 이런 분위기를 마뜩찮게 여긴다. 그는 마음챙김 관계자들이 "태세 전환"은 오해를 불러일으킨다는 것을 인지하고, 어느 땐 무대 위에서 말하고 어느 땐 무대 뒤에서 말하는 태도를 버려야 한다고 강조한다.

나는 그들에게 종종 말합니다. 그들도 알다시피 둘 다 가질 수는 없다고 말입니다. 세속적이거나 불교 수행—그들이 말하고 싶어 하는 불교의 본질—이거나 둘 중 하나가 되어야 합니다. 양쪽을 전부 가질 수는 없습니다.[11]

근본적인 문제는 외래 사상에 대한 일종의 불편한 감정이다. 종교학자 리처드 킹의 설명처럼, 서양 문화는 지식의 국경 수비대로 작동한다. 서양의 도그마는 무사히 통과시키지만, 다른 지식 체계들은 그들을 종교로 만드는 숨겨진 믿음들을 "밝히라"고 요구한다.

서양의 지적 담론이라는 공공장소에 진입을 허락받기 전에, 그러한 사상 체계들은 이질적인 상당 부분을 포기하거나(즉 서양의 지적 패러다임에 기꺼이 동화되도록 만들거나) 논쟁에 참여하는 주체로서가 아니라 논쟁의 주제로 진입해야 한다.[12]

마음챙김 담론의 표리부동한 습관은 이런 인식론적인 폭력 과정의 일부이다. "불교"임을 인정하면 "문화적" 혹은 "종교적" 인습을 떠안게 되는데, 이는 조심해야 할 문제이거나 심지어 난처한 문제가 된다. 불교의 상징적 특징은 상업적 편의를 위해 여전히 과시될 수 있지만, 과학적 패러다임 아래 불교를 흡수함으로써 다르마에서 "이질성"을 지우는(단, 잘 팔리는 "이국적" 특징은 예외다) 경우에 한해서다. 서양 제국주의의 부끄러운 역사와 그 폭력적인 범죄들이야말로 문화적인 낡은 인습으로 분명하게 공표되어야 한다. 이 사실이 주목받지 못한다면, 그 기저를 이루는 제국주의적 사고 패턴이 다르마의 새로운 과학적 계보가 되길 열망하는 마음챙김에 영향을 미칠 것이다.[13]

하지만 어차피 현대 마음챙김 옹호자들은 개의치 않는 것 같다. 그들이 늘어놓는 미사여구에는 그 유해한 결과를 자각하지 못한 채 "수시로" 불교라는 상표가 사용되는데, 이는 불교가 실제로 무엇인가에 대한 대중의 인식을 변화시킨다. MBSR이 안정적으로 자리 잡자 카밧진은 "누구나 관심을 갖게 될 매우 상식적인 명상"이라는 자신의 방식을 위해 불교의 근본 원리를 감추기로 의식적인 결정을 내린 것이 분명하다. "다르마라는 용어를 언급하지 않고", 마음챙김이 불교의 압축 버전이라며 자랑하지도 않는다면 딱히 문제될 게 없을 것이다.[14] 그러나 자신의 주장을 입증하고 불교의 상징들을 전용하기 위해, 카밧진은 MBSR은 시대를 초월한 무언가—"순수한 알아차림"이라는 "보편적인 다르마"—를 가르치며, 이것은 모든 인간의 "타고난 권리"라고 주장한다. 결과적으로 그는 MBSR을 세속적인 것인 동시에 불교 명상의 "진정한 본질"이라고 말할 수 있게 된 것이다.

카밧진의 생각이 어떻든 이런 모호하고 보편주의적인 견해는 다분히 종교적이다. 이 종교는 고대 인도의 종교에서 유래한 산스크리트 용어인 "다르마"라는 단어를 사용할 뿐 아니라 이 지식 체계의 본질적인 "핵심"을 발견했다고 주장하는 반면, 이 종파의 관점에 맞지 않는 것은 전부 거부한다. 제프 윌슨은 "다르마를 보편적인 것으로, 그리고 특정 종교보다 위에 있거나 그 이상의 무엇으로 정의하는 것은 당연히 그 자체로 다르마의 성격에 관한 종교적인 발언"이라고 말한다. 그의 언급은 깊이 숙고할 가치가 있다.

인간 본성과 가치에 관한 주장은 종교적이거나, 적어도 종교적 관심과 분명히 겹치는 철학적인 주장이다. 어떤 것이 타고난 권리라고 말할 때, 우리는 종교의 가장 중요한 요소인 본질과 본성에 관해 이야기하고 있는 것이다. 그리고 끊임없이 내 주의를 끄는 문제는, 종교적으로 "세속적인" 마음챙김이라는 것이 과연 실제로 존재할 수 있는가 하는 것이다.[15]

카밧진은 비평가들을 불교 근본주의자들로 치부거나, 그들이 하는 말을 과도한 생각에서 비롯한 "반작용적 반발"이라며 무시하는 경향이 있다.[16] 두 가지 전술 모두 비종교적·비종파적 "다르마"라는 "보편적 본질"에 소유권을 주장하겠다는 더 광범위한 전략에 도움이 된다. 이런 식의 수사법은 오래 전부터 현대 불교의 주된 요소였다. 다르마를 접한 서양인들은 대개 그것의 진정한 의미에 관하여 전문적인 지식을 공표하기에 급급했고, 다르마가 과학적 이성주의와 자연스럽게 양립할 수 있다는 환원주의적인 주장을 펼치며 자신들을 불교라는 전통적 종교의 계보와 구별했다.

지금-이-순간-주의

카밧진은 MBSR이 "다르마의 잠재적 변형 수단"이라고 일컬으면서도, 불교에 빚진 것이 없다고 주장하길 좋아한다.[17] 그는 "우리는 결코 권위나 전통에 호소하지 않습니다. 오직 알아차림 안에서 다정하게 누리는 지금 이 순간의 풍요에만, 그리고 마찬가지로 알아차림 안에서 친절하게 누리는 각자의 경험의 심오하고 진정한 권위에만 호소합니다."[18]라고 말한다. 불교계의 스승 S. N. 고엔카가 명상을 "생활의 기술"이라고 불렀던 것처럼, MBSR에서 지금-이-순간은 카밧진이 말하는 "존재의 기술"을 가르치는 신성한 차원이다.

마음챙김 수련자는 개신교 신자들처럼 기도를 통해 신과 직접 소통하기보다는, 아무런 매개 수단 없이 직접 지금 이 순간에 접근한다. 이것을 주의를 흩뜨리는 "함"의 방식에서 벗어나 "있음"의 상태로 마음을 바꾸는 것이라고 말한다. 사람들은 거의 대부분의 시간을 자동 조종 상태autopilot로 움직이기 때문에, 습관적으로 일어나는 감정적 반응, 과거와 미래에 대한 숙고, 끊임없이 무언가와 연결되려는 강박적인 요구에 속박된다. 카밧진에게 마음챙김의 기적이란 우리가 "있음"의 상태에 "잠겨"(그는 이 표현을 상당히 즐겨 사용한다) 그저 현재에 머물 수 있는 것을 의미한다. 이처럼 산만하지 않은 마음 상태에 잠기는 것은 일종의 영적 해방과도 같다. MBSR 수련이 디지털 자본주의의 극심한 압박과 끊임없이 집중을 방해하는 환경에서 벗어나 평화로운 휴식을 주기 때문에, 열광적인 지지자들은 이러한 변화를 반문화적인 힘으로 간주한다.

카밧진이 말하는 "주의력 결핍증" 경향으로부터 벗어난다—일시적으로나마—는 점에서 마음챙김은 분명히 치료적 가치가 있지만, 마음챙김은 "있음"의 상태를 지나치게 낭만적으로 표현한다. 서양 사람들은 (아마도) 경험과 단절되어 있기 때문에, 그만큼 마음챙김을 매력적으로 여긴다고들 한다. 살아있다는 단순한 즐거움을 인식하기에 우리 생활은 너무나 많은 스트레스와 걱정 근심에 짓눌려 있다. MBSR은 우리가 내면의 존재와 다시금 접촉하게 함으로써, 우리의 감각적 경험을 깊고 풍부하게 만드는 한편, 현대 사회의 온갖 부침을 비롯하여 일어나는 모든 일들을 온전히 받아들이도록 돕는다.

마음챙김 초심자들은 건포도 한 알을 집중해서 먹는 행위를 통해 "있음"의 상태에 입문하게 된다. 먼저 건포도를 관찰한 다음 그것을 입속에 넣고 굴려본 뒤 마침내 천천히 씹는다. 이 훈련은 단순한 행동을 통해 마음챙김에 열중함으로써 감각과 즐거움을 알아차리고, 어쩌면 그것을 기적으로까지 여기며 풍부한 경험을 드러내 보인다. 건포도를 먹는 행위를 생생하게 인식했기 때문에 이제부터는 다른 방식으로 건포도를 알게 될 것이다. 이것은 무엇을 알기 위한 방법으로 경험에 뿌리를 두는 명상의 인식론적 측면이다. 그러나 여기에는 기본적으로 있음의 상태에 대한 *존재론적인* 변화도, 자기, 즉 경험하는 주체의 근본적인 변화도 없다. 다시 말해, 이 경험은 우리가 경험이 깊어지길(다시금 경험을 생생하게 인식하길) 열망하게는 하지만, 우리가 진실이라고 여기는 것의 본질에 의문을 제기하지는 않는다(건포도를 천천히 씹고 있으려니 지루하다는 생각만 들겠지). 우리는 일어나는 일을 더욱 깊이 인식하는 건 얼마든지 하지만, 실제로 일어나고 있는 일에 대한 자신의 이해에 대해서는 굳이 의문을 제기하려 하지 않는다. 마음챙김 교사들은 이런 질문을 달가워하지 않는다. 대신, 지금 이대로의 세상에 완전하게—아무것도 묻지 않은 채—존재하는 행위만을 칭찬한다.

카밧진은 자신의 접근 방법을 중국 선불교의 반지성주의적 성격들과 비교하면서, 개념 지도들 conceptual maps은 "독창적이고 직접적인 방법—말하자면 정식 가르침을 벗어나 직접적으로 전달함으로써 현실적인 교육과정이 구체화되는 방법—으로 이 분야를 이해하고 알리는, 마음챙김을 기반으로 하는 지도자로서 우리의 능력"을 방해하고 "심각하게 차단할 수 있다."라고 말한다.[19] MBSR 교사들은 여러 가지 전통적인 불교 명상에 참여하고, 불교의 기초 교리를 탄탄하게 다지도록 요구받지만, MBSR 수업에서는 "불교의 정수"만 가르친다. 카밧진과 그의 계보는 이렇게 말한다. "우리의 임무는 지금 이 순간의 직접적인 경험과 그것에서 오는 배움의 영역을 관리하는 것이다."[20]

마음챙김은 "판단하지 않고 지금 이 순간에 의도적으로 주의를 기울임으로써 일어나는 알아차림"이라고 그는 우리에게 반복해서 말한다. 카밧진의 실무적인 정의는 명상하는 과학자들로부터 조직적인 지원을 받으며 임상 보고서에서 중요한 기준이 되었다. 언론은 물론 대중들도 이 정의를 거의 완벽에 가까운 개념으로 이해했다. 그러나 이 정의는 지금 이 순간의 알아차림을 마음챙김과 하나로 보면서, 마음챙김을 독자적인 수련으로, 목적 자체로 만든다.

카밧진의 정의에서 람 다스과 에크하르트 톨레(각각 《지금 여기에 머물라Be Here Now》와 《지금 이 순간을 살아라The Power of Now》의 저자이다)의 목소리를 듣지 않을 수 없다. 그들 역시 현재를 신성시하는 사람들이다. 존 레논이 티모시 리어리의 저서에서 가져온 가사처럼, "생각을 차단하고, 온몸에 힘을 빼고, 생각을 흘려보내면trun off your mind, relax, and float downstream"* 확실히 기분이 좋아질 수 있다. 현재에 머물

---

* 〈Tomorrow Never Knows〉 가사. 비틀즈 멤버 존 레논이 티모시 리어리의 저서 《환각 경험:티베트 사자의 서에 기반한 지침서The Psychedelic Experience:A Manual Base on the Tibetan Book of the Dead》에서 인용했다.

라—마음챙김의 이상이자 카밧진이 주장하는 "본질적인 다르마"의 핵심—는 상투적인 말은 "있음" 상태에서의 휴식을 영적 깨달음과 기능적으로 맞먹는 위치에 올려놓는다. 그러나 이것은 부처가 정의하는 해방과 다르다. 부처는 어디에도 얽매이지 않는, 존재와 비존재의 양 극단 사이에 놓인 중도를 가르쳤다. 현재의 경험에 집착하면 마음챙김을 *초도덕적이고 직접적인 존재 상태*를 좋아하는 대중 철학으로 축소하여, 과거와 미래의 행동에 따르는 필연적 결과에 대한 비판적 숙고와 윤리 의식을 약화시킬 위험이 있다.

지금 이 순간을 알아차리는 것에는 치료에 도움이 되는 이점들이 있지만, 개별적인 자아로 존재한다는 인식, 즉 다른 현상들(부처에 따르면 고통의 주요 원인)과 관계없이 독자적으로 존재한다는 인식을 미묘하게 강화시킬 수도 있다. MBSR이 "이곳"에 위치한 관찰하는 주체와, 주의를 기울여야 할 대상인 "저곳"에 위치한 "지금 이 순간"이 서로 분리된 것으로 상정하기 때문에 생기는 일이다. 이런 이중적인 도식 안에서 관찰하는 주체는 지금 이 순간으로부터 분리되어 있어, 그 명확한 위치에 주의를 집중함으로써 지금 이순간을 파악하고 붙잡기 위해 결연한 노력을 기울여야 한다.

"지금 여기에 머물라."라는 명령은 "여기"에 있는 주체와 "저기"에 있는 현재를 한자리에 위치하게 하려는 명상적 노력으로 해석될 수 있다. 그러나 교사들은 성취를 통한 자기-지향성을 부추겨 각각의 위치를 굳건하게 만든다. 마음챙김 수련자들은 끊임없는 자기검열을 통해 자신이 "현재에 머물기"를 향해 진전하고 있는지(혹은 퇴보하고 있는지) 확인한다. MBSR에서 이것은 궁극적인 목표지만, 사티파타나 경을 기반으로 하는 불교의 마음챙김 가르침에서는 첫 번째 단계에 불과하다. 더 깊은 수행 단계에서는 변하기 쉽고 만족하지 못하는 현세의 모든 경험들을 명확하게 통찰할 수 있는 힘을 기른다. 실제의 모습을 명확하게 바라보면 지금 이 순간은 무언가 다른 정신적 대상, 즉 집착이 없는 냉철한 시선으로 볼 때 드러나는 덧없는 허상과도 같다.

○   　　마음챙김과 영원한 초월주의　　 ●

개인적인 "현재에 존재하기" 경험을 신비화하는 것은 불교보다 미국의 종교 역사에서 더 많은 영향을 받았다. 자신의 저서들에서 헨리 데이비드 소로를 비롯한 19세기 초월론자들을 수시로 언급하는 카밧진의 입장에서는 이를 어느 정도 의식하고 있을 것이다. 《의식 회복》에서 그는 자연으로 돌아가자고 호소하는 고전 《월든》을 인용한다.

내가 의도한 대로 살고 싶어서, 삶의 본질적인 사실들만을 마주하고 싶어서, 삶이 가르치려는 것을 배울 수 있을지 알아보고 싶어서, 그리고 내 앞에 죽음이 다가왔을 때 내가 제대로 살지 않았다는 걸 발견하고 싶지 않아서 나는 숲으로 갔다.[21]

카밧진은 "자기 자신과 세계와 조화를 이루며 살고, 살아있는 매 순간 그 충만함에 감사하는 마음을 기르자."라는 자신의 철학과 소로의 글을 비교하며 이렇게 설명한다. "소로는 1846년 뉴잉글랜드에서 뭇사람들의 평범한 마음 상태로 동일한 문제를 보았고, 그로 인한 불행한 결과들에 대해 대단한 열정을 가지고 글을 썼다."[22]

스승인 랠프 왈도 에머슨의 소유지에 있는 오두막에 은둔한 소로는 더 단순한 현존에 집중하고 명상을 통해 속세를 초월하여 산업화와 불평등의 공포로부터 등을 돌렸다. 카밧진은 소로의 경험을 "개인적으로 행한 마음챙김 실험이며, 지금 이 순간의 경이로움과 단순함을 즐기기 위해 죽음을 무릅쓴 선택"이라고 말한다.[23] 소로와 에머슨처럼 카밧진은 현대 생활에 환멸을 느끼는 이유들을 줄줄 늘어놓는 한편, 육체는 아니더라도 정신적으로 은둔함으로써—마음챙김 수련 안에서—다시금 황홀감을 느낄 방법을 제시한다.

직접적인 경험에 집중하는 초월주의자의 태도는 동양의 영향을 받은 것이었다. 소로는 월든 호수에서 《바가바드 기타》를 읽으며—에머슨과 월트 휘트먼처럼—자연과의 합일 안에서 보편적인 자유를 찾는다는 사상을 발전시켰다. 그 밖에 아시아 문헌들의 초기 서양 번역서들은 뉴잉글랜드에서 그에 사로잡힌 청중들을 발견하면서 초월주의의 비옥한 땅에 뿌리를 내렸다. 종교학자 아서 버슬루이스Arthur Versluis는 이렇게 말한다. "에머슨에게 아시아 종교들이 갖는 의미는—인류 전체 역사를 통틀어—현재에, 지금 여기에 동화되는 것이다."[24] 미국의 불교 역사학자 릭 필즈는 이렇게 덧붙인다. 19세기 말 "보스턴의 거실은 신비주의, 마술적 공상, 동양의 종교 들로 넘쳐났다."[25]

이런 추세의 한 가지 징후가 신지학인데 신지학은 힌두교와 불교의 신비주의 사상과 서양의 밀교가 혼합된 것이다. 1875년 뉴욕에서 창시된 신지학협회는 과학과 경험에 의한 통찰력을 기반으로 하는 보편적인 교리를 세울 것을 목표로 삼았다. 또 한 가지 영향력 있는 발전은 긍정적인 심리에 의해 "마음 치유"가 이루어진다는 신사고New Thought 운동인데, 이는 "끌어당김의 법칙"이라는 현대 신흥 종교에 영감을 주었다.

심리학자 윌리엄 제임스는 정신력을 통한 건강 증진에 관한 전반적인 관심에 강한 인상을 받고, 이 현상을 "건강한 마음자세의 종교"라고 불렀다. 그는 저서 《종교적 경험의 다양성》에서 이에 대해 다음과 같이 설명했다. "우리 세대의 가장 위대한 발견은 인간이 자신의 마음자세 하나만 바꾸어도 인생을 바꿀 수 있다는 것이다."[26] 제임스는 카밧진처럼 "생각 없음의 수준, 순수한 감각적 인식의 수준까지 내려갈 때 삶 속에 드러나는 강렬한 호기심"의 가치를 확인했다.[27] 그리하여 제임스는 뉴에이지 사상가들의 토대를 마련했는데, 이들은 제임스의 통찰력을—에마뉘엘 레비나스의 말을 빌리면—"싸구려 신비주의"로 축소해 버린다.

영원의 철학은 비틀즈에게 영향을 주었고 1950년대에 불교 명상에 대중의 관심을 불러 모은 D. T. 스즈키의 수정주의 선에 대해서도 알려주었다. 스즈키가 선은 무엇도 매개되지 않은 순수하고 영원한 신비체험의 본질에 다가가게 한다고 주장한 것처럼, 카밧진도 마음챙김에 대해 같은 주장을 하면서 불교의 본질적인 핵심으로서 마음챙김에 특권을 부여해 왔다. 이런 방식은 개념을 떼어내기 때문에, "출처가 공개된" 수련을 더 쉽사리 자기 것으로 만들어 버린다. 그리하여 데이비드 맥마한이 《불교적 근대의 형성 The Making of Buddhist Modernism》에서 언급한 것처럼 초월주의, 스즈키의 사상, MBSR이 한 줄로 꿰어진다.

종교를 내면화하고, 자연계에 종교적 의미를 부여하며, 홀로 자연을 사색하도록 강조하고, 그러한 사색을 현대 사회의 과도한 물질주의를 극복하기 위한 해결책으로 간주하는 이 모든 방법들은 서양, 특히 북아메리카에서 불교 해석에 필수적인 요소가 되었다.[28]

딱 한 가지 문제가 있다. 대부분의 명상 수행 역사에서는 교리적 맥락에서 경험이 정의되어 왔다는 것이다. 그것이 우선시하는 것은 대체로 우리와는 크게 다르다. "아시아의 보다 전통적인 환경에서는 상급 명상 수행자들이 우리가 정신건강과 관련 짓는 류의 행동을 보이지 않을 거라는 말이 아니다." 불교학자 로버트 샤프Robert Shart는 이렇게 지적한다. "우선 그들이 우리의 정신건강 모델이 되기를 바라는지가 확실하지 않다."²⁹ 한편 영원의 철학의 탈맥락화된 토대인 "순수한 알아차림"이라는 관념에는 논쟁의 여지가 있다. 우리가 생각의 소음을 줄일 수 있다 해도, 무대 뒤에서는 여전히 정신의 훈련mental conditioning이 진행되고 있기 때문이다. 《깨달음의 저편 : 불교, 종교, 현대Beyond Enlightenment : Buddhism, Religion, Modernity》에서 리처드 코헨은 이렇게 설명한다. "감각 경험은 결코 아무것도 매개하지 않는 방식으로 작동하지 않는다. 세속의 대상들에 대한 직접적인 지각으로 보이는 것은, 사실은 언제나 이미always already 감각을 통한 인상과 사고 작용의 결합물이다."³⁰ 마음챙김을 타당하게 만드는 전통적 맥락을 벗어버린 "오직 마음챙김" 접근법은 이제 명상을 정의하면서, 어쩌면 자기중심적인 추종자들을 만드는지도 모른다.

○   **명상병**   •

마음챙김과 지금-이-순간 알아차림을 뒤섞어 놓는 방식은 한 가지 수행만 행하는 불교 전통에서 위험한 요소로 여겨진다. 초기 중국 선불교의 시조들도 명상을 가르쳤는데, 삼매三昧와 선정禪定을 유도하여 지금-여기에 집중적으로 몰입하게 함으로써 "무심無心"을 기르기 위해서였다. 이 "침묵의 해탈"을 향한 접근법은 8세기 중국에서 상당히 보편화되었고, MBSR처럼 경전 공부나 도덕에 관한 훈련을 하지 않아도 빠른 결과를 얻을 수 있는 수행으로 일반 신도들에게 널리 장려되었다. 하지만 중국 송대의 선승인 대혜 선사는 이 방법이 "명상병"—고요에 대한 인식을 자신의 본래 면목으로 착각하게 되는—으로 이어질 수 있다고 경고했다. 일본의 하쿠인 선승 역시 명상가들이 세상의 고통에는 관심을 두지 않고 고요와 무위無爲에만 매달린 채 "죽은 듯이 좌선"에 사로잡혀 있는 것을 우려하며 비판했다. 8세기 인도의 선승 카말라실라는 생각을 멈추기 위해 잘못된 노력을 하는 수행자들은 생각이 없는 송장으로 500억겁을 보내게 될 거라고 경고했다.

MBSR이 지금 이 순간에 대한 관조, 즉 "순수한 주의bare attention"를 추앙하는 분위기는 60년 전 영국에서 처음 출간된 냐나포니카 테라의 불교계 고전 《불교 명상의 핵심The Heart of Buddhist Meditation》을 바탕으로 한다. 요즘 나오는 책의 표지에는 "이 모든 일을 시작하게 만든 책"이라는 카밧진의 추천사가 인쇄되어 있다. 초심자를 대상으로 한 냐나포니카의 가르침은 "눈에 보이는 사실들을, 행동이나 말 혹은 머릿속 판단으로 반응하지 말고 있는 그대로 인식하라."라고 말한다. 만일 "머릿속에서 판단이 올라온다 해도, 그 판단 자체가 순수한 주의의 대상이 될 것이다. 거부되지도 추구되지도 않을 것이다."[31] 애써 공들이지 않는 "순수한 주의" 속에서 이루어지는 정신 수행은 마음을 차분하게 할 뿐 아니라 알아차림을 강화하여, 생각과 감정이 실상實相이 아닌 지나가는 사건임을 깨닫게 함으로써 치료적으로 이로운 영향을 준다. 그러나 냐나포니카는 결코 마음챙김이 곧 "순수한 주의"로 해석되어야 한다고 말하지 않았다. 빅쿠 보디는 오랫동안 그의 제자였는데,

냐나포니카가 현대 위파사나 교사들이 순수한 주의에 대해 잘못 이해하고 있다고 못마땅하게 여겼다고 회상한다. 그는 이따금 고개를 저으며 말했다고 한다. "내 말은 그런 의미가 아니오!"[32]

현대의 세속적인 마음챙김은 맥락에 대한 논의나, 기분을 더 좋게 만드는 것 이상의 수행의 목적을 배제한다. 마음챙김은 언제나 유익하다는 선험적 관념을 가정하므로, 이를 문제 삼는 것은 불경스럽다고 간주된다. 그리고 마음챙김은 아마도 불교의 본질에 직접 접근하게 할 터이므로, 마음챙김의 적용이나 목적에 의문을 제기하는 것은 "다르마의 선물"을 거부하는 것이 될 것이다. 이 목적들이 온건할 때—의료적 혹은 치료적 맥락에서 마음챙김을 제공하는 경우처럼—조차 마음챙김은 목적을 달성하기 위한 수단이 되는 것 같다. 이것은 수련 자체의 의미를 변화시키고 재정립한다.

이는 카밧진이 필수적으로 여기면서 널리 보급시킨 수사법으로 정당화된다. 그로 인해 많은 사람들은 고립된 주체로서 개인적으로, 그들 고유의 지배적인 문화적 가치와 관계없이 "다르마"의 본질에 다가갈 수 있다고 믿어 왔다. 일단 마음챙김이 탈맥락화되고 도구화된 기술로 축소되면, 어떤 목적에 기여하는가를 비판적으로 숙고하지 않은 채로 마음챙김은 어떠한 상황에도 적용될 수 있다. 미국 해병대가 아프가니스탄 전쟁터에서 최적의 성과를 올리는 데 이용되든, 구글의 한 고위 간부가 말한 것처럼 "WD-40 윤활제의 기업 버전처럼, 의욕 넘치고 야심찬 직원들과 구글의 까다로운 기업 문화 사이에 필수적인 윤활제"로 이용되든 아무런 상관이 없다.[33] 어쨌든 도움이 되기만 한다면 그걸로 된 거다.

이처럼 자기만족적인 상품으로 자리 잡으면서, 마음챙김은 성공의 수단으로 영성 시장에서 잘 팔리고 있다. 배리 메기드와 로버트 로젠바움은 《마음챙김, 무엇이 문제인가What's Wrong with Mindfulness》에서 이것을 "이윤을 추구하는 워크숍 접근법"이라고 부른다.[34] 마음챙김은 자기 발전을 위한 목표 지향적 도구로 판매되고 있다. 스트레스, 어려운 인간관계, 만성 질병, 직장에서의 집중력 부족, 낮은 학업 성적 등 문제가 무엇이든, 마음챙김은 소비자들에게 휴식의 형태로 단기간 해결을 보장한다. "이윤을 추구하는 물질주의적 불교는 아마도 불교가 서양에 전파되는 과정에서 불가피했을 것이다."라고 메기드와 로젠바움은 말한다. 그러나 그들은 마음챙김이 맥락의 중요성을 부인하는 것은 "서양 문화―통제력을 획득하여 요구를 더 잘 충족시키는 기술 자체로서의 과학 문화를 포함하여―의 뿌리 깊은 개인주의, 물질주의, 세속적 구조에 적응하고 변형된다는 것"을 의미한다고 경고한다.[35]

MBSR은 특히 "영성적이되 종교적이지는 않길" 바라는 요구를 충족시키며, 현대의 감수성에 호소한다. 8주 과정을 마치면 불교의 허식적인 의례 따위 없이 명상의 방식을 배울 수 있고, 불교의 의례는 개인적인 경험을 신성화하는 것으로 대체된다. 또한 MBSR은 사람들이 관계에 매달리고 상호의존적이 되기보다, 자립적이고 자율적인 행위 주체자로서 스스로에 대한 개념을 강화하도록 돕는다. 그리고 개별적으로 이루어지는 수련은 공동의 연대나 도덕적인 헌신, 생활방식의 실질적인 변화를 요구하지 않는다. 대신 수련자는 설거지를 하거나, 해질녘에 산책을 하거나, 오렌지 냄새를 맡거나, 혹은 섹스를 하거나, 와인을 마시는 동안 원하는 방식으로 자유롭게 마음챙김을 할 수 있다.

카밧진의 19세기 선조들―소로, 에머슨, 제임스―과 마찬가지로, 카밧진 역시 사회적·종교적 제도의 권위를 거부한다. 대신 그는 개인의 힘에 경의를 표한다. 미국의 실용주의답게 "스스로 실천하는" 수련 형태를 강조하면서 그는 주장한다. "각각의 사람들은 이미 자신에 관해 세계적인 권위자입니다. 적어도 실상에 주의 깊게 마음을 기울이기 시작한다면 그렇게 될 수 있습니다."[36]

6장

마음챙김의 사회적 기억상실증

궁금해하는 사람들을 위해 말하자면, 나는 마음챙김을 시도한 적이 있다. 마음챙김에 기반한 스트레스 감소MBSR 8주 과정 첫 시간으로 돌아가 보겠다. 교사는 대머리에 체격은 다부지고 말수가 적은 남자였다. 처음 시작하는 그룹들이 대부분 그렇듯이 소개 시간은 어색하고 조심스러웠다. 나는 관련 자료들을 읽었기 때문에 곧 입문 의식을 하게 될 거라는 걸 알고 있었다. 건포도를 천천히 씹는 것인데, 솔직히 나로서는 도무지 기대되지 않는 훈련이었다. 그렇지만 넓은 마음으로 내가 가진 모든 인내심을 끌어 모아서 몇 초간 (당연히 유기농인)건포도를 유심히 응시한 다음 살짝 뜯어 먹어보았다. 이탈리아 미식가들의 중심지라는 장소들—파르마, 볼로냐, 레조넬에밀리아—에 가본 적이 있기 때문에, 천천히 먹는 의식 같은 건 새로운 일이 아니었지만 내가 *마음챙김*을 하면서 먹고 있었는지는 확신하기 어렵다.

　　이후 몇 주를 보내면서, 나는 MBSR이 서양 문화의 열망에 어떤 식으로 반응하고 있는지, 그 방식이나 과정—뭐라고 부르든—이 후기 자본주의 사회의 충족되지 않은 요구를 어떤 식으로 채워주고 있는지 아주 깊이 인식하기 시작했다. 어쩐지 나는 겉도는 느낌이 들었다. 스물대여섯 명의 참가자들 중 대부분이 여성이었다. 모두가 돌아가면서 자기소개를 하고 여기에 오게 된 사연을 이야기할 때, 나는 쓰러지기 직전인 사람들의 이야기를 듣는 기분이었다. 대부분의 사람들이 예고 없이 실직을 당했다. 어떤 사람들은 야근을 하고 투 잡까지 뛰면서 식구들을 챙겨야 하는 압박감에 시달렸다. 많은 여성들이 이번이 벌써 두세 번째 참가였다. 이혼, 사별, 만성통증, 불안감이 우글우글 방안을 떠돌아 다녔다. 참가자의 절반가량이 심리치료를 받은 경험이 있었다.

확실히 MBSR은 많은 사람들에게, 특히 MBSR이 아니었다면 명상을 접할 일이 없었을 사람들에게 도움이 된다. 몇 주 지나지 않아 수업에 참가한 사람들은 "바디 스캔"이 그들에게 주는 이루 말할 수 없는 이로움을 설명하고 있었다. 심지어 어떤 사람들은 숙면 효과를 봤다고 했다. MBSR 교사는 대단히 성실하고 유능했다. 수업은 계획대로 착착 진행되고 있었다. 스트레스와 불안을 완화하는 법, 통증을 극복하는 법, 생활 속에서 더 자주 마음챙김하는 법 등을 가르쳤다. 그런데 나는 왜 그렇게 불안했고, 왜 그렇게 막연히 짜증이 났을까?

마음챙김이 윤리적 틀이나 사회적 목적 없이 단순한 기법으로 소개되었기 때문일까? 그건 아니었다. 내가 알기로 우리 가운데 연쇄살인마는—하다못해 온갖 불법을 일삼는 26세 우버 운전자*도—없었다. 나는 불교 통찰명상 센터에서도 몇 차례 수업을 들은 적이 있었는데 그곳 역시 윤리가 의무사항은 아니었다. 그건 문제가 되지 않았다. MBSR 교사가 우리에게 명상 자세로 앉는 법을 지도하면 나는 잠깐 제정신으로 돌아왔다. 훈련을 시작한 지 몇 분 지나지 않아 나는 회상에,

---

* 우버는 26세 이상 운전면허증 소지자라면 누구나 자가용으로 택시 영업을 할 수 있다.

그러니까 교사가 "잡념"이라고 부르는 것—현재에 집중하는 것과 정반대의 상태—에 잠겼다. 나는 지금 이 순간에 머물라는 지시를 무시한 채, 잠시 기억을 더듬어보기로 했다.

열여덟 살의 나는 시카고의 사우스사이드에서 가장 큰 공장 중 한 곳에서 산업 전기기사로 일하고 있다. 산발한 머리에 빨간 낡은 안전모를 쓰고 작업복을 입은 나는 그곳의 모든 사람들과 함께 초조하게 출퇴근 카드를 응시하고 있다. 카드에 도장을 찍기 위해 시곗바늘이 정각을 가리키길 조용히 기다리는 건 일종의 집단적인 의식 절차다. 내 앞에는 구부정하게 서있는 직원들이 있고, 그가운데 몇몇은 지난 30년 동안 평생 출퇴근 카드를 찍으며 살아온 배관공들이다. 그런데 이날 내 시선은 카드에서 이동해 내 앞에 서있는 소외감 가득한 표정들로 향한다. 그리고 가만 … 이 직원들의 표정은 몇 주 전 MBSR 모임에서 보았던 좌절감에 찌든 얼굴들과 조금도 다르지 않다. 멍한 시선, 상처받은 표정으로 시간이 바뀌길 초조하게 기다리는. 그러니까 내 회상 속 과거는 양상이 다를 뿐 현재와 똑같았다.

어차피 MBSR의 불량 학생이 될 바에야, 나는 지난 일을 더 깊이 되새기기 시작했다. 그 옛날 내가 함께 일했던 이 쓰러지기 직전의 사람들은 어떤가? 그 시절에 MBSR이 있었다면, 그들에게도 도움이 되었을까? 그들이 마음챙김을 수련했다면 더 이상 출퇴근 카드에 도장을 찍지 않았을까? 아니면 MBSR 덕분에 직장에서 더 자주 마음챙김을 하게 되어, 지루하고 단조로운 조립 라인에서 감사하며 즐겁게 일할 수 있었을까? 그들이 MBSR 과정에 참가할 형편이나 됐을까? 회사 차원에서 마음챙김 훈련을 할 수 있었다면, 전투적인 노조, 껄끄러운 노사 관계, 서로에 대한 적개심은 전부 옛 시대의 유물이 되었을까? MBSR

을 했다면 좋았을까? 어느 쪽이 혜택을 받았을까? 나는 생각에 생각이 길게 꼬리를 문 뒤에야 비로소 지금 이 순간으로 돌아왔다.

○   책임은 희생자에게   •

우리가 자리에 앉아 명상을 마치자, MBSR 교사는 〈마음챙김 혁명〉이라는 복사물을 열심히 전달했다. 금발의 젊은 백인 여성이 두 눈을 감은 채 더할 나위 없이 행복한 표정을 짓고 있는, 1장에서 언급한 《타임》지 표지 기사였다. 하지만 방안을 둘러보니, 영적 완벽함의 상징적 이미지인 이 여성은 이곳 분위기와 맞지 않았다. 이것이 이른바 혁명의 얼굴이라면, 이곳에서는 혁명이 일어나지 않을 터였다. 혁명은커녕, 나는 소외감, 쓸쓸함, 피곤함에 찌든 표정, 일상의 고단함에 지친 육체, 디지털 경제의 끊임없는 닦달에 무뎌진 정신에 더 신경이 쓰였다. 수업이 진행되었지만, 내 신경을 갉아먹는 뒤숭숭한 기분은 가라앉을 줄 몰랐다. 아니, 오히려 더 심해져만 갔다.

MBSR이 주요하게 내세우는 이야기는 나로서는 전혀 납득이 되지 않았다. 스트레스와 관련된 증상에서 벗어나도록 도움을 주는 건 분명했지만, 사람들에게 삶을 주도할 힘 주겠다는 식의 메시지에는 염려스러운 숨은 뜻이 있었다. 만일 신경과학에서 fMRI 정밀검사를 통해 고통은 마음에서 일어난다고 시사했다면, 마음챙김을 하면서 지금 이 순간을 주의 깊게 바라보며 과거와 미래에 대한 생각으로부터 벗어나는 것이 해결책이 될 것이다. 그러나 이렇게 스스로 불행을 만드는 거라고 말하면 우리는 마음챙김을 하지 않은 책임을 오직 나 자신에게 물어야 할 것이다.

수업이 진행될수록, 나는 과학적인 방법으로 훈련을 받고 있는 건지 정치적 이데올로기 안에서 훈련을 받고 있는 건지 판단하기 어려웠다. 어쩌면 둘 다였을지 모르겠다. 원인론적인 설명은 너무 편리하게만 들렸다. 사람들이 겪는 스트레스는 실제 물질적 상황—가령 소득의 상실 같은—이라든지 일중독을 양산하는 기업 문화의 불합리한 요구와는 상관이 없었다. 마음챙김의 레이더로는 어디에서도 신자유주의적 자본주의의 유해한 특징들이 발견되지 않았다. 스트레스는 개인적이고 주관적이며 내면에서 일어나는 일이었고, 개인이 해결해야 할 문제였다. 데이비드 스메일David Smail은 이 철학을 "마법과 같은 주의주의*"라고 부른다. 고통의 경감은 일상적인 환경의 변화가 아니라 전적으로 의지에 의한 행위(마음챙김을 수련하기로 한 선택이라고도 알려진)에 달려 있다는 것이다.[1]

자기 책임의 성격에 대해 숙고하다 보니 어떤 기시감이 느껴지기 시작했다. 1970년대 후반, 캘리포니아 북부의 젊고 이상으로 가득 찬 대학생이던 나는 인본주의 심리학을 전공하면서 실존주의 철학자와 심층 심리학자, 그 밖에 인간의 잠재력을 연구하는 구루들과 함께 칼 로저스, 매슬로, 프리츠 펄스 공부에 몰입했다. 베르너 에르하르트Werner Erhard의 EST** 같은 자기 향상 세미나들이 크게 유행했고, 대처와 레이건 시대의 신자유주의가 역점을 둔 내용들이 구체화되고 있었다. 나는 미국 중서부에서 행동 실험을 위해 "쥐"를 이용하는 심리

---

* voluntarism, 의지를 지성보다 우위에 두며 의지만 있으면 모든 것을 원하는 대로 이룰 수 있다는 철학적 관념.
** Erhard Seminars Training, 에르하르트식 세미나 훈련 혹은 심신 통일 훈련.

프로그램을 때려치운 뒤 스스로 옳다고 여겼다. 쿨에이드를 열심히 마셔대며, 변화, 변형, 자아실현은 내면에서 일어난다고, 모든 것은 자율적인 주체의 힘과 작용 안에서 일어난다고 믿었다. 극기는 개인의 영웅적인 여정이었다.

인본주의 심리학의 약속이 마음챙김 운동으로 부활했다. 초기에는 인간 본성 맨 끝에 자리잡은 진정한 자아를 탐구했다면, 이제는 "순수한 알아차림"으로 자신의 내면을 살펴보아야 한다. "함"의 방식에서 "있음"의 방식으로 전환해 마음챙김을 수련하면 진정한 나를 발견할 수 있다. 월스트리트에서 주식 거래를 하며 매주 70시간씩 보내야 한다면 "있음"의 모드로 오랜 시간 머물기는 힘들겠지만, 스트레스 해소를 위해 매일 짧게 시간을 내어 마음챙김을 하는 건 얼마든지 가능하다.

나는 지금 이 순간에 머무르려 노력했지만—정말이다—"딴생각"이 어딘가로 나를 이끌어 점과 점 사이를 연결하더니 마침내 "아하" 하는 깨달음의 순간으로 이끄는 것 같았다. 첫째, 인본주의 심리학과 마찬가지로 마음챙김은 주관성을 대단히 신성한 것으로 만든다. 둘째, 둘 다 고통에 대한 사회적·역사적 맥락, 권력 구조와 금전적 이익에 주의를 기울여야 할 필요성을 회피한다. 치료적 마음챙김 산업은 자체적으로 체제 순응적인 심리학—기업 자본주의와 신자유주의 정부라는 현상을 유지하게 만든 공범—을 만들어냈는지 모른다.

○   말 잘 듣는 톱니들   •

나는 갈등을 느꼈다. 이곳에서 나는 낯선 사람들로 가득한 집단과 함께 앉아 있었다. 모두 현대 사회의 우여곡절 속에서 이런저런 고통을 겪고 있었다. 나는 MBSR이 그들 각자가 상황을 잘 대처하도록 도움을 준다는 걸, 결코 이상적이라고 할 수 없는 직장 환경에 적응하기 위한 도구를 제공한다는 걸, 심지어 그들의 회복력을 강화시켜 준다는 걸 매주 듣고 또 목격하고 있었다. 이런 좋은 점들을 어느 누가 비난할 수 있겠는가? 그랬다간 완벽을 추구하다 이점마저 놓치게 될 것이다. 그리고 대부분의 결과들이 유익했다. 하지만 동시에 나는 몇 주 뒤면 MBSR 수업이 끝난다는 걸 알았다. 이 사람들은 곧 참호로 돌아가 조직 생활이라는 사선에서 여전히 각자의 좁은 칸막이 안에 갇혀 고된 시간과 씨름하거나, 그렇지 않으면 직장—기본적인 생존—을 찾아 거리를 헤맬 것이다. 그래, 잘하면 이곳에서 배운 기술들이 상황에 조금 더 잘 대처하는 데 도움이 될 것이다. 하지만 이들을 가만히 바라보고 있으려니 직감적으로 느낀 어떤 불편함이 더욱 강해졌다. 이런 생각이 들었다. 이 "마음챙김 혁명"은 단지 우리가 상황에 더 잘 대처하도록, 우리의 역할을 보다 효율적이고 순종적으로 수행하도록, 곧 자본주의라는 기계 안에서 더 말 잘 듣는 톱니가 되도록 만들어진 것은 아닐까 하는.

혹시 마음챙김이 주류 사회에서 받아들여질 수 있었던 건, 개인과 사회제도 사이의 아늑한 조화를 보장했기 때문이 아닐까? 주관성이라는 편안한 심연으로 물러나는 한편, 제멋대로 날뛰는 욕망을 통제하고, 생각을 경시하며, "실상"을 받아들이도록 가르침으로써 사회적 통제를 유지하는 데 유용한 공범이 되었던 것은 아닐까? 직접적인 감각적 경험—건포도를 천천히 먹기, 까다로운 이메일을 전송하기 전에 깊게 심호흡하기 등—으로 판단하지 않고 도피하는 것은 아닐까? 세련된 반지성주의의 형식을 전파하고 안정감이라는 빵 부스러기를 던져주고는, 그 대가로 부당한 현실을 아무 생각 없이 그저 있는 그대로 받아들이게 하면서?

지금쯤 어떤 사람들은 내가 초가삼간을 다 태우든 말든 기필코 빈대를 잡으려 든다고 생각할지 모른다. 그런 짓은 하지 않는다. 곧 쓰러질 것만 같은 사람들, 만성 스트레스에 시달리는 사람들—소아비만이나 진폐증 환자들, 산업재해의 희생자들과 마찬가지로—은 여전히 치료를 받을 필요가 있다. 이 점에서 MBSR은 의도한 목적을 훌륭하게 수행한다. 그러나 이 그림에서, 그리고 마음챙김 담론에서 다루지 않은 것이 있다. 대부분의 만성 질병과 산업재해와 마찬가지로 만성 스트레스에는 사회적·정치적인 것과 관련이 있다는 사실이다. 이런 통찰들이 새롭지는 않다. 당대에 스스로 정통 심리분석 비판에 착수했던 프롬은 고통의 사회적 원인이 간과된다면 우리의 괴로움과 불안은 결코 충분히 이해될 수도, 경감될 수도 없다고 지적했다.

마음챙김 프로그램이 심리학자, 의사, 행정가들 사이에서 널리 인정받는 주된 이유 중 하나는, 이 프로그램이 "마법과 같은 주의주의"라는 치료적 이데올로기에 큰 반향을 불러일으키고, 심지어 여기에 더 강한 신빙성을 부여하기 때문이다. 역사적·물리적 상황은 치료적 담론에 의해 가려진다. 심리학주의나 생물학주의 같은 환원적인 해석으로 이루어진 서사들을 통해 영적·정신적 혼란은 탈정치화된다. 그렇게 해서 남은 건, 고통받는 사람에게 문제가 있다는 기본적인 전제 아래 인간의 고통을 바라보는 개인주의적 견해다. 사내 근로 환경이나 자본주의 사회의 사회경제적 구조는 기정사실로—심지어 정상적인 것으로—간주되어 비판적 탐구를 시도할 엄두조차 내기 힘들다.

반자본주의 학자 조엘 코벨은 미국의 정신건강 산업이 기하급수적으로 확산되고 성장하는 이유는 개인의 질병 진단과 치료가 동일한 사회적 과정의 일부이기 때문이라고 말했다.² 마음챙김 붐이 일어나기 전, 코벨은 글에서 정신건강 산업은 선진 자본주의 사회의 점차 커가는 모순들을 감추고 덮어주는 제도적인 역할을 했기에 그만큼 후한 보답을 받아 왔다고 주장했다. 정신 질환과 심리적 장애에 관해 치료법, 과학적인 진전, 전문적인 지식이 있다는 결정적인 증거가 부족함에도 불구하고 말이다. 코벨은 다음과 같이 주장한다. "인간이 겪는 어려움들을 순전히 심리적 관점으로만 보는 것은 사회 현실에 대해 눈 가리고 아웅 하게 만드는 편리한 방법이다. 힘들게 상상하지 않더라도, 특별한 종류의 심리적 환상을 부추긴 정신의학 전문가들에게 자본주의 사회의 보상이 따르리라는 것을 이해하기는 어렵지 않다."³

사회적 기억상실증

다시 MBSR 과정으로 돌아가서, 다음 훈련은 "마음챙김으로 하는 운동", 즉 기초 요가 수련이었다. 나는 태극권을 수련했어서 바닥에 등을 대고 눕는 자세로 이루어진 이 수련을 끝까지 다 해냈다. 그러면서도 마음챙김 개입에는 감정들, 특히 분노를 통제해야 한다는 청교도식 강박관념이 내재하며, 이것이 심리학과 신경과학이라는 새로운 의복 속에 감추어져 있다는 생각이 머리에서 떠나질 않았다. 비정상이라는 꼬리표는 시간이 지남에 따라 바뀌지만—미성숙, 히스테리, 신경쇠약, 신경장애, 정서지능 부족, 정서적 자기조절 문제, 마음놓침mindlessness—주관성 숭배를 바탕으로 하는 기본 모델은 그대로 유지되는 것이다.

많은 대중적인 치료 운동은 집단적 망각을 요구하는데, 지적인 역사학자 러셀 자코비는 그런 특징을 "사회적 기억상실증"이라는 용어로 설명했다.⁴ 집단적 망각은 사회적 맥락과 제도적 구조가 자연 발생적이거나 변경 불가능하다는 환상을 유지할 때에만 기능할 수 있다. 마음챙김하며 현재를 응시한다는 것은 과거와 미래에 대한 생각을 흘려보낸다는 의미다. 생각은 마음을 흐트러지게 만들어 지금 여기에 "있음"을 방해한다고 여겨진다. 그런데 이 말은 모순적이다. "마음챙김"은 "기억"(과거에 불교 경전을 쓴 언어인 고대 인도어, 팔리어로는 사티)에서 비롯하기 때문이다. 초기 불교의 맥락에서 마음챙김은 통찰로 이어지는 것에 대한 알아차림, 그리고 피해야 할 것에 대한 알아차림과 관련이 있다. 그러나 현대의 마음챙김은 "판단하지 않고" 지금 이 순간에 집착함fetishize으로써, 자코비가 말하는 "사회를 만들고 개조할 수 있는 인간적·사회적 활동에 대한 망각과 억압"을 촉진한다.⁵

페티시fetish를 마르크스의 물신화 개념과 같은 선상에서 생각해볼 수 있다. 페티시는 실재하지 않은 대상에 계속 집착하게 하거나 매료되게 함으로써 진실을 가린다. 옥스퍼드 영어사전에 따르면 페티시의 본래 의미는 "매력" 혹은 "마술"의 의미를 내포하는데, 한때 이교도적이라고 여기던 부적을 지칭하는 포르투갈어 feitico에서 비롯한다. 대상 숭배에 대한 더 광범위한 언급은 샤를 드 브로스Charles de Brosses의 인류학적 연구에서 시작되었으며, 마르크스도 그의 저작들을 탐독했다.⁶ 현대의 비유적 의미는 19세기에 정착된 것으로, 옥스퍼드 사전 편찬자들은 페티시를 "비이성적으로 숭배받는 무엇"이라고 정의했다.⁷

이런 점에서 마음챙김 운동의 정치적 정적주의*와 지금 이 순간에 대한 페티시 사이에는 깊은 관계가 있는 것 같다. 수련이 "현재에 머무

---

* quietism, 상황을 바꾸려 하지 않고 그대로 받아들이는 삶의 자세.

르기" 정도로 축소된다면, 내 경험을 마음챙김 할 수는 있겠지만, 경험을 겪게 한 원인과 상황을 인식하지는 못할 것이다. 내가 직장에서 분개하고, 이용당하는 느낌이 들고, 스트레스를 받고 있는데 그저 현재에 집중하라는 지시를 받는다면, 내 불안을 야기하는 데 일조한 상황들을 무슨 수로 변화시키겠는가? 그건 불가능할 것이다. 그러므로 나는 그저 어딘가에 은둔해 호흡을 바라보면서 생각과 감정이 지나가도록 내버려둔 채 아무런 판단을 하지 않는 태도를 취하게 될 것이다. 한 번에 한 가지에만 주의를 집중하라. 지금-이-순간에는 치유하고 인내하고 진정시킬 마법의 힘이 충만하다. 그리하여 경험의 성격을 탐구하거나 연구하고, 비판적으로 사고하는 것은 사적인 문제들에 대체되고 굴복된다. 이 방법은 확실히 마음을 차분하게 하고, 그럼으로써 더 명확하게 사고하기 위한 여지를 만들어 줄지 모르지만, 묘하게 허탈하다. 오히려 집중은, 자코비의 말대로 "상象을 걷어낸 무매개성"이 스며들게 하여 생각을 몰아내는 마법적인 현재, 주관화된 순간이다.

인간의 온갖 혼란스러운 경험을 "초탈"하여 객관적 실재라는 사심 없는 자리로 향하라는 명령은 스토아학파의 목표인 '아파테이아 apatheia*'와 유사하다. apathy무심함의 현대적 의미는 이 단어에서 유래한다.[8] 당연히 이 처방은 나를 해고하겠다고 위협하는 상사나 그 결정의 요인인 시장 논리에서 벗어나 즐겁게 한숨 돌리게 해준다. 하지만 어쩐지 잔머리 굴리는 사기꾼을 지켜보는 것 같은 기분이 든다. 우리는 속고 싶지 않기 때문에 신중하게—마음챙김하며—지켜보지만, 무엇을 찾아야 하는지 모르기 때문에 불편함을 주는 원인에 또 속게 된

---

* 정념이나 외부의 자극에 흔들리지 않는 초연한 마음의 경지로, 금욕적인 생활의 핵심.

다. 그리고 결과적으로 아예 신경을 끄는 데 더 능숙해진다.

이런 수동적인 상태에 긍정이라는 광택을 내기 위해, 이번에도 카밧진이 손을 내민다. 카밧진은 이것을 "서사를 가질 필요도, 나름의 서사를 믿거나 진지하게 받아들일 필요도 없는 몸 중심의 알아차림 영역"으로의 몰입이라고 부른다. 그리고 이것은 "소위 말하는 모름의 영역에 더 가깝다."라고 말한다. 그리고 노숙인과 마주쳤을 때 이 "모름"이 그를 어떻게 이끌었는지 하나의 예를 제시한다.

어떤 걸인 앞을 지나치고 있었다. 우연히도 요즘 나에게 자주 일어나는 일이다. 그런데 사실 그는 구걸을 하고 있지 않았다. 그는 아무런 말도 하지 않았다. 나는 아무렇지 않게 그의 앞을 지나갔다. 그런데 그를 지나치는 순간, 이대로 그를 지나치고 싶지 않다는 기분이 들었다. 그래서 다시 돌아와 그곳에 놓인 컵에 돈을 조금 넣었더니, 그가 "고맙습니다." 하고 말했다. "고맙습니다."라는 그의 말투에서 깊은 위엄이 느껴졌다. 아니, 그의 말투가 무척 위엄 있어서, 나는 이 남자에게 깊은 연민을 느꼈다.
무슨 말이냐면, 경제 악화에도 여러 단계가 있지만 요즘은 사람들이 거리에 나앉을 정도로 상황이 최악이다. 그리고 구걸을 하는 많은 사람들이 사실 상당히 공격적이다. 그런데 이 사람은 그저 "고맙습니다."라고만 말했고 그 말투는 나를 깊이 감동시켰다. 나는 당장 그와 친구가 되고, 그에게 더 많은 돈을 주고, 그를 우리 집에 데려가고 싶은 충동을 느꼈다. 하지만 나는 어느 것도 하지 않았다. 바로 그 순간, 나는 이 남자를 있는 그대로 보았고, 이 상황에는 그 나름의 의미가 있음을 깨달았던 것이다. 다른 일은 일어날 필요가 없었다. 정말이지 아름다운 교환이었다.[9]

그래, 엄청 아름답다. 더 이상 아무 일도 일어날 필요가 없었고, 양쪽 모두 스스로에 대해 더욱 만족스럽게 여겼을 테니. 카밧진이 해야 할 일은 판단을 내리지 않은 채 그저 지금-이-순간이 그를 이끌도록 내버려두는 게 전부였다.

어쩌면 그 순간은 우리를 다른 방식으로 움직이도록 이끌 수도 있겠지만, 여러 가지 정황을 고려할 때 그래 봐야 별반 다르지 않을 것이다. 다른 상황이라 해도, 카밧진이 말하는 "나와 당신I-Thou"의 소중한 무매개적 만남은 서사를 생략할 때 좋음the good으로 이어진다는 가정을 바탕으로 하는, 소극적인 형태의 휴머니즘을 가르칠 뿐이다. 그렇지만 이러한 "모름"은 행동상의 "사회적 기억상실증"으로, 우리가 사는 세계에 서사가 있다는 사실을 망각하는 것이다. 세계가 이야기되는 방식, 그리하여 우리가 살아가는 방식은 권력과 특정한 이해관계, 사회적·정치적 환경, 그리고 현대의 마음챙김을 새로운 형태의 대중용 마취제로 따뜻하게 감싸는 경제 구조에 달려 있다는 사실을 말이다.

"마음챙김으로 하는 운동" 수업의 따뜻한 품으로 돌아온 나는, 달콤한 낮잠에 빠져 있었다는 걸 문득 깨달았다. 그러나 주변의 누구도 나를 판단하지 않아서, 혹은 신경 쓰는 것 같지 않아서 나는 태연하게 방을 나왔다.

7장

마음챙김의
진실스러움 문제

McMindfulness

마음챙김이 인기를 얻고 임상적으로 받아들여지는 비결은 단순하다. 카밧진은 "비결은 바로 과학"이라고 말한다.[1] 반복 실험과 수량화할 수 있는 결과가 요구되는 과학 사업들은, 다양한 방법으로 "마음챙김의 작용"을 증명하는 정형화된 연구들을 쏟아냈다. 작업 효율에서부터 잠자리 기술에 이르기까지, 건강 증진과 목표 성취를 위한 도구로 재구성된 마음챙김은 측정 도구, 나아가 과학화의 척도를 제공한다.

　　그러나 마음챙김 프로그램을 팔기 위해 주로 이용되는, 그 효과가 과학적으로 증명되고 있다는 식의 진부한 주장에도 불구하고, 신중한 신경과학자들의 접근은 더욱 조심스럽다. 마음챙김이 개입될 때 뇌 연결망의 일부가 활발하게 작용한다는 사실이 뇌 스캔으로 밝혀지고 있지만, 그것이 어떻게 "작용하는지" 설명하는 근본적인 메커니즘은 여전히 불확실하다. 세 명의 저명한 신경과학자들이 발표한 최근 연구 분석은 명상할 때 일어나는 뇌 변화에 대한 이해는 "미미한" 수준이며, 이를 밝히기 위해서는 "방법적으로 보다 철저한 연구"가 필요하다고 드물게 직설적으로 설명했다.[2] 이 논문은 또 지금까지 발표된 많은 논문에 반복 실험 부족, 긍정적이거나 유의미한 결과에 치우치는 경향,

정교한 이론 부재, 사후 분석에 의한 결론 등의 중대한 결함이 있다고 지적했다.

달라이 라마의 통역자 진파도 조심스럽게 입을 연다. 그 자신도 뛰어난 학자인—케임브리지 대학교에서 박사학위를 받았고, 티베트 불교의 한 종파인 겔룩파에서 최고 학위를 이수했다—진파는 "명상과 명상의 효과에 대한 과학적 연구는 매우 초보적"인 수준이라고 말한다.³

스웨덴 우메오 대학교의 연구자 제니 에클로프 Jenny Eklof가 관찰한 바와 같이, 명상에 심취한 신경과학자들이 공공연하게 하는 지원은 혼란을 야기할 수 있다. 마음챙김이 안녕과 건강, 행복, 심지어 두뇌 단련에 도움이 된다는 발표들이 있긴 하지만, "이 분야가 문화적, 사회적으로 미치는 영향은 종종 마음챙김이 사전에 학문적으로 검증되었다는 표시로 여겨진다."라고 에클로프는 경고한다.⁴ 학술지 논문의 보수적인 분위기—위에서 인용한 검토 내용처럼—와 대조적으로, 과학자들이 발표한 보다 대중적인 글들은 그들의 분야가 "엄청난 사실들을 발견"하고 있다고, 또는 우리 문명을 구할 수 있는 혁명적인 변화가 코앞에 다가왔다고 주장한다.

눈에 띄는 예는 《하버드 비즈니스 리뷰》에 게재된 글, 〈마음챙김은 정말로 당신의 뇌를 변화시킬 수 있다 Mindfulness Can Literally Change Your Brain〉이다. 아이러니하게도 서로의 연구에 회의적인 연구자들이 이 글의 공저자가 되었다. 이들은 신중한 과학자들처럼 변명의 여지를 남겨두기보다, 다음과 같은 대담한 주장을 펼친다.

마음챙김 이야기로 업계가 떠들썩하다. 그러나 아마도 이 과장된 보도가 자연과학의 지지를 받고 있다는 말은 금시초문일 것이다. 최근 연구는 판단하지 않고 지금 이 순간을 알아차리는(즉 마음챙김하는) 수련이 뇌를 변화시키고, 현대의 복잡한 기업 환경에서 일하는 모든 이들에게 다방면으로 변화를 일으키므로, 모든 리더들은 반드시 마음챙김에 대해 알아두어야 한다는 강력한 증거를 제시하고 있다.[5]

제목은 물론이고 이어지는 내용들에도 잘못된 부분이 많다. 제목과 내용 모두 마음챙김 옹호자들과 그들의 동지인 신경과학자들이 좋아하는 주제를 앵무새처럼 되풀이하고 있지만, 메시지는 공허하다. 바이올린 연주부터 택시 몰고 런던 거리 다니기까지, 거의 모든 일은 반복해서 연습하면 비슷한 결과에 이르게 된다는 사실을 그럴듯하게 얼버무리면서, 마음을 뇌로 축소시킨다. 그러한 가정의 증거가 부족한데도 말이다. 게다가 인지신경과학자 페르난도 비달Fernando Vidal이 지적하듯, "마음이 뇌의 작용이라고 말하는 이상, 뇌 활동이 뇌 활동을 변화시킨다고 떠드는 것과 다를 바 없다."[6]

마음챙김은 서양의 요구를 충족시키기 위해, 그리고 불교에서 빌려온 명상 수련에 대한 문화적 저항감을 피하기 위해 과학적인 외형으로 재구성되었다. 짐을 나르는 잘 길들여진 노새처럼 일에 마음챙김을 적용하면, 마음챙김과 관련된 담론을 지배하는 결실들에 초점을 맞추게 된다. 나는 마음챙김에 관한 과학적 자료를 검토하고 비평하는 것보다는, 마음챙김이 하는 가정과 과장된 주장, 그리고 과학화 과정에서 진실입네 하고 알려진 내용들을 폭로하는 데 더 관심이 있다.

전도사들은 "마음챙김의 과학"을 추켜세우지만, 사실 이것은 그들이 암시하는 형태로는 거의 존재하지 않는다. 그들이 공개적으로 발표하는 내용들은 과학적인 엄격함보다는 수사법과 더 관련이 있는 것 같다. 증거보다는 "대략 과학처럼" 보이는 것을 더 중요하게 여긴다. 트럼프 시대 훨씬 이전에 "대체 사실alternative facts"을 풍자한 스티븐 콜베어가 말한 "진실스러움truthiness"처럼, 중요한 것은 무엇이 진실이냐가 아니라 상황이 어떻게 진실처럼 느껴지느냐 하는 것이다. 그리고 마음챙김은 상당히 "과학적인 것처럼" 느껴진다.

과장 광고 주의

과학자와 지지자가 얽히면 과장 광고가 탄생한다. 이 둘이 한 지붕 아래 공존할 때 여러 가지 위험이 생길 수 있는데, 한 가지 예가 바로 맥길 대학교 바삼 쿠리Bassam Khoury의 마음챙김에 기반한 개입들에 관한 연구다. 쿠리는 마음챙김을 수련하는 열렬한 지지자다. 그는 "마음챙김 심리학자"라고 자칭하면서 직접 제작한 마음챙김 수련 워크북을 홍보한다. 쿠리와 그의 동료들은 그의 메타 분석적 검토(여러 연구 결과들을 결합한 통계적 접근 방식)를 통해, 마음챙김을 기반으로 한 심리요법은 "다양한 심리적 문제에 대한 효과적인 치료법이며 특히 불안, 우울, 스트레스 완화에 효과적"이라고 결론을 내렸다.[7]

그러나 요크 대학교 연구팀이 독자적으로 쿠리의 연구를 검토한—검토 및 보급 센터Centre for Reviews and Dissemination*의 후원으로—결과 회의적이 되었다. "연구들의 질이 낮고 연구들 간 차이가 크다는 점을 고려할 때, 저자들의 결론이 과장되었다고 볼 수 있다. 통제된 연구

---

* 요크 대학교 의료 서비스 연구 센터.

라고 하기에는 전반적으로 질이 낮았다. 전후 비교 연구는 비교적 좋았지만, 설계는 여러 가지 편견의 원천에 노출되어 있다. 많은 연구들이 통제되지 않아 최종적인 결론을 내리기 어렵다."[8]라는 것이 검토 결과였다.

마음챙김 연구들은 실제보다 치료적 효과가 있다고 제시하는 등, 긍정적으로 편향된 보고가 만연하다는 신빙성 있는 증거가 있다. 맥길 대학교 정신의학과의 스테파니 코로나도 몬토야Stephanie Coronado-Montoya와 그녀의 팀은 최근 마음챙김 연구의 저자들이 부정적인 결과들을 대수롭지 않게 여기는 경향이 있다는 걸 발견했다. 또한 검토가 이루어진 마음챙김 연구들의 표본 크기가 작고 통계 검증력이 약하다는 점에서, 맥길 대학교의 연구원들은 왜곡된 결과에 대해 우려를 표했다.[8]

하버드 의과대학에서 전임강사를 지낸 브라운 대학교의 명상신경과학Contemplative Neuro-science 프로그램 책임자였던 고故 캐서린 커Catherine Kerr는 마음챙김 연구 결과를 과장하는 경향이 역효과를 낳을 수 있다고 우려하며, "이 같은 과장 광고의 흐름이 계속된다면 반발이 매우 강해질 것"이라고 경고했다. 그녀가 염려하는 이유는 단순했다. 결과가 나오지 않으면, "사람들은 연구에 대한 신뢰를 잃고 반대 방향으로 돌아설 것입니다. 마음챙김을 할 가치가 없다고 말이지요."[10]

이제《일시적인 유행 : 왜 똑똑한 사람들이 유행에 빠지는가Flavor of the Month : Why Smart People Fall for Fads》에서 조엘 베스트가 한 설명을 살펴보자. 베스트는 이 문제를 "유행 확산에 대한 오해"라고 일컫는다. 즉 마음챙김에 열광하는 정도가 곧 그 효과와 지속성의 증거라는 잘못된 믿음이 문제라는 것이다.[11] 마음챙김이 과학 용어로 상품화되는 방식은 새로운 건강 열풍이나 저지방 다이어트가 장려되는 방식과 많은 점에서 매우 닮아 있다. 운동과 다이어트 관계자들은 누구든지 단 몇 주면 살을 빼 삶의 질을 높일 수 있다는 주장을 강화하기 위해, 연구 내용을 선별하고 과학의 권위를 끌어들이는 것으로 악명이 높다. 그러나 이 기적의 해결 방법들은 대부분 순식간에 사라지는 유행일 뿐이다.

마음챙김 운동은 상당한 신뢰를 얻고 있지만, 그 신뢰는 부분적으로 그 방식들의 가파른 추진력 덕이다. 자기만족에 빠진 연구들, 언론을 동원한 과장 광고, 책, 강좌 등 모두가 서로의 배를 불려주고 있다. 왜곡된 연구의 주된 문제는 수백만 달러의 보조금이 걸린 학문적 마음챙김 산업에서 기인한다. 무작위 대조군 실험—이론상 과학의 기준—으로 "증거 기반" 연구를 하면 아주 쉽게 연구 지원을 받을 수 있다.

마음챙김 연구의 문제들은 전혀 새로운 일이 아니다. 마음챙김 연구자들은 지난 10여 년 간 보조금을 받아왔지만, 그 전엔 초월명상이 정부 출연 기관들의 뜨거운 관심을 받았다. 1992년부터 2010년 사이, 미국 국립보건원은 다수의 초월명상 연구가 이루어지는 마하리시 대학교에 약 2,300만 달러를 지급했다. 그러나 2010년 무렵 초월명상의 인기가 떨어지자 이후로는 지원금이 지급되지 않았다. 전 초월명상 관계자, 아리예 시걸은 저서 《초월적 기만 Transcendental Deception》에서 초월명상이 연구계의 눈 밖에 난 원인이 "무작위 활성 대조군을 거의 포함시키지 않은, 설계가 미흡한 연구들", "부풀린 연구 결과 이력", 연구자 본인이 초월명상 수련자인 편향성 등일 수 있다고 지적한다.[12]

초월명상의 효과 역시 MBSR과 마찬가지로 생의학 용어로 설명되었다는 사실은 주목할 만하다. 초기에는 하버드 의과대학의 정신/신체의학 교수이며, 베스트셀러 《이완 반응》의 저자인 허버트 벤슨의 지지를 받았다.[13] 벤슨은 이렇게 설명했다. "이완 반응은 인간의 보편적인 능력이다. 역사가 기록된 이래 동서양의 종교들에서 환기되지만, 우리는 이 반응을 일으키기 위해 어떠한 의례나 비밀스러운 수행에 참여할 필요가 없다."[14] 그의 방식에는 초월명상의 비밀스러운 만트라나 입회식, 공중부양 시도, 힌두교의 영향들이 생략되었다. 사람들은 수동적이고 수용적인 태도를 유지하면서 마음이 다른 데로 향하지 않도록 하기 위해 단순한 단어나 문장, 혹은 활동을 반복했다.

카밧진과 마찬가지로 벤슨도 자신의 연구와 종교적 전통 사이에 거리를 두기 위해 보편화된 담론을 이용하는 한편, 과학을 유효성과 정당성의 수단으로 사용했다. 제프 윌슨은 《미국의 마음챙김Mindful America》에서, MBSR이 이처럼 종교적인 요소를 폐기함으로써 인기를 얻고 의학계에 받아들여질 수 있었던 반면, 초월명상은 파국에 이르게 된 이유는 어느 정도 인종주의적인 문제 때문이라고 주장한다. 윌슨은 초월명상의 구루에 대해 이렇게 묘사한다. "마하리시는 갈색 피부의 인도 남자로 텁수룩한 턱수염을 길게 길렀고, 헝클어진 머리카락은 어깨 앞으로 늘어뜨렸으며, 힌두교 염주를 들고 요가 로브를 걸친 전형적인 모습으로 등장했다." 이와 대조적으로 "MBSR의 얼굴, 존 카밧진은 말끔하게 면도를 한 백인 미국인 의사로, 짧은 머리에 테 없는 안경을 쓰고, 정장 차림으로 가르침을 전달한다."[15]

초월명상 연구가 정부의 재정 지원 대상 명단에서 탈락되자 마음챙김을 기반으로 한 개입들이 그 공백을 메웠다. 미국 국립보건원은 지금까지 마음챙김 연구에 1억 달러 이상의 재정을 지원했는데, 이는 그 절반의 기간 동안 초월명상에 지원한 금액의 4배에 해당한다. 명상 신경과학자 리처드 데이비슨이 운영하는, 위스콘신 메디슨 대학교의

건강한 정신 연구소는 2017년 한 해에 763만 7,000달러라는 거액을 지원받았다.[16]

효과에 대한 미신

요즘은 마음챙김 연구자들의 과학적 주장이 매우 철저하게 검토되고 있다. 《미국 의사협회 저널Journal of the American Medical Association》에 발표된 또 다른 메타 방법론적 연구에서는, 존스 홉킨스 대학교 마다브 고얄Madhav Goyal 박사와 그의 동료들이 일련의 주요 명상 용어들을 사용하여 데이터베이스를 조사했다.[17] 그들은 1만 8,753개의 인용을 발견했으며, 그 가운데 47개가 그들의 포함 기준—무작위 대조군 실험 사용 같은—과 일치했다. 그리고 마음챙김이 다양한 질환을 치료하는 데 어느 정도 효과가 있지만, 약물이나 운동 같은 적극적인 치료 방법보다 더 효과적이지는 않다는 사실을 발견했다. 뿐만 아니라 충분한 품질을 갖췄다고 볼 수 있는 연구는 전체 연구의 0.25%에 불과하다는 사실은 진지하게 생각해 봐야 할 것이다. 그들이 감춘 미온적인 결과들에도 불구하고 이루어지는 과장된 선전은 방법론적으로 낮은 수준의 엄격함을 적용해 빚어진 당연한 결과다.

미국의 보건부 산하 의료관리 품질 조사국 또한 2007년과 2014년 두 차례, 마음챙김을 기반으로 한 개입들의 효과에 관해 메타 분석 연구를 의뢰했다. 두 차례 연구 모두 마음챙김의 효과에 대한 대부분의 연구들이 무작위 대조군을 활용하지 않았다는 점에 주목하면서, 엄격한 기준이 부족하다고 비판했다. 보다 최근인 2014년 메타 분석에서는 마음챙김을 기반으로 한 개입들에 의한 효과가 보통에서 전혀 없음

사이의 그저 그런 정도임을 확인했다.[18] 특히 주목할 만한 내용은, 스트레스 완화와 삶의 질 향상과 관련해 마음챙김을 기반으로 한 개입들의 효과가 저조하다고 보고되었다는 사실이다.

마음챙김 옹호자들의 주장 가운데 하나는 수련이 연민, 이타주의, 공감을 향상하는 한편, 공격성과 편견을 줄임으로써 그 자체로 자연스럽게 친사회적인 행동으로 이어진다는 것이다. 이 주장은 윤리에 관한 명시적인 논의가 없는 것을 정당화하기 위해 이용되는, 마음챙김 운동의 중심 교리 중 하나다. 그리고 이것은 마음챙김 혁명이 보다 인간적인 사회, 심지어 세계 평화로 안내하리라는 유토피아적 약속의 근거가 되기도 한다.

명상이 친사회적 행동에 미치는 영향에 관한 최근의 메타 분석 연구는 이런 거창한 주장들에 진지하게 의문을 제기한다. 2018년에 《사이언티픽 리포츠Scientific Reports》에 실린 한 논문은, 명상 교사가 공동 저자로 참여한 연구에서만 연민이 약간 증가했으며, 그것도 수동적(능동적이 아닌) 대조군을 이용한 경우에 한해서였다고 밝혔다.[19] 더욱이 이 연구들의 61%는 방법론적으로 불완전했다. 실험자의 충실성과 편향(즉 마음챙김 개입을 가르치는 교사가 연구의 저자로도 참여할 때)이 연민이 약간 증가한 이유였다. 따라서 이 조건을 제거하자 결과가 사라졌다. 뿐만 아니라 그들의 연구는 명상이 공격성과 편견을 감소하는 데 유의미한 효과가 있다는 증거를 찾지 못했다.

효과를 입증하는 강력한 임상적 증거가 있다는 통념과 달리, "마음챙김 효과"는 전혀 과학적 증거로 뒷받침되지 못하고 있다. 최근의 또 다른 메타 분석은 MBSR이 우울증을 앓는 사람들에게 효과가 없다는 사실을 보여준다.[20] 영국 국립보건 임상연구원에 의해 우울증 치료

승인을 받은 보다 구체적인 치료법인 '마음챙김에 기반한 인지 치료 Mindfulness Based Cognitive Therapy, MBCT'를 사용할 때조차 우울증 재발 가능성 감소에 아주 약간 도움이 될 뿐이다.

블라볼로지 Blobology*

언론 보도에는 마음챙김의 효과가 과학적으로 입증되었다는 증거로 종종 총천연색 뇌 사진이 등장한다. 이런 사진들의 출처는 기능적 자기공명 영상fMRI을 이용하여 명상가의 뇌 상태를 찍은 신경과학 연구 보고서들이다. 이처럼 "전과 후"를 비교하는 사진은 뇌의 기능적·구조적 변화에 대한 명백한 증거로, 마음챙김의 타당성을 보여주는 공식 인증처럼 간주된다. 정작 이 사진들을 제공하는 신경과학자들은 회백질의 크기 증가나 편도체의 축소, 디폴트 모드 네트워크**의 안정 등이 실제로 의미하는 바에 대해 더욱 신중하게 접근하지만 말이다. 케임브리지 대학교 리처드 헨슨Richard Henson의 냉담한 지적처럼, "총천연색 뇌 사진은 이제 우리가 심리적 과정을 직접적으로 관찰할 수 있다고 생각하게 만든다."[21] 이런 생각의 위험성을 제시한 연구가 있다. "신경과학적 해석의 유혹적인 매력The Seductive Allure of Neuroscience Explanations"이라는 제목의 연구에서 디나 와이즈버그와 그녀의 동료들은 신경과학 용어와 현란한 시각적 이미지가 사용되면, 심리적 현상에

---

* fMRI 연구 초기에는 뇌 영상의 해상도가 낮아 방울blob 모양의 윤곽만 드러났기 때문에 블라볼로지라는 조롱을 받기도 했다.
** 휴식하면서 멍하게 있을 때만 작동하는 뇌 활동으로 창의성과 통찰력과 관련이 있다.

대해 날조되고 잘못된 설명을 제시하더라도 대부분의 사람들은 더 만족해하는 것으로 보인다는 것을 발견했다.[22]

뇌 상태의 신경상관물*—총천연색 fMRI 스캔에 나타나는—이 일인칭 경험을 설명할 수 있다는 잘못된 가정도 있다. 이것은 마음챙김이 뇌 속의 비밀스러운 정신 영역—"마음의 극장"과 유사한—을 내면에서 관찰하는 형태라는 전제를 바탕으로 한다. 그러나 이 가정은 명상 경험에서 맥락적 요인들—사회적, 문화적, 경제적, 보편적—의 영향은 무시한 채 마음챙김을 순전히 생물학적으로만 축소하면서, 진정으로 객관적인 내면의 관찰자라는 깨달음의 이상형을 상상하는 것이다. 불교학자 데이비드 맥마한의 지적처럼, 이런 환원주의적 관점은 "과학 연구를 위해 명상을 삶의 다른 부분들로부터 따로 떼어낼 수 있다."라는 잘못된 견해를 영구히 끌고 간다.[23]

fMRI 촬영은 우리가 직접적인 방법으로 뇌의 내부를 볼 수 있다고 제시함으로써, 미셸 푸코가 말한 "진리의 체계regime of truth"를 받아들이게 한다. 이것은 유의미한 어떤 현상에 대해 명확한 증거를 제시하는 것처럼 보이지만, 사실상 뇌의 전체 영역은 이를테면 쉬는 시간에도 쉴 새 없이 활동한다. fMRI 이미지에서 좀 더 밝은 부분은 대사 작용이 가장 활발한 영역들을 나타내는데, 활동성은 그래 봐야 회색 영역들보다 불과 몇 퍼센트 높은 정도다. 사실상 이 이미지들은 뇌 전체 영역의 대사 활동에 대한 통계적 패턴을 보여준다. 그리고 대중들이 믿게 된 대부분의 내용들과 달리, 이 이미지들은 특정 영역이 마치 어떤 중요한 의미를 지닌 정신적 기관처럼 실제로 관여한다는 것을 보여

---

* neural correlates, 마음 혹은 의식을 만들고 지각하기 위한 신경 작용 등의 물질적 특성.

주는 게 아니다. 인지적 활동은 미세한 차원에서 일어나기 때문에, 이 이미지들은 실제로 뇌에서 일어나는 인지적 활동을 찍은 스냅 사진도 아니다. 특정 영역을 활용하는 것은 분석을 쉽게 처리하는 한 가지 방법일 뿐이다.

뇌 스캔은 다수의 측정 점들과 실험 대상자들의 통계적 매핑과 평균화의 복잡한 합성물이다. 뇌 영상은 뇌가 실제로 전기화학적 과정을 수행하는 세포 수준에서가 아니라, 거대한(뇌 기준에서) 집합체 내에서 세포 활동을 간접적으로 측정하는 것이다. 내 동료인 데이비드 루이스 David Lewis가 지적한 것처럼, fMRI 이미지는 단지 뇌 활동을 한 변이 1~3mm인 정육면체 모양 조직으로 잘게 나눈 것일 뿐이다. 각각의 조직에는 100만 개 이상의 신경세포가 있다.[24] 데이비드는 뇌 영상 연구를 비행기에서 차량과 사람들의 움직임을 관찰해서 뉴욕시의 경제적·사회적 구조를 추론하는 것과 비교하면서, 이 연구에 대한 유용한 비유를 제공한다. 비행기에서 내려다보면, 맨해튼 남쪽 지역은 오전 8시부터 오후 5시까지 활발하게 움직이고, 정오 무렵 유동인구가 급증하며, 일부 상업 지구는 오후 8시 무렵과 11시에 활기가 넘친다는 걸 알 수 있다. 그러나 이것으로는 맨해튼 남쪽 지역에서 무슨 일이 일어나고 있는지 대충은 알 수 있을지 모르지만, 이 지역의 금융업과 극장 산업이 어떤 식으로 운영되는지에 대해 어떤 주장을 들이밀어도 신뢰할 수 없는 추측에 불과할 것이다.

사실 뇌 활동을 보여주는 fMRI 이미지는 시뮬레이션과 마찬가지여서 그 자체로는 문제될 것이 없다. 동적 이미지로도 재현할 수 있는 양적 데이터를 기반으로 컴퓨터 시뮬레이션은 지진 예측이나, 허리케인 발달 경로를 추적하는 컴퓨터 모델링에 자주 이용된다. fMRI 시뮬레이션의 문제는 그런 듯한 생생함이 그것이 현상학적 정신 상태의 정확하고 직접적인 이미지라는 강력한 착각을 불러일으킨다는 것이다. 니콜라스 로제와 조엘 아비-라헤드Joelle Abi-Rached는 이를 "시각적 가상 visual imaginary"이라고 말한다. 이것은 인간의 두개골 윤곽을 그려 사람의 성격, 정서적 성향, 정신 상태를 측정한 19세기 골상학자들의 방식과 약간 유사하다.[25]

그 밖에도 뇌 영상을 기만적으로 보이게 만드는 개념적·기술적 문제들이 더 있다. 브리티시 컬럼비아 대학교의 철학 교수인 에반 톰슨은 마음챙김의 신경상관물 지도를 작성했다고 주장하는 명상 신경과학자들을 향해 분명하고도 노골적으로 비판을 해왔다. 톰슨은 명상 수련에 관련되는 인지 기능을 뇌의 국소적 부위나 뇌 망과 연결시키는 것은 실증적으로 부적절하다고 주장한다. 뇌 영상 데이터의 대규모 데이터베이스를 분석한 자료들은 "특정한 뇌 영역과 특정한 인지 기능 사이에 일대일 대응은 없으며, 오히려 어느 부위든 다양한 과업에 걸쳐 활성화될 수 있음을 입증한다."라고 톰슨은 말한다.[26]

최근 뇌 망의 측면에서 뇌 영역들을 이해하려는 시도들이 일고 있지만, 여전히 어떠한 종류의 일대일 대응에 대해서도 밝히지 못하고 있다. 이 다중성은 인지와 감정에 관련된 모든 뇌 영역에 해당된다는 사실이 밝혀졌다. 더욱이 다양한 종류의 전구체는 각 영역별로 서로 명백하게 다름에도, 이를 이해하고 구조화하려는 노력조차 뇌의 영역이나 하위 영역의 정신적 기능에 관해 과학적 합의를 이끌어내지 못하고 있다. 각 영역에 관한 이론들이 뜨겁게 논의되고 있지만, 실험에서는 계속 재검토가 필요한 새로운 결과들이 나오고 있어 의견이 모아질 기미는 보이지 않는다.

인지적 기능은 머릿속에만 있는 것이 아니다. 사회 환경 안에서 자리 잡은 다양한 정서적·신체적 기술들과 관련하여 구체적으로 드러난다. 톰슨은 좋은 양육을 비유로 든다. 즉 뇌 영역들의 지도를 아무리 작성해 봐야 좋은 양육이 무엇인지 결코 추론할 수 없다는 것이다. 그는 다음과 같이 설명한다.

좋은 부모의 요건은 수많은 정서적·인지적 기술과 그 기술의 실천에 있다. 그 기술과 행동은 분명 뇌에 의존하지만―그리고 기능이 향상됨에 따라 뇌가 변하지만―그것은 개인의 정신 상태가 아니며 뇌 안에 존재하는 것도 아니다 … 양육은 단순히 뇌의 수준에서 알아볼 수 있는 것이 아니다.[27]

마음챙김도 마찬가지다. 마음챙김을 탈맥락화하는 것은 개인의 정신 상태가 사회적·문화적 맥락과 분리된 것이라는 신화를 조장한다. 이렇게 마음챙김은 "뇌를 훈련시키는" 방법으로 홍보될 수 있으며, 과학 계통의 직업들은 뇌 지도 연구에 수백만 달러의 정부 지원을 받을 수 있을 것이다.

마음챙김을 측정한다고?

마음챙김 연구의 또 한 가지 약점은 수련자들의 의심스러운 자기 보고 방식에 의존한다는 점이다. 현재 기준으로 최소 9건의 각기 다른 심리 측정 설문지가 있는데, 전부 마음챙김을 다르게 정의하고 측정한다. 신뢰도, 구성 타당도, 자기 보고 편향 등 많은 문제들 외에도, 측정 및 수량화가 가능한 별개의 심리적 특성들이 마음챙김에 해당한다는 기본적인 가정도 문제이다. 그러나 이처럼 광범위하고 다양한 정의는 카밧진에게 MBSR을 창시하도록 영감을 주었던 가르침들과 딱히 관련 없이, 매우 다양한 개념의 실천과 목표를 허용하는 것이다.

다른 문제도 있다. 서양의 심리학적 해석들은 마음챙김을 단일하고도 다면적인 특성으로 이해한다. 예를 들어, 아마도 가장 광범위하게 이용되는 마음챙김 측정 도구인 브라운과 라이언의 '마음챙김 주의 알아차림 척도Mindfulness Attention Awareness Scale, MAAS'는 마음챙김이 단면적이고 "현재 중심의 주의"를 기반으로 한다고 상정한다. MAAS는 개인이 주의를 흩트린 경험―연구자들이 "딴생각"이라고 말하는 것―을 각자 어떻게 *생각하는지*로 마음챙김을 측정할 수 있다는 견해에 의지한다. 이와 대조적으로, '5가지 측면의 마음챙김 질문지Five-Facet Mindfulness Questionnaire, FFMQ'는 마음챙김을 다면적인 것으로 간주한다. 여기에는 사람들이 직접 말로 표현할 수 있다고 믿는 정도를 측정하는 "서술식" 하위 척도들이 포함된다. 이 경우 한 가지 요인―경험에 대한 주의 깊은 관찰―을 제외하면 명상을 하지 않는 사람도 명상가들과 유사한 점수가 나오는 경향이 있다.

자기 보고 측정 역시 지나치게 단순한 표현으로 작성하는 경향이 있어, 마음챙김의 일부 양상을 파악할 수 없게 하는 한편 양립 불가능한 해석들을 허용하기도 한다. 그로 인해 상당히 많은 터무니없고 의심스러운 연구 결과들이 만들어졌다. 한 가지 전형적인 예는 폭음한 학생들과 집중 명상을 한 숙련된 명상가들을 비교한 연구다. '프라이부르크 마음챙김 척도Freiburg Mindfulness Inventory, FMI'를 바탕으로 연구한 결과, 폭음한 학생들의 마음챙김 점수가 숙련된 명상가들보다 현저하게 높은 점수가 나왔다(평범한 대학생들의 점수는 중간이었다).[28] 또 다른 반전은 이 척도들은 마음챙김 훈련이 필요하다고 가정하지 않는다는 것이다. 자기 보고 측정은 의도적으로 어떤 행위에 집중할 거라는 기대 없이 평소의 의식 상태를 바탕으로 이루어진다.

역시나 매우 주관적인 자기 보고 측정에 의지하는 과거의 많은 연구들은 마음챙김이 수면의 질을 높인다고 주장해왔다. 그러나 브라운대학교의 윌로비 브리튼Willoughby Britton과 그녀의 동료들은 다른 기법—보다 정교하고 객관적인 수면다원검사PSG*—을 이용하여 정반대의 결과를 확인했다. 수면 실험실 연구에 참가한 실험 대상자들은 밤에 더 자주 깼고 데이터에도 그들의 수면이 상당히 얕은 것으로 확인되었지만, 실험 대상자들은 자기 보고에 평소보다 더 깊은 숙면을 취했다고 적었다. 학회지 《정신신체의학Psychosomatic Medicine》에 보고한 브리튼의 평가 기록에 따르면, "[마음챙김]에 의해 수면의 질이 높아지거나 숙면을 취할 수 있다는 것이 객관적으로 측정되리라는 예측들과 달리, 이번 연구를 통해 확인된 몇몇 결과들에 따르면 수면다원검사의 수면 특성에서 마음챙김 훈련이 각성 효과를 일으킨 것으로 보인다."[29]

카밧진조차 검사지로는 마음챙김이 정확히 측정될 수 없다는 것을 인정한다. 뿐만 아니라 많은 학자들은 현재 사용하는 마음챙김 검사지들이 불교의 마음챙김에 대한 고전적 개념화를 잘못 전달하고 왜곡했을 가능성을 문제 삼는다. 과학화된 마음챙김이, 아직 경험적인 증거가 뒷받침되지 않은 상태에서 믿음에 근거해 효과를 단언하면서, 오히려

---

* 수면 동안에 일어나는 생리 활동을 지속적으로 기록하는 검사법.

더 종교적인 태도를 취하고 있다는 점에서 이것은 다소 역설적이다.

거창한 미사여구와 사실 사이의 간극이 너무 커지자, 열다섯 명의 연구자들—이중에는 유명한 마음챙김 열혈 지지자들도 있다—은 〈마음이라는 과장 광고 : 마음챙김과 명상 연구에 관한 비판적 평가와 규범적 의제Mind the Hype : A Critical Evaluation and Prescriptive Agenda for Research on Mindfulness and Meditation〉라는 글에 공동 저자로 참여함으로써 간극을 좁히려 애썼다. 이 글은 기존 연구의 결함과 개선 방법뿐 아니라, 마음챙김을 정의하는 문제와 그로 인해 적절한 연구들을 기술할 때조차 빚어지는 문제들에 대해서도 개략적으로 설명한다. 문제들은 다음과 같이 적나라하게 제시된다.

마음챙김이 현대 사회의 모든 측면에 점차 널리 보급되고 있는 만큼, 마음챙김이 무엇인지, 어떤 사람들에게 도움이 되는지, 마음과 뇌에 어떤 영향을 미치는지에 대해 많은 오해가 생기고 있다. 실제로 잘못된 정보와 부실한 연구 방법론이 전파됨에 따라, 사람들은 잠재적으로 피해를 입고 속임을 당하고 실망하고 불만을 품을 수 있다.[30]

"마음챙김의 만연한 과장 광고로 생긴 이전의 오해와 과거의 피해로부터 벗어나길" 바라며, 과학자들은 "의미 있는 진전을 위해 상당히 많은 노력을 기울인다."라고 저자들은 결론을 맺는다. 그러나 이들 중 누구도 이처럼 암암리에 진행되는 과정에서 본인이 해야 할 역할이 무엇인지 알아차리지 못한다. 공동 저자 중 한 사람인 사라 라자르Sara Lazar는 이번 장의 앞에서 언급한 《하버드 비즈니스 리뷰》에 게재된 〈마음챙김은 정말로 당신의 뇌를 변화시킬 수 있다〉라는 글에 공동 저자로 참여하여 이렇게 명시했다. "아마도 여러분은 이 과장 광고가 자연과학의 지지를 받고 있다는 말을 들어보지 못했을 것이다."

8장

마음챙김하는 근로자

나는 지금 구글 기업의 마음챙김 프로그램, "내면 검색"을 위해 처음으로 열린 공개 워크숍에 참석하고자, 샌프란시스코 도심에 위치한 메리어트 호텔 그랜드볼륨에 모인 250명의 사람들에 둘러싸여 있다. 키가 작고 겸손하며 목소리가 다정한 남자 마크 레서Mark Lesser는 조금 긴장한 것 같다. 샌프란시스코 지역 선원禪院 타사자라의 전 선원장 레서는 정식 선불교 승려이며, MBA를 수료한 숙련된 경영 컨설턴트이자, 구글의 비영리 재단인 내면 검색 리더십 연구소의 제1대 CEO다. 그는 "나의 깊은 서원은 기업과 조직에서 일하는 사람들이 마음챙김 명상의 혜택을 접할 수 있게 하는 것입니다. 나는 이것이 세상에서 가장 강한 영향력 있는 방법임을 알고 있습니다."라고 선언한다. 이틀간의 워크숍 참가비는 1인당 950달러다.

    구글은 기업 마음챙김의 상징이 되었는데, 주로 차드 멩 탄의 업적 덕분이다. 멩은 "정말 유쾌한 친구"라는 직책으로 일을 시작하기 전엔 최초의 모바일 검색 엔진을 구축하는 데 한몫한 소프트웨어 엔지니어였다. 구글 사원번호 107번인 그는 2015년, 마흔다섯 살에 퇴사했다. 그는 이렇게 선언한다. "내 인생의 목표는 인류에게 마음챙김 명상의 혜택을 누리게 하여 세계 평화를 위한 여건을 만드는 것입니다."

멩은 금색 실크 소재의 전통 태극권 복장을 뽐내며, 실리콘밸리의 마음챙김 스승으로서 자신의 역할을 즐긴다. "9년 전 아직 구글에서 엔지니어로 일하던 당시, 나는 세계 평화를 목표로 정해야겠다고 생각했습니다." 그는 샌프란시스코에 모인 사람들에게 말한다. "남은 인생 동안 내가 무슨 일을 하고 싶은지 문득 깨달은 겁니다." 그는 다음과 같은 설명으로 이야기를 마쳤다. "우리는 마음챙김을 기반으로 한 구글의 감성 지능 훈련인 '내면 검색'을 개발했습니다. 이 프로그램으로 나는 구글에서 최초로 기술팀에서 인적 자원팀으로 옮긴 엔지니어가 되었지요. 감성 지능을 가르치는 엔지니어를 상상해 보십시오!"

구글의 프로그램은 미디어의 대대적인 주목을 받았다. 교육과정은 "과학적으로" 엄격한 연구를 "바탕으로 한 것"이라고 홍보되고 있다. 대니얼 골먼의 베스트셀러《EQ 감성 지능》—감성 지능 자체를 성공으로 향하는 과학적인 방법으로 받아들였다—에서 많은 내용을 참조한 이 프로그램의 전제는, 마음챙김이 감성 지능을 향상시킨다는 것이다.[1] 공감, 자제력, 우호성이 새로운 경영 모토가 되고 있는 만큼 감성 지능은 중요하게 평가되고 있지만, 사실상 데일 카네기가 1936년에 발표해 엄청난 인기를 모은 자기계발서《카네기 인간관계론》의 내용과 별반 다르지 않다.[2]

구글은 사내 프로그램이 개발되기 전에 엔지니어들에게 MBSR 수업을 들을 수 있게 지원했는데, 등록한 사람은 거의 없었다. 일주일에 60~80시간 일하는 걸 예사로 여기는 젊은 엔지니어들 사이에서 스트레스는 영광의 상처와 다름없었다. 하지만 성공이라는 당근을 내보였을 땐 신선한 유혹이 되었을 것이다. 일단 승진과 출세라는 더 큰 전망을 약속하면서 마음챙김을 감성 지능과 연결하자, 엔지니어들은 떼를 지어 내면 검색 강좌에 등록하기 시작했다.

스탠퍼드 대학교의 임상 신경과학자이며 샌프란시스코 워크숍의 공동 협력자 필립 골딘Philippe Goldin은 백발의 건장한 남자다. 그가 우리의 첫 번째 훈련을 지도한다. "옆에 있는 사람을 한번 돌아보십시오." 그는 이렇게 시작한다. 25년 동안 경영학과에서 학생들을 가르쳐온 나는 이 말이 분위기를 부드럽게 만드는 장치라는 걸 안다. "상대방에게 각자의 직업이 어떤 점에서 마음에 드는지 서로 질문을 주고받아 보십시오." 나는 계속 마음을 열기 위해 노력한다. 내 상대인 우르슬라는 대형 제약회사에 근무하는 40대 스위스 여성으로, 이곳 분위기에 어울리지 않게 뭔가 내키지 않는 듯 회의적인 표정이다. "이 프로그램은 우리 회사에서 절대 성공하지 못하겠군요." 그녀가 말한다. "감성 지능 훈련이라니, 언제 얘기냐고요. 너무 유치하고 불쾌해요." 정오에 우리는 몇 가지 훈련을 더 견뎠고, 감성 지능에 관한 지극히 단순한 강의를 몇 개 들은 다음, 명상이 우리 뇌를 어떻게 변화시킬 수 있는지 강조하는 총천연색 fMRI 이미지들이 담긴 매끈한 파워포인트 슬라이드를 본다.

우리는 기운이 빠져서 점심을 먹으며 쉬려 하지만, 마음챙김 순회강연으로 이제는 유명인사가 된 멩 때문에 길이 혼잡하다. 그는 함께 셀카를 찍으려고 몰려든 참가자들에게 둘러싸여 있다. 나는 회사의 인사부에 있다는 우르슬라에게 마음챙김을 감성 지능과 관련짓는 요인이 무엇이라고 생각하느냐고 묻는다. "이런 주장들에 과학적인 증거가 있긴 한가요?" 그녀가 되묻는다. 무분별한 맹신에 빠지지 않은 사람과 대화를 하니 안심이 된다. 전문가들은 더 이상 이런 주장들을 인상 깊게 받아들이지 않는다. 예일대 심리학과 교수 로버트 스턴버그는 《감

성 지능 : 과학과 신화Emotional Intelligence : Science and Myth》서문에서 이렇게 말한다. "골먼의 저서는 체계적이고 과학적인 연구 프로그램을 제시하지 않는다. 데이터를 바탕으로 예측대로 가설을 실험하고 심사를 거쳐 발표한 연구들은 없는 것으로 보인다."³

내면 검색 프로그램에 참가한 지 몇 년 뒤, 나는 공동 협력자였던 골딘을 다시 만났다. "사회에서의 마음챙김" 컨퍼런스에서였는데, 골딘은 샌프란시스코의 베이 에리어에 위치한 세 곳의 첨단기술 기업에서 내면 검색 프로그램을 수료한 사람들을 대상으로 실시한 시범 연구에 대해 발표하고 있었다. 그는 자신의 연구 결과에 당황했는데, 내면 검색 프로그램이 감성 지능에 영향을 미친다는 조짐이 거의 보이지 않았기 때문이다. 사실상 결과는 그 프로그램의 마음챙김 훈련이 업무로 인한 과로와 업무 태만 모두를 증가시키는 것과 관련이 있음을 보여주었다. 아마도 직원들은 마음챙김을 통해 자신들이 실제로 얼마나 지쳐 있는지 깨닫는 데 도움을 받았을 것이고, 따라서 스스로를 구제하기 위해 직장에서 빈둥대는 방식으로 반응을 보였을 거라고 추측할 수 있었다. 질의응답 시간에 나는 골딘에게, 과학자로서—과학자의 의무는 증거를 따르는 것이다—결과를 고려하여 내면 검색의 교육과정을 수정할 생각이 있느냐고 물었다. 그는 이렇게 대답했다. "흠, 나는 구글의 내면 검색 훈련에 거리를 두고 있어요. 더 이상 관여하지 않습니다." 그러나 구글은 여전히 마음챙김과 감성 지능을 팔고 있다.

업무 태만 문제

구글이 "내면 검색" 프로그램을 상품화한 건 우연이 아니다. 자기 수양의 도구로써 마음챙김은 생산성과 기업의 이윤 추구를 개인의 평화와 자기 충족과 통합한 최신 자본주의 영성이다. 이와 같은 프로그램은 주의를 내부로 향하게 함으로써, 권력 문제나 정치경제에 관련된 문제로 마음을 흩트리지 않게 한다. 외부 환경을 그저 있는 그대로 받아들일 수 있다는 것이다. 흔히 우리 문제의 해결책은 우리 내부에 있다고들 말한다. 맹의 약속처럼 "마음챙김은 아무것도 바꾸지 않고 나의 행복을 증진시킬 수 있다."[4]

이처럼 치료를 위해 개인의 안녕에 중점을 두는 방식은 기업들이 마음챙김 프로그램을 받아들이는 진짜 이유를 감춘다. 자본주의는 전례 없는 위기를 맞고 있다. 노동자를 통제하거나, 조종하거나, 마음대로 이용하려는 시도들은 역사적으로 파업, 산업적 사보타주, 노동조합 결성, 태업 등 다양한 방식으로 저항에 부딪쳤다. 그러나 대부분의 산업에서 단체 구성과 단호한 거부는 더 이상 실행 가능한 선택 방안이 되지 못하므로, 스트레스, 극도의 피로, 무관심이 후기 산업 사회의 가장 일반적인 저항 형태가 된다. 우울증은 유행병 수준이며, 더 광범위한 정신건강 위기는 언제 닥칠지 알 수 없다.

기업 마음챙김의 열광적인 유행은 2008년 금융 위기로 시작된 경기 침체와 동시에 일어났다. 대량 해고, "프레카리아트precariat*"와 임시직 노동 증가, 근로 시간 확대, 임금 동결, 그 밖에 여러 가지 종류의 "충격 요법"을 통해, 근로자들은 "적은 노력으로 더 높은 효율성"을 올리길 권고받았다. 근로자의 불만 증가는 정부와 기업 모두에게 위협으

---

* precarious 불안정한와 proletariat 프롤레타리아의 합성어로 비정규직이나 실업자 같은 불안정 고용자를 일컫는 용어.

로 간주된다. 불만과 소외—스트레스, 정신신체적 질환, 우울증, 의욕 저하, 잦은 결근 등으로 나타나는—는 마음챙김에 대한 관심을 부추겼을 뿐 아니라 급성장하는 건강과 행복 산업에 박차를 가했다.

한편 "직원의 근무 태만"은 기업의 이윤, 생산성, 경제 생산량을 떨어뜨리는 하나의 현상이 되었다. 미국에서만 스트레스와 관련된 결근으로 3,000억 달러의 손실이 발생했고,[5] 낮은 몰입도로 인한 손실액은 약 5,500억 달러에 이르는 것으로 평가된다.[6] 직원 10명 중 7명이 직장에서 "소속감"을 느낄 수 없다고 보고한다는 사실은 인적 자원팀을 불안하게 만들었다. 구글의 엔지니어들처럼 회사에 매우 충실한 직원들조차 높은 수준의 스트레스를 보고한다. 그러므로 기업들이 건강과 마음챙김이라는 시류에 편승하는 것은 놀랄 일이 아니다.

어떤 면에서 이런 것은 전혀 새롭지 않다. 1970~80년대에도 스트레스 관리와 스트레스 완화 프로그램들이 기업에서 크게 유행했다. 그때도 비평가들은, 직원들에게 이런 프로그램을 제공하면서 직장 스트레스의 원인을 개선하기 위해서는 아무런 노력을 기울이지 않는 잠재적인 부당함에 주목했다. 1990년대에는 조직심리학자들이 마찬가지로 섬뜩한(그리고 의심스러운) 통계자료를 이용해 "직무 스트레스"라는 개념을 홍보하고 홍보했다. 1994년에 영국 산업연맹은 근로 일수가 3억 6,000만 일 감소되어, 기업들에 80억 파운드의 손실 비용이 발생한 것으로 평가했다.[7] 역시나 이런 평가들은 증거로 뒷받침되지 않은 채, 질병을 스트레스와 연결시켰다.

팀 뉴턴은《스트레스 관리》에서 이 같은 과장된 평가는 설명적인 개념으로 그 타당성을 강화하는 한편 스트레스를 악한 것으로 묘사하고 있음을 증명한다. 앞에서 보았듯이 생체의학적 개념으로서 스트레스는 제2차 세계대전 이후까지 공적 담론에 진입하지 못했다. 이 점을 감안하여 뉴턴은 19세기의 사례들을 살펴본다. 사회행동과학 연구에 의해 스트레스가 추론적으로 정당화되지 않은 상황에서, 산업 노동자들이 자신의 건강 상태를 걱정했을 수는 있어도 "스트레스"를 받는다고 보고했을 것 같지는 않다. 그러다 스트레스에 관한 담론이 점차 만연해지자 스트레스에 시달리는 대상의 이미지를 "정치에 관심 없고, 개인적이며, 탈맥락화된 누군가"로 제시하게 되었다고 뉴턴은 말한다.[8] 스트레스는 이런 식으로 도입되어 당연한 것으로, 피할 수 없는 직업병으로 받아들여지고 있다.

정신적으로 적합한 근로자

기업이 마음챙김을 도입하는 이유는 직원들의 정신건강을 향상하기 위해서라고 자주 이야기된다. 우리 뇌는 "근육"과 같아서 마음챙김은 마치 스포츠 센터에 다니는 것처럼 꾸준한 연습이 필요하다. "마음챙김은 훈련할 수 있는 기술로서 연습할수록 숙련된다는 사실을 우리는 과학적 연구를 통해 알고 있다. 따라서 이 수련이 도움이 되리라고 확신한다."라고 구글의 마음챙김 자회사, 내면 검색 리더십 연구소의 CEO, 리처드 페르난데스Richard Fernandez는 말한다. 이 회사의 설립자인 멩도 비슷한 말을 반복한다. "웨이트 트레이닝이 신체를 건강하게 만들어 주는 것과 마찬가지로, 마음챙김 명상은 정신을 건강하게 하기 위해 우리 뇌를 훈련시키는 한 가지 방법이다."

두 활동가 모두 개인주의적이라는 사실은 우연이 아니다. 마음챙김을 운동에 비유하는 것은 근로자들의 정신적·신체적 건강—곧 그들의 효율성과 생산성—은 스트레스에 효율적으로 대처하는 그들 각자의 능력에 달려 있음을 시사한다. 기업의 마음챙김 프로그램은 근로자 개개인이 자신의 힘든 감정을 다스리고 조절하는 한편 집중력과 주의력을 향상하도록 훈련하는 것을 목표로 한다. 그리고 이 모든 것은 기업의 목표 달성에 도움이 되는 귀중한 경제적 자원이다.

프리랜서, 즉 "1인 기업"으로 간주되는 노동자들은 자신의 성과에 전적으로 책임지도록 요구받기 때문에, 뇌를 더 말랑말랑하고 유연하게 만들어 적응력을 높이려 한다. 판단하지 않고 주의를 집중하기, 스스로 감정을 절제하기, 친사회적 행동 강화하기 등은 도구화되어온 주관적인 능력—자본주의적 사회관계의 중심 목표—이다. 이런 점에서 기업의 마음챙김 프로그램은 그 자체로 "정신적 자본"이라는 새로운 형태, 다시 말해 근로자의 주관성을 기업의 성공에 기여하는 귀중하고 필수적인 자산으로 개조하기 위한 계획적인 시도에 해당한다.

결론은 이런 거다. 정신적으로 적합한 근로자들은 마음챙김을 통해 효율적으로 스트레스에 대처하고 감정을 통제한다. 반면 마음챙김이 제공하는 정신 훈련은 직장 내 스트레스에 관한 논의, 권력관계에 대한 문제 제기, 그리고 근로 조건에 대한 근로자들의 반응을 근로자 개인이 책임지게 하는 기업의 방식을 대수롭지 않게 만든다.

스스로 스트레스를 자초한다고?

《뉴욕 타임스》 경제담당 기자이자 《마음챙김 직장생활 Mindful Work》의 저자인 데이비드 겔레스는 기업 마음챙김의 열렬한 지지자다. 겔레스는 대담하게 주장한다. "스트레스는 우리에게 부과되는 것이 아니라, 우리가 스스로 자처하는 것이다."[9] 정말 그럴까? 스트레스 대처에 실패하는 이유는 주로 신경 경로의 기능 장애나 골치 아픈 생각과 감정 탓일까? 하지만 그의 동료들은 생각이 조금 다를 것이다. 《뉴욕 타임스》는 아마존 사의 반사회적 노동 문화를 폭로하면서, 회사의 거의 모든 동료들이 책상 앞에서 우는 모습을 목격했다는 전 직원의 말을 인용했다.[10] 겔레스는 그 아마존 직원들에게 스스로 스트레스를 자처하고 있는 거라고, 혹은 울지 않기로 결정할 수 있다고—감정을 자제하는 힘이 부족한 것은 편도체에 장악된 탓일 수 있다고—조언했을까?

다른 마음챙김 투사들과 마찬가지로 겔레스 역시 스트레스의 원인이 우리 머릿속에 있다고 믿는다. 더구나 fMRI 이미지들은 스트레스 때문에 환한 색으로 비쳐진 뇌 부분을 보여주면서, 우리가 생각과 감정을 놓아버리지 못해 스스로 불행을 자초하고 있음을 확인시킨다. 우리가 탓해야 할 대상은 오직 자기 마음을 들여다보지 못하는 자기 자신뿐이다. 이것은 스트레스와 불쾌한 경험들이 부분적으로 습관적인 행동과 관련이 있다는 사실을 부인하지 않을뿐더러, 겔레스는 그 정도를 훨씬 넘어선다. 피해자에게 책임을 전가하는 그의 철학은 기업의 마음챙김 정신을 그대로 되풀이한다. 정신적 스트레스와 구조적인 불안이라는 짐을 근로자 개인에게 떠넘기고, 이를 개인의 문제로 뒤집어 씌운 다음 마음챙김을 만병통치약이라며 제시하는 것이다.

이것은 문제의 원인일 수 있는 사회적·경제적 상황을 감춘다. 마음챙김 프로그램은 상호작용하는 권력관계, 이해관계의 네트워크, 설명적 서사 등 자본주의 문화를 형성하는 복합적인 역학 관계에 거의 주목하지 않는다. 그러나 《평등이 답이다》에서 리처드 윌킨슨과 케이트

피킷는 사회 역학의 증거들은 스트레스와 정신신체 질환이 지나친 물질주의와 경쟁적 가치관을 가진 매우 불평등한 사회에 집중되어 있음을 보여준다고 지적한다.[11]

기업의 마음챙김은 개인 차원의 행동 변화에 중점을 두고 있지만, 단순한 "생활방식 선택"으로는 거의 변화가 나타나지 않는다. 스탠퍼드 경영대학원 연구자들은 228개의 연구들을 분석한 결과, 10대 스트레스 요인은 잘못된 관리 방식과 지나치게 많은 것을 요구하는 기업 문화에서 기인한다는 사실을 발견했다. 스트레스의 가장 큰 원인은 건강보험 혜택 부족, 끊임없는 해고 위협, 의사결정의 재량권과 자율성 부족, 긴 근무 시간, 공정성이 떨어지는 조직, 비현실적인 요구 등이다.[12] 불안정한 일자리는 건강 악화가 50% 증가하게 된 원인이며, 긴 근무 시간은 20%의 사망률 상승과 관련이 있었다.

그러나 겔레스는 이런 결과에 아랑곳하지 않는다. 그는 이렇게 말한다. "마음챙김은 근로자 가치 제안의 원천이 될 수 있고, 장기적으로는 근로자의 에너지 소진을 관리하는 유용한 도구를 조직에 제공할 수 있다."[13] 다시 말해, 기업 환경에서 마음챙김은 관리자들이 인적 자원으로부터 최적의 가치를 최대한 뽑아내기 위한 또 다른 방법에 불과하다. 내면 검색 리더십 연구소의 마음챙김 교사 조지 멈퍼드George Mumford는 마음챙김을 사람의 정신이라는 "톱날을 벼리기 위한" 도구에 비유하며 이렇게 말한다. "톱날을 벼리기 위해 쉴 새 없이 톱질을 한다고 해서 그만큼 효율적이 되지는 않을 것이다." 직장에서의 안녕, 행복, 탄력성, 그리고 성황 중인 긍정심리학과 마찬가지로, 마음챙김은 근로자의 정신과 몸을 경제적 가치의 원천으로 본다.

길들여진 주체들

구글은 마음챙김을 추구하는 이유에 대해 "명상 '기법'을 통해 세상을 더 나은 곳으로 만들기 위해서"라고 호언하지만,《생각하지 않는 사람들》에서 니콜라스 카가 지적했듯이 아이러니하게도 구글의 관리자들은 "문자 그대로 정신을 산만하게 하는 사업에 종사한다."[14] 어떤 면에서 이 두 가지는 서로 관련이 있다. 기업의 마음챙김은 그들의 고용주에게—그리고 그들을 지지하는 더 광범위한 시스템에—쓸모 있는 좋은 직원을 훈련시키기 위해 아주 미묘하게 작용한다. 이것은 세뇌의 산업적 형태가 아니다. 방어적인 마음챙김 관계자들은 비평가들이 그렇게 말한다고 생각하지만 말이다. 기업의 마음챙김이 하는 역할은 근로자들을 생산적인 자기 수양에 다시 집중하게 하는 것이 아니라, 단체를 조직하거나 기업 문화 내에서 조직의 변화를 추구하지 못하도록 주의를 분산시키는 것이다. 이것은 세련된 생체권력bio-power처럼 작용하여, 인간의 내면생활을 기업의 성공과 결부시킨다.

니콜라스 로제가 푸코의 말을 반복하며 지적하는 것처럼, 기업의 마음챙김 프로그램은 "주체를 통하여, 주체에 반하지 않고 작용한다."[15] 푸코는 자율성, 자유, 건강, 자기 충족, 신중함, 자기돌봄에 대한 담론들이 인간의 "품행 지도"를 위한 경로로 사용되는 방식에 주목한다. 그리고 로제의 말처럼, 그러한 접근 방식들은 "특정한 형태의 주체를 낳기 위해, 정신을 주조해 형성하고 조직하기 위해, 구체적인 욕망과 열망으로 개인을 조작하기 위해 적극적으로 노력한다."[16]

버클리 대학교의 불교학 교수 리처드 페인은 아무리 "자기계발을 위한 정신적 도구"로 홍보한다 해도, 마음챙김 프로그램은 결코 중립적이 아니라고 주장한다. 페인은 이렇게 덧붙인다. "모든 도구는 이데올로기다. 도구는 생산자의 가치를 이행하고 사용자의 가치를 구체적으로 드러낸다."[17] 과학적인 미사여구는 공익을 위한다는 보편적 가치에 호소함으로써, 바탕에 깔린 기업의 우선순위를 감추기 위해 이용된다. 기본 메시지는 근로자는 자신의 안녕에 책임져야 한다는 것이지만, 그 기능은 반대 의견을 무력화하는 것이다. 항상 이런 식일 필요는 없지만, 기업 문화가 집단적인 방법에 의해 바뀌지 않는 한, 마음챙김 강좌를 제공하는 것은 마치 환자의 이야기를 듣지 않으려 정신분석적 환경에서 약을 나누어주는 것과 다를 바 없다.

이런 점에서 마음챙김 훈련은 기존의 권력관계를 위협하는 방식으로 말하고, 살펴보고, 행동할 가능성을 제한할 수 있다. 이런 규제적 영향력들은 강력한 정적주의를 고취하는 일종의 "내면화된 평화조약"이라고 할 수 있다. 근로자들이 어쩔 수 없이 자신의 내면 상태를 점검하고 스스로 "마음챙김"을 통해 "파괴적인 감정들"을 규제해야 한다면, 그들은—푸코가 경고한 대로—"길들여진 주체"가 될 것이다.

○ 또 하나의 기업 유행 •

기업의 마음챙김 과정이 완전히 새로운 것으로 광고되고 있지만, 사실 여기에는 경영과학이 유행하던 초기의 목표들이 대부분 포함되어 있다. 이 프로그램들은 프레덕 윈슬로 테일러*와 함께 20세기 초

---

* 과학적 관리법을 주창한 미국의 기술자로 노동자들의 기계적이고 반복적인 행동을 초단위로 분석, 감독하는 기법을 창안했다.

에 시작된 기업 신화를 진화적으로 각색한 것이라고 볼 수 있다. 그의 "과학적인" 관리 법칙은 말 그대로 "정신의 혁명"으로 선전되었다.[18] 테일러의 산업공학적 방식은 업무를 표준화하고 분류하여 근로자가 생산에 관한 지식을 독점하지 못하게 함으로써 근로자의 효율성을 극대화하는 한편, 자율성과 사내 질서를 전복할 가능성을 감소시켰다. 테일러의 혁명—시간동작 연구*를 바탕으로 한—은 이주 노동자들을 경영자 측에 더욱 협조적인 "일등급 인간"으로 개조할 것 같았다. 확실히 이 가능성은 산업의 수장들에게 엄청난 호소력이 있었다.

기업의 마음챙김 프로그램은 이런 추세의 연장선으로, 노동자 개인의 주관적인 느낌을 자본의 이익에 맞춘다. 구글의 멩과 마찬가지로 테일러의 복음주의 역시 자신의 기법들이 과학에 근거한다는 주장에 의지했다. 이 둘의 과열 현상은 객관적인 방법들이 인간의 주관성이라는 비밀을 밝힐 수 있음을—테크노크라트들이 노동으로부터 더욱 더 많은 것을 뽑아내도록 허용함으로써—설명한다.

사회과학자들은 동기부여 연구, 상담, 성격 유형과 태도 조사, 그 밖에 많은 계획들을 통해 이러한 경영자적 기업과 결탁한다. 실제로 사회과학 산업의 수익성이 제법 짭짤해 경영 컨설팅 회사, 기업 트레이너, 리더십 코치가 각광을 받았고, 대중적인 경제경영서 시장이 성장했다. 심지어 1962년에는 미국 심리학회조차 자본의 이익 편을 들었다.

심리학자의 가장 기본적인 관심은 인간의 행동이지만, 심리학자는 수익성

---

* 생산 활동을 조직적으로 관리하기 위해 특정 작업 수행에 필요한 시간과 동작을 연구하는 것.

증가라는 경영의 가장 기본적인 목표에 도움이 될 수 있다 … 기본적으로 산업심리학자가 시도하는 일은, 성공적인 기업의 요건에 적응하도록 근로자를 돕기 [위해] 근로자에게 자신의 이익과 경영진의 이익이 어떻게 일치하는지 인식하게 하는 것이다.[19]

산업심리학과 경영학은 학문으로서 중립적이고 과학적이며 객관적이라고 주장하지만, 경영대학원은 경영과학으로서 이데올로기를 감추어 온 오랜 전통이 있다.《이코노미스트》지에 글을 게재해온 영향력 있는 두 작가가 이 주제에 관해 쓴 책에 따르면, "현대 경영 이론은 기껏해야 어느 부족 국가의 의술을 신뢰하는 정도로밖에 신뢰할 수 없다. 어쨌든 주술사도 종종 병을 낫게 하니까 말이다. 운이든 직관이든 시행착오에 의해서든."[20] 과학은 경영자의 이익을 정당화하기 위해 호출되었을 뿐 아니라, 과학 담론의 물질주의적 성격은 부의 축적을 합리화하도록 돕는다. 그리고 경영학자 제라드 핸론Gerard Hanlon이 지적한 것처럼, 이 학문 분야는 애초에 정치적인 것으로, 경영을 최초의 "신자유주의 학문"으로 만든다.[21] 그리고 그 프로젝트의 성격은 특정한 이익―역사적으로, 엘리트들의 이익―에 도움이 되도록 생활을 조직하는 것이다.

"인간관계" 운동*이 시작되던 1920년대 말, 노동자들은 더 이상 테일러가 생각하던 방식, 즉 순전히 경제적 이익에 의해서만 움직이는 생각 없는 자동기계로 인식되지 않았다. 오히려 감정, 불안, 두려움에

---

* 1920년대에 능률 향상을 목표로 인간을 기계적인 도구로 대하는 태도에 반발하여 미국에서 시작한 운동.

지배받는, 정신적으로 복잡한 존재라는 인식이 점차 커지면서, 경영에 새롭고 정교한 행동과학 기법들이 요구되었다. 인간관계 접근법은 노동자의 태도와 양심을 개조하면서, 그들의 가치를 주주의 이익에 맞추어 재조정했다. 이후 기업들은 더욱 참여적인 문화를 제공하고, 근로자들이 자신의 일을 더욱 의미 있게 느끼게 만들었다. 그리고 소속감과 주인의식, 기업 이익에 대한 충성심을 불러일으키기 위해 팀을 조직했다. 이런 일을 통해 직장에서 잘 지내도록—한도 내에서—노력해왔다. 스트레스에 지친 관리자와 직원들에게 마음챙김 훈련을 권하면서 안녕을 장려하는 것은 이러한 것의 최신 버전일 뿐이다.

역사를 통틀어 대부분 기업의 경영 정신은 공통적으로 직원의 불만족은 주관적인 상태라고 가정한다. 변화의 중심은 개인이고, 개인은 이따금 한발 양보해 가면서 마땅히 기업 환경에 적응할 거라고 기대된다. 간혹 불만이 있더라도 심리학적인 해석으로 소멸시키면서. 1920~30년대에 하버드 정신의학과 교수 엘튼 마요는 웨스턴 전기회사에 고용되어 시카고 웨스트사이드에 위치한 호손 공장의 실험 자료를 해석했다. 마요는 열악한 근무 환경과 낮은 임금에 대한 불만은 진지하게 받아들일 필요 없는 "감정적 반응"이며 이런 반응은 특히 여성 근로자에게 두드러진다고 해석했다. 마요의 저서들에서 노동자는 대체로 비합리적이고, 비정상적이며, 자기 통제력이 부족하다고 간주되지만, 그 같은 주장들에 대한 과학적 증거는 제시되지 않는다. 이후 현대 사회과학자들은 마요의 연구를 경영자 측에 우호적으로 편향된 "젖소의 사회학"이라고 부르며 일축하고 있다. 이 표현은 만족한 소들이 더 많은 젖을 생산하는 경향에 빗대어 "행복한" 직원들이 더 생산적임을 암시한다.

노동자를 조종하려는 이런 시도들—착취하는 환경을 받아들이도록 만들기, 갈등을 억제하고 부인하기, 권력과 이익의 차이를 모호하게 만들기 등—은 기업의 마음챙김에도 똑같이 반복된다. 《지어낸 지식 Manufacturing Knowledge》에서 리처드 길레스피는 "마요의 작업에서 관리와 통제 아래 있는 노동자들이 이의를 제기하는 태도를 정신의학적 장애의 증거로 전환하는 지속적인 경향"을 발견한다.[22] 1930년대에 노동자들이 "비이성적"이거나 "미성숙"하거나 "히스테리 상태"(특히 노동자가 여성인 경우)이거나 근무 중에 "몽상에 잠기는" 경향이 있었다면, 오늘날 근로자들은 "스트레스에 지치고", "산만하며", "자기관리"와 "자기 통제"가 부족한 모습을 보이거나 혹은 "마음이 딴 데 가 있는" 경향이 있다. 마요의 정신병리학 이론은 노동자의 불만족을 객관적·물리적 환경이 아닌 개인적인 문제, 사회 부적응으로 폄훼한다. 마음챙김 옹호자들과 마찬가지로.

마요는 엘리트 경영진들이—민주주의와 인권이 아니라—산업계의 불황으로부터 문명을 구할 거라고 믿었던 것 같다. 그는 사회주의와 조직된 노동을 철저히 경시했다. 또한 정신건강을 목표로 하는, 공감을 형성하는 "인간관계" 기법을 이용하도록 경영자와 관리자들을 훈련시킬 때 이 "폭도들"로부터 구조될 수 있다고 주장했다. 그의 방법들은 조립 라인 노동자들의 감정 관리 및 사회 부적응에 관한 유사과학적 이야기로 노동자들을 미혹해 억압을 정당화하도록 도왔다. 기업의 마음챙김이 가장 생산적인 "인적 자원" 착취를 조장하면서 권력관계의 구조적 불평등 개선이 아닌 스트레스 완화를 목표로 하는 것처럼.

○　　　　　　　트로이의 목마　　　　　　　●

　마음챙김 광신도들은 변화에 대해 유토피아 같은 생각을 한다. 그들은 마음챙김 훈련이 서서히 변화를 가져와, 경영진들에게 보다 윤리적인 기업 정책을 세우고 실행하도록 영감을 줄 거라고 추측한다. 그러니 우리는 그저 신념을 지키며 기다리기만 하면 된다고 말이다. 마음챙김을 가르치는 사람들은 본인들이 제공하는 것이 체제 전복적이며, 어느 날 그들의 "트로이 목마"가 깨달음을 일으켜 기업이 자애심 가득한 행동을 하게 만들 거라고 진심으로 믿는 것 같다. 이런 생각을 뒷받침하는 경험적인 증거가 없다는 건 이젠 말할 필요도 없지만.
　그러나 클레어몬트에 위치한 피터 드러커 경영대학원의 경영자정신 리더십 연구소 소장 제레미 헌터 Jeremy Hunter 같은 사람들은 마음챙김은 가장 역기능적인 조직조차 더욱 온정적이고 지속 가능하게 개조할 수 있는 "와해성 혁신 기술*"이라고 확신한다.[23]
　언젠가 나는 보스턴에서 열린 명상 연구에 대한 국제 심포지움에서 헌터의 발표 중 하나를 방청한 적이 있다. 말쑥하고 단정하게 차려입은 헌터는 전형적인 경영 컨설턴트라는 인상을 주었다. 헌터는 TED 강연에서 들을 법한 표준적이고 판에 박힌 이야기—스트레스에 지친 회사 간부가 마음챙김 덕분에 구제되었다는 감성적인 이야기—로 입을 열었다. 그의 이야기는 엄청나게 연습하며 수없이 반복한 상투적인 유머처럼 들렸다. 그는 "조직 내부에 있는 사람들이 더 열려 있고 호기

---

* 기존 체계를 와해하여 업계를 재편성함으로써 시장을 장악하게 될 신제품이나 서비스를 창출할 새로운 기술.

심이 많을수록, 그들은 대규모의 변화를 위한 대리인이 될 것입니다." 라고 떠벌였다. 오로지 자신의 내면만 탐구하면 그렇게 된다는 것이다.

계속해서 헌터는 일찍이 1996년에 몬산토 사의 경영진과 과학자들에게 마음챙김 수련을 소개한 미라바이 부시의 일화를 이야기했다. 기업 수련회를 마친 후 한 수석 과학자가 한탄을 했다고 한다. "나는 우리가 생명을 죽이는 상품을 만들고 있다는 사실을 깨달았습니다. 생명을 살리는 상품을 만들어야 하는데 말입니다." 눈물 없이는 들을 수 없는 이 일화를 이야기하면서 헌터는 다음과 같이 인정했다. "이와 같은 개인적인 통찰에서 대규모의 변화까지는 갈 길이 멀지만, 우리는 적어도 마음챙김이 사내의 와해성 혁신 기술로써 그 역할을 시작했다고 말할 수 있습니다." 어쩌면 그럴 수도. 혹은 어쩌면 그 과학자가 절망에 빠져 일을 그만둘지도.

어느 쪽이든, 에이전트 오렌지*를 제조한 몬산토 사는 이후 바이엘 사에 매각되었다. 바이엘의 전임자들은 자이클론 B**를 생산했다. 한편 몬산토의 유전자 변형 작물 홍보, "자살 씨앗"*** 특허권 획득, 식량 공급을 지배하기 위한 전 세계에 걸친 노력은 여전히 계속되고 있다. 더 좋은 조직이 되었는지에 대해 말한다면, 몬산토 사는 2000년에 "마음챙김 리더십" 프로그램을 취소했다.

기본적으로 헌터의 주장은, 의미 있는 변화는 내부에서부터 시작한다는 것이다. 자신의 마음을 변화시켜 더 평화롭고 동정심이 깊어

---

* Agent Orange, 미국이 베트남전쟁에 사용한 고엽제의 일종.
** Zyklon B, 2차 세계대전 당시 아우슈비츠에서 유대인에게 살포한 독가스.
*** suicide seeds, 씨앗을 심어 한 번 열매를 맺고 나면 더 이상 열매가 열리지 못하게 유전 공학 기술.

질 수 있다면—그리고 다른 사람들도 그렇게 될 수 있다면—대규모의 변화로 자연스럽게 이어질 것이다. 그러나 "세상의 변화를 보고 싶다면, 당신이 먼저 변화되어라."(사실 이 말은 간디가 한 말이 결코 아니다)라는 식의 명령들은 기껏해야 희망사항일 뿐이다. 마음챙김 컨설턴트들은 여전히 비정치적으로 남기 위해 이런 입장을 취하길 좋아하며, 따라서 고통의 제도적 원인들에는 거의 영향을 미치지 않는다. 헌터의 발표는 듣기 괴로웠다. 나는 더 회의적이 되어 그 자리를 떠났다.

그러나 이런 주장을 하는 사람이 헌터만은 아니다. 번지르르한 광택지로 만든 잡지 《마음챙김Mindful》의 편집자 배리 보이스Barry Boyce도 유사한 주장을 한다. 그는 이렇게 말한다. "스트레스 완화를 위해 시작할지 모르지만, 마음챙김은 거기에서 그치지 않는다. 마음챙김은 우리 자신의 마음에 대한 탐구와, 어떻게 하면 다른 사람들과 연결될 수 있는지, 우리 행동의 원인과 결과는 무엇인지에 대한 탐구로 자연스럽게 이어진다."[24] 뭐, 마음챙김 트레이너들이 그런 이어짐으로 사람들의 관심을 이끈다면 그럴 가능성도 있을 것이다. 보이스의 상상의 나래는 계속된다. "포드 자동차 회사에서 로스앤젤레스 소방서에 이르기까지 모든 직장에서 지도자가 마음챙김으로 약간의 도움을 받아 더 큰 대의를 위해 행동할지 누가 알겠는가?"[25] 누가 알겠냐고? 언뜻 이성적인 질문처럼 들린다. 기업의 마음챙김 프로그램이 결과적으로 그처럼 "훨씬 큰 대의"를 낳는다는 것을 뒷받침하는 믿을 만한 증거가 없다는 사실을 제외하면 말이다.

오히려 이런 식의 논리는 《백 번째 원숭이The Hundredth Monkey》의 내용을 연상시킨다. 이 책에는 일본 과학자들이 마카크 원숭이들이 고구마 씻는 법을 학습하는 과정을 관찰한 이야기가 나온다. 백 번째 원숭이가 고구마를 강물에 씻어 먹게 되었을 때 임계치에 도달했으며, 이 학습된 행동은 인근 섬의 원숭이들에게까지 퍼졌다. 연구에 대한 의혹이 있었음에도 불구하고, 이것은 뉴에이지 신화에서 "백 번째 원숭이 효과"로 알려지게 되었다.[26] 초월명상에 변화를 일으키는 힘이 있다는 기이한 주장들도 되풀이 되었는데, 1990년대에 워싱턴 DC에서는 이 주장을 시험하는 시도가 있었다. 언론이 지켜보는 가운데 4,000명의 초월명상 추종자들이 폭력 범죄 감소를 위해 6주 동안 진을 치고 앉아 만트라를 읊조렸다.[27] 그들은 범죄율이 23% 감소했다고 주장하면서 성공을 공표했지만, 사실 실험 기간 동안 워싱턴의 주간 살인 건수는 사상 최고 수준을 기록했다.[28]

청렴의 거품

기업의 마음챙김은 자기모순에 사로잡혀 있다. 스트레스 완화와 집중력 향상으로 근로자에게 안도와 개인적인 이익을 주지만, 조직의 불평등에서 기업의 행동방식에 이르기까지 외부의 문제들에는 마음을 쓰지 않고 무시한다. 커뮤니케이션 교수 케빈 힐리Kevin Healey는 이런 현상을 "청렴의 거품integrity bubbles"이라고 일컫는데, 이는 "더 넓은 맥락에서 청렴을 달성하는 데 저해가 되더라도, 어렴풋이 청렴한 분위기를 풍기는 것, 그리하여 근로자의 만족과 브랜드 이미지를 향상시키는 것"을 의미한다.[29] 경영 실적이 좋은 미국의 건강보험 회사 에트나가 전형적인 예다. 《마음챙김 직장생활》에서 겔레스는 5만 명의 직원 가운데 3분의 1에게 마음챙김 훈련을 제공했다며, 이른바 자애로운 CEO라는 마크 베르톨리니를 향해 극찬을 아끼지 않는다.[30] 이 프로그램에 의해 1인당 연간 생산성이 3,000달러 증가하고, 직원의 건강보험 비용은 2,000달러까지 절감하여, 총 630만 달러가 절약되었다. 직원의 마음챙김은 대기업의 효율성에 도움이 된다.

한편 마음챙김을 한다는 에트나 사는 건강보험 가입 대상을 확대한 오바마케어에서 탈퇴한 이유를 거짓으로 둘러댔다. 누적 손실로 인해 11개 주에 있는 오바마케어 건강보험 거래소에서 철수할 수밖에 없었다고 말했지만, 미국 지방법원 판사 존 베이츠의 말에 따르면, 진짜 이유는 "휴매나 사와의 합병에 대한 사법조사를 피하기 위해서"였다. 340억 달러 규모였던 이 합병은 오마바케어 탈퇴 1개월 전 독점금지 사유로 사법부에 의해 저지당했다.[31] 기업의 마음챙김 프로그램은 참가자들에게 사업의 관행에 이의를 제기하도록 훈련시키지 않는다. 그러려면 자신의 *외부*를 살펴보아야 하는데, 이것은 현대 마음챙김이 의도적으로 피하는 것이다.

그렇더라도 거품을 터뜨릴 방법은 있을 것이다. 마음챙김의 가르침대로 자신을 더 많이 받아들이게 되면 약간은 위협적이 될 수도 있다. 새로운 상품을 구입해 만족을 추구하라는 기업들의 끊임없는 메시지를 무시하는 것은 기업에 좋지 않다. 그리고 경영학자들이 《뉴욕 타임스》에서 의견을 밝힌 것처럼, "동기 부여―더 나은 미래를 손에 넣기 위한 분투―개념이야말로 현재에 대한 얼마간의 불만족을 암시하는데, 이는 평정심을 주입하는 심리적 훈련과 상충되는 것으로 보인다."[32] 그러나 이런 발견에도 불구하고 마음챙김은 한 줄기 빛을 발견한다. 바로 직원들 내면의 동기 부여 감각을 이끌어낼 더욱 정교한 방법을 찾는 것이다. 사람들이 자신의 노력과 회사의 필요가 조화를 이룸으로써 "풍요로워진다"고 느끼는 한 사업은 여느 때처럼 계속될 수 있다.

9장

마음챙김 장사꾼

수완 좋은 컨설턴트들에게 기업의 마음챙김 훈련은 대단히 수익성 높은 사업이다. 2018년 글로벌 웰니스 연구소는 "웰니스wellness*관련 경제"를 3조 7,200억 달러로 평가했다. 그 가운데 마음챙김 산업이 속한 "신체 단련 및 심신 건강" 분야는 5,420억 달러의 가치가 있는 것으로 평가된다.[1] 이해관계의 충돌을 의식한 듯 잡지 《마음챙김》의 편집장 배리 보이스는 "좋은 교사"는 기업 후원으로부터 "강한 독립성을 보여주는" 사람이라고 말한다.[2] 하지만 그런 독립이 과연 가능할까? 엄청난 거액이 걸려 있는 상황에서, 과연 마음챙김 프로그램이 기업이 우선시하는 것들과 맞아떨어지지 않는다는 걸 믿을 수 있을까? 먹이를 주는 손을 물고 싶어하는 트레이너가 얼마나 될까?
　로스앤젤레스에서 열린 알아차림 리더십 컨퍼런스로 향하는 동안 내 의심은 더욱 증폭되어만 갔다. 기조 연설자였던 다와 다친 필립스 Dawa Darchin Phillips의 연설부터가 너무나 빤해 보였다. 그는 아리스토

---

* well-being 웰빙, happiness 행복, fitness 건강의 합성어로 신체적·정신적·사회적으로 건강한 상태를 의미하는 용어.

텔레스의 파토스*기법을 빌려와, 죽음을 모면한 극적인 이야기로 연설을 시작했다. 나는 감정적으로 조종당하고 있는 느낌이 들었지만, 내 직관적인 반응을 무시하고 주의를 집중하려 애쓰면서, 거의 익사할 뻔했다던 그의 일화를 들어보기로 했다. 익사 직전에 그의 마음에 평화가 밀려들었다. 마침내 한 친구가 그를 구했고, 그의 삶은 이후로 영원히 바뀌었다.

장황한 이야기는 곧 후반부로 접어들었다. "먼저 여러분에게 말씀드려야겠습니다. 연구 내용은 지루할 거라고 말입니다." 필립스는 말했다. "이제 많은 연구 자료를 제시하겠습니다." 그의 말은 틀리지 않았다. 그가 우리에게 전달한 내용은 정말 지루했다. "마음챙김과 뇌의 작용"에 관한 판에 박힌 선전이었다. 나는 또 그가 보여주는 슬라이드에서 어떤 패턴을 알아차렸다. 화면 전체에 꽉 들어찬 영상, 화려한 색깔, 감정이 잔뜩 실린 사진들—미소 짓는 아이, 손을 맞잡은 사랑하는 중년 부부, 바다 위로 지는 석양—은 내면 검색이나 제레미 헌터가 지도한 워크숍에서 보았던 자료들과 별반 다르지 않았다. 가뜩이나 지루한 와중에 나를 질리게 만든 아주 느끼한 무언가가 있었다. 나는 구글에서 그의 이름을 검색해 번드르르한 그의 웹사이트를 찾았다. 웹사이트는 "깨달음으로 향하는 세계만방 순례"를 거창한 용어들을 동원해 소리 높여 팔고 있었다. 2만 2,500달러만 내면 "우리 행성의 7개 차크라를 통해 더 높은 경지를 향한 여정"에 그와 함께 할 수 있었다.[3]

행성에 관한 마음챙김에서 돌아온 필립스는 이것이 많은 기업들에

---

* pathos, 아리스토텔레스는 《수사학》에서 설득 기법의 3요소로, 에토스ethos(품성), 파토스phatos(감성), 로고스logos(이성)를 말한다.

왜 그토록 인기가 있는지에 관해 주절댔다. 설마 근로자의 업무 태만 때문이라고 말하려는 건 아니겠지? 정답. 갤럽 여론 조사에서도 같은 결과란다. 그는 근로자들이 왜 "태만"한지 물었을까? 비판적인 생각을 넌지시라도 비쳤을까? 천만에. 그는 그저 "와우!"만 연발할 뿐이었다. 자, 그럼 이 문제가 얼마나 심각한지 보자. 근로자들은 너무 태만하다. 기업은 엄청난 손해를 보고 있다. 그렇지만 마음챙김에서 구원을 찾을 수 있다! 아, 그리고 걱정 마시길, 과학적인 연구가—조금도 이상한 일이 아니다—있으니까! 컨퍼런스에 참석한 잠재적 기업 고객을 설득하기 위한 그의 전략은 늘 이런 식이었다.

이어지는 질의응답 시간에 이 컨퍼런스의 후원자가 물었다. "당신이 지도하는 기업 마음챙김 훈련 프로그램의 1일 컨설팅 비용은 얼마입니까?" 필립스는 약간 말을 아꼈다. "글쎄요, 고객이 고위 관리직이냐 아니냐에 따라 다릅니다." 그는 얼버무렸다. "그리고 우리가 상급 트레이너를 보내느냐에 따라서도 다르지요." 그의 답이 충분히 명확하게 전달되지 못했는지 후원자는 재차 물었다. "대충이라도 비용을 알려주시겠습니까?" 필립스는 주저했다. 비용을 알려달라고? "1일에 1만 2,000달러입니다." 그가 웅얼거리며 말했다. 청중들은 강당이 울리도록 헉 하는 소리를 냈다.

○   **언어 게임으로서 마음챙김**   •

실제로 기업의 마음챙김 프로그램은 어떻게 판매되는 것일까? 다행히 내면 검색 리더십 연구소의 CEO이자 위즈덤 실험실Wisdom Labs 설립자인 리처드 페르난데스Richard Fernandes가 주관하는 이 주제에 관한 워크숍이 있었다. 나는 신분을 감추기 위해 이름표를 뗐고, 필요하면 얼른 퇴장하기 위해(결국 그래야 했다) 문 옆에 자리를 잡았다. "하루 24시간 내내 연결되어 있는 세상에서 우리 모두는 신속한 변화를 경험하고 있습니다." 페르난데스가 입을 열었다. 그가 공허하기 짝이 없는 기업 용어로 케케묵은 상투어를 남발하는 바람에, 나는 무분별한 핸드폰 중독에 관한 그의 설교를 들으며 내 아이폰이나 들여다보기로 했다. 맞은 편에 앉은 사람이 몇 번이나 나를 향해 불쾌한 시선을 던졌다.

페르난데스는 포드 자동차 회사의 고위 관리자들에게 큰 규모의 마음챙김 프로그램을 판매하기 위해 사용한 전략과 전술을 순서대로 열거했다. 먼저 한 경쟁자에 대한 이야기로 시작했다. "이 판매인의 명함에는 티베트 불교의 상징인 만다라가 그려져 있습니다. 그들의 파워포인트 슬라이드 곳곳에 이 상징이 있지요." 그는 믿을 수 없다는 듯 말했다. "안 돼요! 안 됩니다!" 페르난데스가 강조했다. "그건 아닙니다! 아니에요!" 그는 꾸짖는 투로 청중에게 경고했다. "여러분이라면 그처럼 알레르기를 유발하는 상징물을 갖고 싶지 않을 겁니다." 그러고는 우리에게 기업 프로그램 판촉용 청사진인 자신의 인쇄물을 자세히 봐달라고 말했다. "이 인쇄물은 오직 올바른 언어만으로 이루어져 있습니다!" 유감스럽게도 나는 이 인위적인 결과물에 심한 알레르기 반응이 일었다. 인쇄물은 "번역"에 관해 지겹도록 계속 말하고 있었다. 마음챙김을 판매하는 그의 과업은 결국 다르마의 번역자가 되는 것이라고 시사하면서 말이다. "이 일은 매력적인 브랜드를 만드는 것과 같습니다!" 그는 말했다. 그가 자신의 신생 기업 이름을 '위즈덤 실험실'로 결정한 이유도 그래서다. 정말 근사한 생각 아닌가? 과학적으로 입증된 현대의 섹시한 지혜를 구할 수 있다니! 이런 감동적일 데가.

"마음챙김은 불교의 것이 아닙니다." 페르난데스는 계속해서 말을 이었다. 그의 활기찬 태도로 보아, "빌어먹을!"이라고 덧붙이고 싶지만 마음을 챙기며 참는 것 같았다. 그러다 입장을 약간 철회했다. "네, 물론, 인정할 건 인정해야겠지요 … 마음챙김의 많은 사상과 수련이 불교에서 비롯되었다는 걸 말입니다. 하지만 우리가 하는 수련은 불교의 것이 아닙니다." 그런 다음 우리가 여전히 의심을 거두지 않을까 봐 그랬는지 이렇게 덧붙였다. "자, 여러분은 베다, 도교, 퀘이커, 기독교 전통에서도 마음챙김을 발견할 수 있습니다. 마음챙김은 불교만의 전유물이 아니란 말입니다."

이 경고는 마음챙김 교사들 사이에서 널리 퍼진 화두다. 나를 포함해서 내가 아는 대부분의 불교 신자들은 세속적인 그리고 임상적인 목적을 위해 마음챙김을 적용하는 것을 문제 삼지 않는다. 문제는 지적 소유권에 있는 것이 아니라 광고의 진실성에 있다. 나는 마음챙김 교사들이 특히 기업 스폰서들에게 프로그램을 판매하려고 애쓸 때, 그들이 제공하는 것은 결코 불교와 관련이 없다고 말하는 것을 여러 차례 목격했다. 그러나 이런 컨퍼런스에서처럼 상황이 달라지면, 동일한 교사들이 자기들이 불교의 다르마 전체를 어떻게 번역하고 있는지 장황하게 늘어놓는다. 이런 태도는 의뭉스러울 뿐 아니라 마음챙김이 전통적으로 기대는 정직함에도 반하는 것 같다.

어떤 점에서 페르난데스의 의도는 분명하다. "모든 것은 브랜딩과 포지셔닝의 문제입니다." 그는 컨퍼런스에서 말했다. "그래요, 인정할 건 인정해야지요. 우리는 영적 깨달음이 아니라 더 생산적인 근로자를 목표로 하고 있습니다." 그러고는 자기 말에 내포된 의미에 놀란 듯 얼른 방향을 돌렸다. "그러니까 제 말은, 상품과 성과에만 초점을 맞추면

다소 영리적이 될 수도 있지만, 우리는 그렇게 포지셔닝 해야 한다는 겁니다. 고위 경영자의 관심을 끌기 위해서 말이지요. 근로자가 더 행복하면 더 많은 수익을 얻을 수 있다는 말도 한번씩 해주고요."

나는 기업 마음챙김을 살짝 엿본 후로 마음챙김의 세일즈맨들이 기업의 순익과 관련해 어떤 식의 약속을 하는지 관찰해왔다. 프로그램을 홍보할 때 컨설턴트들은 노동자 개인에게 돌아가는 혜택은 가볍게 여기고, 대신 더 나은 수익성, 업무 실적, 의사결정 같은 "업무 관련 성과"에 초점을 맞춘다. 시장에 빠삭한 휠Whil은 "맞춤형" 기업 마음챙김 프로그램을 온라인으로 제공한다. 이 회사의 슬로건은 "당신의 회사를 위한 성과 중심 마음챙김 훈련"이고,[4] 웹사이트에서는 "직업 만족도와 생산성 향상 및 스트레스 감소"를 약속한다. 마음챙김 수련으로 수익이 줄었다면 과연 각 회사마다 마음챙김이 번창할 수 있었을까? 성과 향상을 목표로 겨냥한다면 수익이 줄 위험은 거의 없을 것 같다. 마음챙김을 할 정도로 기업 내에 변화의 바람이 강해지고 있다는 암시들이 어렴풋하게나마 수반되긴 하지만, 기업 정책에 대한 구조적 비판이 배제된 상황에서 이런 암시는 그 의미가 약화된다. 이상으로 가득한 듣기 좋은 말들은 의미 있는 행동으로 좀처럼 옮겨지지 않는다.

컨퍼런스 이야기로 다시 돌아가서, 한편 페르난데스는 자신의 상품 가치를 띄우려 애쓰다 난처해지고 말았다. "여러분은 주제를 올바로 다룰 줄 아는 전문가가 필요합니다." 그는 청중들에게 말했다. "우리는 우리 트레이너들을 마음챙김 교사라고 부르지 않습니다. '주제 전문가'라고 합니다. 그 편이 훨씬 듣기 편하거든요." 그러고는 숨도 쉬지 않고 바로 이야기의 방향을 바꾸었다. "아시다시피 유능한 마음챙김 교사는 계보가 필요합니다." 몇 분 전까지만 해도 그는 전통적인 계보와는 아무런 관계가 없다고 단호하게 주장하는 것 같았다. 그런데 이젠 더 "유능하게" 보이기 위해 불교라는 상품 이미지를 이용하려 애쓰고 있었다. 점심시간에 페르난데스는 심지어 자기에게는 유명한 스승이 있다고 밝히기까지 했는데, 베트남 선불교의 수도승인 틱낫한을 말하는 것이었다.

포드 사가 이것을 인상적으로 여기기는 않았을 것이다. 페르난데스는 이 거래를 성사시키기 위해, "불교 없는 불교" 혹은 심지어 "마음챙김 훈련"조차 판매하려 하지 않았다. 기억하시길, 이것은 순전히 언어 게임이라는 사실을. 그래서 그는 이것을 뭐라고 불렀을까? "회복력과 웰빙, 그리고 지속가능한 높은 성과를 위한 증거 기반 형태의 정신 훈련." 뭐라고요? 나는 그에게 다시 한 번 말해달라고 부탁했다(그가 연설하는 동안 내가 질문한 건 그때가 유일했다). 은혜롭게도 그는 장난기 어린 미소를 지어보이며 말했다. "회복력과 웰빙, 그리고 지속가능한 높은 성과를 위한 증거 기반 형태의 정신 훈련입니다." 그는 잠시 숨을 가다듬은 뒤 다시 말을 이었다. "자, 우리는 이런 방식으로 번역 기능을 수행합니다. 사람들은 모르겠지만, 우리는 이것이 다르마라는 것을 알아요."

나는 머리끝까지 화가 났다. 호흡을 마시고 내쉬기. 마음을 가라앉히려 애썼다. 애써 이름표를 감추었지만, 비꼬는 식으로 말하는 바람에 정체가 드러났을지도 모른다. 페르난데스는 연설을 계속했다. "우리는 연민이나 공감을 전면에 내세워 프로그램을 이끌지 않습니다. 그래 가지고는 절대 팔리지 않거든요. 우리가 가지고 있는 트로이 목마를 잘 선별해 도입한 다음, 프로그램이 어느 정도 인기를 끌고 나면 조용히 처리합니다. 그리고 사실상 다르마의 본래 의미를 훼손하지 않고 어떻게 이 번역 기능을 수행하느냐 하는 것이 우리의 전부입니다." 나는 인내할 의지를 상실하고 있었다. 그런데 바로 그 순간 그의 들러리가 마이크를 잡았고, 나는 그에게 기회를 주었다.

포드를 상대로 하는 기업 홍보 부사장 마크 히그비Mark Higbie가 자신의 명함을 들어 올리며 청중들에게 이렇게 말했다. "내 진짜 직함은 '선동가'입니다." 구글의 정말 유쾌한 녀석의 배짱 근처에도 못 가지만, 아마 포드에는 저돌적으로 보였던 모양이다. 나에게 히그비는《포춘》지 선정 세계 500대 기업의 전형적인 마네킹—값비싼 양복, 완벽한 헤어스타일, 반짝이는 검정 구두로 꾸민—과 다르지 않았다.

그나저나 포드는 왜 마음챙김을 구매했을까? "마음챙김이 판매된 요인은 사실 두려움과 업무 태만이었습니다." 그는 말했다. "경영진들은 스트레스에 완전히 지쳐 있었으니까요." 그러더니 그는 내가 생전 처음 듣는 기업 문구로 우리를 공격했다. "당신들은 **진실해야** 합니다!" 저기, 뭐라고요? 진실하라고요? "자, 모두 인쇄물을 보십시오." 그가 말했다. "어떻게 **진실해야** 하는지 아시겠습니까?" 내 귀에는 이 말이 거의 정반대 의미로 들렸다. 기업 담론에 맞게 표현을 바꾸라고, 그들이 그토록 찾아 헤매던 것이 다름 아닌 마음챙김인 것처럼 여기게 하라고 말하는 것 같았다. 히그비는 말했다. "자, 관건은 측정 가능한 결과들입니다! '직무 점수'과 '메트릭스'*가 있어야 합니다." 눈꺼풀이 자꾸만 무거워지는데 연설은 끝날 줄 모르고 계속되었다. "우리는 생체 측정 기술도 보유하고 있습니다. 온라인 플랫폼도 마련되어 있습니다. 실제로 포드의 관심을 끌었지요. 그리고 또 하나 여러분이 주목해야 할 것은

---

* 업무 수행 결과를 보여주는 계량적 분석.

바로 예산의 주기입니다. 프로그램을 홍보하기에 가장 적절한 시기를 알아야 합니다." 나는 오만 정이 떨어져서 당장 그 자리를 박차고 나왔다.

기업 선전으로서 마음챙김

나는 그곳을 탈출했다고 생각했지만 오산이었다. 페르난데스와 히그비가 점심식사에 동행했다. 히그비가 컨퍼런스의 2부를 이끌었다. "왜 포드였을까요?" 그는 과장되게 질문을 던진 다음 포드 제국의 상속자, 빌 포드 주니어에 관한 이야기로 뛰어들었다. 분명 "그 이유는 전적으로 그의 가치관 때문입니다." 한 기업의 제사장이 세계를 구하기 위해 분투한다는 이런 이야기를 얼마나 지겹게 들었는지. 나는 마음을 가다듬고 계속 들었다. "빌 포드에게 포드 자동차 회사는 인간성의 깊이를 가치 있게 여기는 곳입니다." 히그비는 이렇게 말하면서 자신이 조립 라인을 발명한 그리운 헨리의 훌륭한 손자 빌과 얼마나 닮았는지 사람들에게 확실하게 인식시켰다. "헨리 포드는 모든 회사의 목적은 사람들이 더 나은 생활을 하게 만드는 것이라고 믿었습니다." 히그비는 말했다. 헨리 포드가 믿은 건 이뿐만이 아니었는데, 그 가운데에는 미국이 거대한 "유대인 음모"에 장악되고 있다는 내용도 있었다. 그는 자기 소유의 지역 신문사를 매수해 반유대주의에 관한 기사를 연재했다. 이 연재 기사는 나중에 《국제 유대인 The International Jew》이라는 4권짜리 책으로 출판되었다.

"이 훈련은 새로운 정서적 감수성을 일으키는 것이 핵심 목적입니다." 히그비는 계속해서 말을 이었다. 그는 이 짐을 실례를 들어 설명하기 위해 감상적인 기업 비디오 한 편을 보여주었다. 만면에 미소를 띤 포드 직원이 어머니가 암으로 투병 중인 고객을 위로하고, 공감 능력이 뛰어난 또 다른 직원은 아버지를 잃은 누군가의 말에 열심히 귀를 기울였다. 지그문트 프로이트의 조카이며 선전PR의 아버지라고 불리는 에드워드 버네이스 저리 가랄 정도였다. 1928년에 버네이스는 《프로파간다》를 발표했는데, 이 책은 "대중이 모르게 우리의 의지에 따라 대중을 통제하고 조직"하는 수단을 제공하는 "동의의 조작the engineering of consent"을 주장했다.[5] 그는 페미니스트적인 "자유의 횃불"로 담배의 이미지를 쇄신해 담배를 피우라고 여성들을 설득해 이름을 떨쳤다.*

마지막에 웃는 자가 진정한 승자라는 생각에서인지, 페르난데스는 이야기를 하나 더 하고 싶어 안달이었다. "내가 아직 구글에서 근무할 때였습니다." 그는 자신을 부자로 만들어준 이름 하나를 슬쩍 흘리면서 말을 이었다. "스승님에게 편지 한 통을 썼어요." 그때 틱낫한의 슬라이드에 환하게 조명이 비쳤다. 그러자 대단하다는 걸 인정한다는 듯 곳곳에서 감탄사가 흘러나왔다. "실리콘밸리에 와서 마음챙김에 관심 있는 저명한 CEO들 모두와 대화를 나누어 달라고 청했지요. 그런데 놀랍게도 정말로 오신 겁니다! 자, 여기 보시는 것처럼 회의 때 스승님은 나와 악수를 했고 나에게 그의 종을 치게 해주었습니다!"

나는 이 모든 수작들이 션 파이트Sean Feit가 말하는 이른바 "사프란 워싱saffron-washing"이라고 생각하지 않을 수 없다.[6] "그린 워싱green-

---

* 버네이스는 고객인 미국 담배 회사 홍보를 위해, 자유의 여신상을 연상시키는 '자유의 횃불' 행진을 조직해 흡연을 금기시하는 사회 인습에 도전하도록 여성들을 부추겼다.

washing"이 형식적으로 친환경적인 척 시늉하면서 사실상 환경에 해가 되는 정책을 감추는 것처럼, 사프란 워싱은 유행에 밝은 포스트모던 기업들이 더 순하고 더 다정하고 더 현명한 대중적 이미지로 보이도록 돕는다.

포드 자동차는 비리가 많다. 중피종에 걸린 정비공들이 석면 소송을 제기하자, 그들과 싸우기 위해 약 4,000만 달러의 비용을 들여 과학 연구를 실시했다. 사실 중피종은 항상 석면 노출과 관련이 있다.[7] 대형 트럭 50만 대의 디젤 배출가스 조작 혐의로도 소송이 걸려 있다.[8] 이 혐의들이 사실로 밝혀지면, 포드는 수십억 달러의 지불 책임을 져야 한다. 한편 포드는 기후에 영향을 미치든 말든, 화석 연료를 태우는 운송 수단 제조를 멈출 기미를 보이지 않는다.

히그비의 마음에 걸리는 일은 따로 있었다. "이 마음챙김 프로그램은 포드 캐나다의 최고 판매자와 경영자 모두를 대상으로 했습니다." 그는 설명했다. 그들은 12개월 과정에 등록하기로 계획되었다. 문제는 단 하나, 어느 기관에서 맡을 것인가 하는 것이었다. "우리는 두 업체를 검토했습니다. 구글의 내면 검색 리더십 연구소와 리처드의 위즈덤 실험실이었는데, 리처드의 판매 전략에서 그가 신경과학, 경영 사례, 그리고 수련에 중점을 두었다는 것이 마음에 들었습니다. 뿐만 아니라 그의 프로그램은 실행 결과를 분석해 수치화했지요." 히그비의 빤한 이야기를 들어보자.

포드는 발전적인 비즈니스 모델을 가지고 있으며, 우리는 마음챙김 훈련을 이곳 관리자들의 변화를 돕는 수단으로 여깁니다. 포드는 더 이상 스스로를 일개 자동차 회사로 보지 않습니다. 모빌리티 서비스 회사로 봅니다.

이것은 새로운 비즈니스 모델이지요. 향후 포드는 미국에서 자동차를 생산하지 않을지도 모릅니다. 이것은 문화적 변형입니다. 그리고 이곳은 마음챙김이 개입하기에 아주 좋은 곳입니다.

나는 이런 류의 이야기를 수도 없이 들었지만, 이런 환경에서 마음챙김이 어떤 역할을 할 수 있을지 의아해하지 않을 수 없었다. 포드가 미국의 제조 공장을 전부 해외로 이전하면, 전미 자동차 노동조합은 문을 닫고 미시건 주 디트로이트는 가난의 블랙홀 속으로 더 깊이 빨려 들어갈 것이다. 그리고 사회적 차원에서 일어나는 고통은 기업 마음챙김의 레이더망에 잡히지 않는다. 대부분의 다른 회사들과 마찬가지로, 포드의 관리자들 역시 마음챙김을 순전히 이익 창출과 주식 가치 상승을 위해 스트레스를 완화하고 집중력을 향상시키는 방법으로 여길 뿐이다. 그리고 이 과정에서 대량 해고가 필요하면, 그렇게 하면 그만이다.

"이것은 모두 소비자 경험에 관한 것입니다." 히그비가 자세히 설명했다. "사실 우리는 우리 일을 소비자 경험 운동의 일환으로 여깁니다." 점심을 거른 게 차라리 다행이었을까. 뭘 먹었더라면 얹혔을지도. "우리는 포드를 더 공감 능력이 뛰어난 조직으로 만드는 데 마음챙김이 일조한다고 생각합니다." 그는 계속해서 주장했다. "그렇습니다, 우리는 마음챙김과 연민 훈련을 통하여, 소비자 운동의 한 부분을 다루고 있는 것입니다." 그러자 페르난데스가 맞장구를 쳤다. "아시다시피 마음챙김이 비즈니스와 얽히게 될까 봐 우려하는 사람들이 있습니다." 청중석에서 웃음소리가 번지는 것을 신호로 그가 말을 이었다. "네, 그렇게 되면 좋겠군요!"

그가 마음챙김이 기업의 이익 추구와 얽히는 상태를 옹호하는 것은 이례적인 일이 아니다. 착취를 위해 인본주의적 근거를 제공하는 이런 식의 영적 자유의지론이 운동 전체에 팽배하다. 개인에게 자율적인 권한이 부여되고, 기업은 그런 개인들 뒤에서 더욱 성장한다는 주장은 그렇다 치자. 그런데 모든 것은 고객 서비스—결국 기업의 탐욕을 정당화하는—라는 명목으로 이루어지는 것이다.

페르난데스 같은 컨설턴트들은 "깨어 있는 자본주의"를 진심으로 믿는다. 그 진심이 그들을 기업에 힘을 실어주는 마음챙김 전도사로 만든다. 기업의 하수인으로서 그들은 중요한 이념적 기능을 수행한다. 즉 그들은 겉으로 드러나지 않는 불교의 자유의지론("마음챙김"이라고 알려진)으로 자본주의 위계를 신성화하면서 떠받들고 있다. 탐욕과 부패에 관심을 갖게 되면 영리에 도움이 되지 않을뿐더러, 기업에 변화를 일으키기 위해 한 번에 한 명씩 마음챙김을 전파하겠다는 그들의 사명도 약화될 것이다. 지금까지 그들이 중점을 두고 변화시켜온 것은 마음챙김의 의미—지금은 신자유주의적이 된—다.

마음챙김 집회

계급 권력class power을 강화하기 위해 마음챙김을 이용할 때는 미디어를 동원한 엄청난 홍보와 대중의 열광이 필요하다. 마음챙김 얼리어답터들은 마음챙김이 시류에 편승하는 현상을 지켜보면서 역사적인 규모—거대하고, 혁명적이며, 흥분되는 어떤 것—의 한 부분이 된 듯한 기분을 느꼈다. 페르난데스는 정신 나간 사람처럼 활기에 넘친 모습이었다. 컨퍼런스의 기조연설을 마칠 무렵, 그는 자신이 이 "운동"에

협조하고 있음을 상기시켰다. 세일즈포스의 CEO, 마크 베니오프는 전 세계 세일즈포스 직원들이 참석하는 국제 행사인 드림포스Dreamforce를 매년 샌프란시스코에서 개최하는데, 제3회 드림포스 행사의 계획을 "관장"해 달라고 자신에게 요청했다는 것이다. "하루 일정 전체를 마음챙김에 중점을 두고 설계했습니다." 페르난데스는 말했다. "에크하르트 톨레, 아리아나 허핑턴 같은 사람들이 왔지요. 그런데 다음 해에 마크가 나를 다시 부르는 겁니다 … 그래서 제가 물었지요. 작년엔 하루 일정을 통째로 마음챙김에 중점을 두었는데 … 올해는 어떻게 할지 말이지요." 그는 잠시 숨을 돌린 뒤 말을 이었다. "네, 짐작하신 것처럼 하루 일정 전체를 연민에 중점을 두고 계획했습니다. 무려 20만 명의 직원이 연민 훈련에 관한 강의를 듣고 실습을 하게 됩니다. **그 일이 지금 일어나고 있는 겁니다!**"

확실히 그 일이 일어나고 있는 건 맞다. 하지만 미국 신新 나치주의자들의 집회도 일어나고 있다. 한때 홀라후프 열풍이 인 적도 있다. 페르난데스의 희열은 자기 팀의 승리를 위해 낙관적인 광란의 힘을 믿는 스포츠 팬과 닮아 있다. 이런 모습과 베니오프의 마케팅 요령을 결합하고, 여기에 마음챙김에 대한 요란한 선전이 더해지면 상당한 돈을 벌 수 있다. 페르난데스 같은 자본주의의 꼭두각시가 자신이 참가하는 곡예의 목적을 못 본 척하는 건 놀랍지도 않다. 세일즈포스는 수년 동안 그들에게 무대를 마련해 주었다. 한때는 "깨달음에 이르게 하는 소프트웨어는 없습니다." 같은 슬로건 아래에서 달라이 라마가 명상을 하는 포스터를 제작해, 이 불교 지도자와 연줄을 맺어 보려 애쓴 적도 있었다.[9] 그러나 결국 세일즈포스는 사과를 해야 했다. 그리고 당연히 이 일은 대대적으로 보도되었다.

마음챙김 앱의 아이러니

2016년 도널드 트럼프가 대통령에 당선된 다음 날, 나는 뉴욕에서 맨해튼행 지하철을 타고 있었다. 암울하고 우울한 분위기가 온몸으로 느껴졌다. 누구와도 눈을 마주치지 않도록 조심하면서 시선을 위로 향했을 때, 가장 유명한 마음챙김 앱인 헤드스페이스Headspace 배너 광고가 눈에 들어왔다. 젊은 라틴계 남성 댄서가 후드티를 활짝 젖힌 이미지 위에 이런 문구가 떴다. "나는 살사를 완벽하게 추기 위해 명상을 합니다." 그의 오른 편에는 이런 광고 문구가 이어졌다. "폴은 더욱 정교한 동작을 만들기 위해 헤드스페이스를 사용합니다. 지금 헤드스페이스 앱을 다운받아 당신에게 알맞은 명상 방법을 찾으세요." 여기 뉴욕에서만 광고비로 200만 달러 이상을 지출하는 헤드스페이스는 세계 모든 곳에서 이용되고 있는 것 같다.[10]

헤드스페이스는 대학을 중퇴한 후 한때 불교의 수련승으로 있었던 영국인 앤디 퍼디컴이 2010년에 만든 것으로, 전 세계 190여 개 나라에 3,600만 명의 이용자를 보유하고 있다고 한다.[11] 이 아이디어는 2008년 금융위기의 여파로 구체화되었다. 당시 퍼디컴은 런던에서 개인과 그룹을 대상으로 명상을 가르치고 있었는데, 그때 리치 피어슨Rich Pierson을 알게 되었다. 불안이 많은 젊은 광고 책임자였던 피어슨은 퍼디컴의 분명한 가르침에 감명을 받았고, 피어슨이 아버지에게 빌린 5만 달러로 두 사람은 힘을 합해 사업을 시작했다.

헤드스페이스는 이후 여러 화려한 유명 인사들을 포함하여 많은 투자자들로부터 8,000만 달러 이상을 투자 받았다. 버진 그룹의 창립자 리처드 브랜슨, 농구 스타 르브론 제임스, 아카데미상 수상자 기네스 펠트로, 링크드인의 CEO 제프 와이너도 헤드스페이스의 팬이다. 프로 미식축구 리그의 시애틀 시호크스 팀도 이 앱을 사용한다. 《포브스》지는 연간 수입이 5,000만 달러 이상인 헤드스페이스의 가치를 2억 5,000만 달러로 평가한다.[12] 헤드스페이스 본사는 캘리포니아의 화려한 휴양지 산타 모니카에 있으며, 사업을 확장하여 현재 약 200명의 직원을 고용하고 있다. 최근 샌프란시스코에 사무실 한 곳을 더 개설했다.

다른 많은 앱들과 달리 헤드스페이스는 구독제로 판매해 성공을 거뒀다. 1개월 구독료는 12.99달러이며 1년 구독료는 95.88달러다. 일부 명상 지도는 무료지만, 구독하면 더 많은 "패키지 프로그램"을 이용할 수 있다. 스트레스 대처, 숙면 같은 기본 세션과 함께, 우선순위 정하기, 집중력, 창조력, 균형, 생산성을 위한 다중 세션 패키지가 포함된 "업무 및 성과" 항목도 있다. '용기'와 같은 제목의 항목들도 있으며 분노, 후회, 변화, 초조함을 다스리기 위한 명상들이 안내된다. 당연히 행복 패키지를 비롯하여 학생과 스포츠를 위한 패키지도 있다. 5세 미만 어린이를 대상으로 하는 아동용 헤드스페이스도 있다. 구글, 제넨텍, 링크드인 같은 기업에 대량 구독 판매도 한다. 현재 버진 애틀랜틱, 브리티시 에어라인, 캐세이 퍼시픽, 유나이티드를 비롯한 일곱 개 항공 회사들과 브랜드 파트너가 되어 지친 승객들을 위해 기내용 채널을 제공하고 있다.

벤처 자금을 유치한 앱은 헤드스페이스만이 아니다. 해피파이 헬스Happify Health는 2,500만 달러, 그로커Grokker는 2,200만 달러의 자금을 조달했다. 캄Calm, 샤인Shine, 스라이브 글로벌Thrive Global(최근 허핑턴이 설립한 벤처 기업) 같은 다수의 명상 앱들도 사업 초창기에 시드 펀딩을 유치했다.[13] 이런 "힐링 산업"은 경쟁이 치열하다. 헤드스페이스는 현재 미국 건강 및 신체 단련 분야 앱 다운로드 차트에서 9~10위를 맴돌고 있다.

한때 헤드스페이스는 "뇌를 위한 헬스클럽 회원권"으로 스스로를 홍보했다(최근에는 "명상이 단순해졌습니다."로 슬로건을 바꾸었다). 이 앱은 귀여운 애니메이션으로 채워져 있다. 뇌가 역기를 들고, 땅콩 모양 캐릭터가 헤드폰을 쓰고 명상을 하며, 그 밖에 재밌는 캐릭터들이 미소를 지으며 장난을 친다. 무료 버전은 요리, 식사, 달리기를 위한 1분짜리 맛보기용 명상을 제공한다. 그러나 이것은 *과학*이기 때문에 단순한 놀이와 게임이 아니다. 웹사이트 곳곳에 과장된 주장들이 널려 있고("연구 결과에 따르면" 같은 말을 다양하게 바꾸어서), 대부분은 1분짜리 앱 이용자들이 아니라 장기간 명상을 해온 사람들에 관한 연구 결과를 인용한다. 경고문도 빠지지 않는다. "헤드스페이스는 의료적 질환을 관리하거나 다루거나 치료하기 위한 목적으로 사용되지 않습니다."

동료 심사 저널인 《증거에 기반한 정신건강Evidence-Based Mental Health》에 게재된 최근의 한 연구에 따르면, 대부분의 명상 앱들은 "기초적인 증거 기반이 부족하기 일쑤고, 과학적 신뢰도가 부족하며, 임상 유효성이 제한되어 있다."[14] 이 연구의 주 저자인 사이먼 레이Simon Leigh는 정신건강 앱에 의존하는 것은 역효과를 일으킬 수 있다고 경고한다. "앱을 다운로드하고 사용하는 과정을 거치는 동안 아무런 도움을 얻지 못할 경우, 정신건강에 대한 불안감이 악화될 수 있다."[15]

흔히들 전화기를 들여다보는 통에 문제가 악화되는데, 그 문제로 인한 스트레스를 줄이기 위해 다시 앱에 의지하는 건 희한하고 아이러니한 일이다. 다른 경쟁 앱들과 마찬가지로 헤드스페이스 역시 이용자들이 앱을 계속 이용하길 바란다. 홈페이지에는 "현재 명상 중인 사람" 수가 실시간으로 뜬다. 내가 확인했을 땐 2만 996명이었다. 이렇게 쉽고 재미있는데 다들 가입하면 좋지 않을까? 그런데 유쾌한 만화, 아이들도 이용할 수 있을 만큼 편리한 사용자 인터페이스 뒤에는 정교한 데이터 마이닝 툴이 있다. 위치 기반 서비스 사용을 설정할 경우 사용자가 샌프란시스코 국제공항에 들어서면 알림 문자가 날아와, "탑승 수속"을 하고 "비행 공포증" 명상을 이용하라고 상기시킬 것이다.

매일의 걸음 수를 확인하는 피트니스 트래킹 fitness-tracking 앱들과 유사하게 헤드스페이스는 진행 과정을 추적 관찰한다. 이용자들은 자신의 과정을 소셜 미디어의 친구들과 공유하고, "잠깐 한숨 돌리기 위해" 하루 종일 정기적인 알림을 켜두라는 권고를 받는다.《파이낸셜 타임즈》의 한 회의적인 기자는 디지털이 종용하는 재촉에 심하게 짜증을 냈다. "명상과 마음챙김 앱에 설정해 놓은 시간을 건너뛰어도, 당연히 앱은 비난하거나 책망하지 않는다."《파이널 타임스》의 하티 갈릭 Hattie Garlick은 이렇게 쓴다.

하지만 이런 앱들이 사용자에게 하는 수동공격은 이루 말할 수 없이 강력하다. 당신이 겨우 시간을 내 필요한 몇 분을 확보하기 위해 화장실에 틀어박혀 있노라면, 앱은 이렇게 말할지 모른다. "오랜만이에요." 이 말은 "내가 화난 건 아니고 단지 조금 실망했을 뿐이야."에 해당하는 카르마적 용어다.[16]

헤드스페이스는 동종 앱들과 마찬가지로 명상을 단순하게 만들겠다고 약속한다. 간단하게 조작할 수 있는 프로그램들은 소비의 편리함과 수익의 "향상"을 위해 마음챙김을 표준으로 삼도록 돕는다. 이 과정은 조지 리처의 사회 이론, "맥도날드화"를 추구한다.[17] 상품화의 첫 번째 지표는 대량 생산과 전달을 가능하게 하는 효율성이다. 두 번째 지표는 제공하는 내용을 수량화하고 결과를 측정하는 계산 가능성이다. 마음챙김 앱들과 마음을 진정시키도록 돕는 "뇌파 감지 헤드 밴드" 뮤즈Muse(역시나 "명상이 쉬워졌어요."를 내세운다)처럼 착용할 수 있는 신상품들의 "위치 추적" 기능에서 볼 수 있듯이 말이다. 세 번째 단계인 예측 가능성은 가장 중요한 요소다. 제공하는 서비스는 사용자의 기대를 충족시켜야 한다. 네 번째 양상인 통제는 상품의 기능 향상을 위해 피드백에 반응함으로써 반드시 기대를 충족시키도록 돕는다.

물론 맥도날드화의 대표적인 모델은 빅 맥이다. 리처는 일상적인 경험들이 맥도날드화되면 불합리한 결과가 나올 수 있다고 주장한다. "맥마인드풀니스"의 상품화는 명상을 더 효율적이고, 계산 가능하며, 예측 가능하고, 통제 가능하게 만들려고 노력한다. 그러나 이런 노력은 정반대의 결과로 이어져, 마음챙김의 가치를 떨어뜨리는 통제할 수 없는 소비재를 창출해냈다. 디지털 디톡스를 지향하기 위해 앱을 다운로드하는 것은 어불성설이다. 마음챙김 장사꾼들은 신경 쓰지 않겠지만 말이다. 그들은—빅 맥처럼—누구나 어디에서나 이용할 수 있는 세계적인 브랜드 상품을 창조했다며 자랑스러워하는 것 같다.

10장

엘리트들의 마음챙김

마음챙김은 2013년 다보스에서 처음 선보였다. 다보스 포럼은 세계경제포럼의 연례 총회로, 죽은 듯 고요한 스위스의 스키 리조트에서 일주일간 파티와 공개 토론회가 열리는 세계 경제 엘리트들의 사교 축제다. 이 세계경제포럼에는 CEO, 펀드 매니저, 벤처 투자가, NGO 대표, 그리고 소수의 명색뿐인 예술가와 유명인사 들이 참석한다. 2013년 모임에는 독일 수상 앙겔라 메르켈, 전 영국 총리 토니 블레어와 데이비드 캐머런, J. P. 모건, 체이스 은행의 제이콥 프렌켈 회장, 그리고 마이크로 소프트 사의 전 CEO 윌리엄 H. 게이츠 3세와 같은 저명인사들이 참석했다. 2013년에는 "지속가능한 그리고 책임 있는 성장을 위해 경제와 기업을 개혁하기 위한" 방법을 모색한다고 홍보하면서 프로그램에 "탄력적 역동성Resilient Dynamism"이라는 중요한 주제를 올렸다.

　　포럼 첫날 아침, 제너럴 밀스의 전 변호사 제니스 마투라노가 "마음챙김 리더십 체험"이라는 워크숍을 이끌었는데, 예상 인원을 초과할 정도로 신청자가 몰렸다. 마투라노는 마음챙김을 알게 되고 동료 경영진들에게 마음챙김을 가르치게 된 자기 경험을 바탕으로 이야기하면서, 세계적인 지도자와 자산 관리자들에게 "목적이 있는 멈춤"을 통해 "현존"을 느끼라고 전했다. 물론 그녀는 마음챙김이 과학에 근거를 두었으며, 뉴에이지나 종교와는 아무런 관련이 없다고 강조했다. 일말의 의심조차 잠재우기 위해 그녀는 자신의 동료가 과학적, 학문적으로 흠잡을 데 없는 자격을 보유했음을 밝혔는데, 옥스퍼드 마음챙김 센터 교수 마크 윌리엄스Mark Williams를 말하는 것이었다.

마음챙김 지도자들은 스스로 감정을 통제하는 데 정통해야 한다고 마투라노는 설명했다. 날것 그대로의 감정은 직장에서 금지되는 게 일반적이다. 그런 감정은 질서, 안정감, 회사 기계들의 원활한 작업을 위협한다. 화, 분노, 원망, 경멸 같은 원초적인 차원의 감정들은 "파괴적"인 것으로 분류되며, 여기에 마음챙김이라는 진통제가 해결책으로 제시된다. 판단하지 않고 받아들이는 것은 이견을 억제하는 데 도움이 되므로, 기업 예절이라는 편협하고 단선적인 길은 마음챙김 방식으로 더 다져질 수 있다. 마음챙김은 기업의 생산성 향상뿐 아니라 불평등한 권력관계를 유지하는 도구가 되기도 한다. 그리고 그런 견해에 매료될 청중이 있다면, 다보스의 세계경제포럼이 바로 그곳일 것이다.

마투라노는 분명 깊은 인상을 받았다. "큰 그림을 보고 긍정적인 방식으로 영향을 미치길 바라는 열망. 이 열망이 세계경제포럼보다 뚜렷하게 드러난 곳은 어디에도 없다."라고 그녀는 저서 《생각의 판을 뒤집어라》에서 밝힌다.[1] 2013년에 마투라노가 등장한 이후 세계적인 엘리트들이 마음챙김에 매달려 왔다. 이 심원한 환경에서 공급업자들은 마치 최고 입찰자에게 판매되지 못하게 자산의 일부를 슬쩍 빼놓는 기업 인수 전문가들처럼 일한다. 그 결과 마음챙김의 신흥 부유층은 권력자들에게, 그들이 얻는 것은 윤리적 가르침 같은 쓸모없는 폐기물이 걸

러지고 결과가 명백하게 드러나는 "과학 기반의 프로그램"이라며 안심시킨다. 그렇지만 전통적인 영적 표현은 브랜드 구축을 위해 교묘하게 재구성될 수 있다. 적어도 세계경제포럼과 그에 관련된 행사들의 맥락에서 "기업의 마음챙김 구루"는 딱히 모순어법이라고 할 수 없을 것이다.

이른바 "마음챙김 리더들"은 기업의 목표와 안전하게 공모하는 데 도움이 되는 지혜, 연민, 공감 같은 미사여구를 습득하면서 사이비 영적 권위자로 기름부음 받는다. 마음챙김 리더십은 강압적인 면을 숨기고 인도적으로 보이기 위해 이런 서사에 의지하면서, 직장 내 고통을 완화하는 숭고한 임무를 수행하라고 경영진들을 설득한다. 그런가 하면 근로자들에게는 그들의 자율성에 대한 감각에 호소하는 한편 기업 목표에 도움이 되는 방식으로 경험을 쌓게 하는 등, 표준화된 마음챙김 프로그램을 소비하도록 장려한다. 해방의 교리를 외치는 메아리가 이 모든 것을 정당화하도록 돕는다.

마음챙김 브로커들

자기 PR에 잔뜩 도취된 마투라노는 엘리트들과 마음챙김을 공유하면 전 세계에 "굉장한 파급 효과"가 생길 거라고 믿는다.[2] 그녀는 "가능성을 상상하라!!!"라는 제목으로 다보스에서의 경험을 블로그에 남겼다.[3] 하지만 마투라노의 워크숍은 단조로움 자체였다. 끊임없이 집중을 방해하는 환경에서 오는 스트레스, 멀티 태스킹 능력 부족, 할 일은 너무 많은데 시간은 부족한 데서 오는 총체적인 불안 등 다루어진 주제들은 지극히 평범했다. 하지만 이런 증상들의 원인에 대한 진지하고 체계적인 탐구는 이루어지지 않았다. 오히려 진단은 단순했다. 즉 업무를 수행하는 동안 마음챙김을 하지 못해 충분히 현존하지 못하는 개인의 무능력 때문이라고 말이다.

마투라노는 그녀의 저서에서 이렇게 이야기한다. "자신이 무엇을 하고 있는지, 누구와 함께 일하고 있는지 충분히 관심을 기울이지 않은 채 일에만 열심히 몰두한다면, 남는 건 공허함뿐임을 우리는 잘 알고 있다."[4] 잡다한 모든 일에 더 깊이 마음챙김하라는 이런 금욕적인 명령은 그 가치가 얼마나 크든 간에, 개인을 탓함으로써 스트레스의 정치경제학과 스트레스를 지속시키는 구조적 역기능으로부터 관심을 돌리게 한다. 이 신자유주의의 주술은 약탈적인 서브프라임 모기지 대출의 희생자들을 감당도 못할 위험을 무릅쓰는 악인으로 묘사하는 방식과 유사하다. 기업의 도덕적 결함은 그 원인을 외부로 돌려 개인의 문제가 된다. 스트레스를 다스리지 못하면, 잘못은 스트레스를 유발하는 제도가 아니라 근로자 개인에게 있는 것이다.

또 다른 다보스의 시종은 MIT의 경영 이론가인 오토 샤머다. 그는 현존 연구소Presencing Institute를 운영하며 엘리트들에게 피난처를 제공한다. 그는 "오늘날 경제와 문명이 위기를 맞게 된 근본적인 원인은 월스트리트 때문이 아닙니다. 무한 성장도, 대기업이나 거대 정부 때문도 아닙니다."[5]라고 말한다. 그렇겠지. 샤머에 따르면 근본적인 원인은 "우리의 뇌"이다. 샤머는 2014년 다보스 세계경제포럼에 참석한 브로커 중 한 명으로, 넬슨 만델라처럼 마음챙김하는 법에 대해 이야기했다.[6] 마음챙김 교사들, 불교 승려들, 신경과학자들, 그리고 유명 인사들이 마투라노의 선례를 따라 꾸준히 뒤를 이어 포스트모던식 기복주의 신앙을 전파해 왔다. 2014년 연례 모임에서는 배우 골디 혼이 자신이 개발한 어린이용 명상 프로그램 마인드업MindUP™을 홍보하면서, 마음챙김 훈련과 사회정서 학습이 어떻게 세상을 변화시킬 수 있는지에 관한 주제로 회기를 이끌었다. 그녀가 연설하는 동안, 중앙 홀은 세계에서 가장 압제적인 정권의 지도자 하산 로하니 이란 대통령에게로 온통 관심이 쏠렸다. 혼은 연설을 시작하기 전에 먼저 마티유 리카르의 지도 아래 명상을 했다. 리카르는 프랑스 태생의 티베트 승려로 이따금 달라이 라마의 통역사로 일하는데, 신경과학자들이 명상 중인 그의 뇌를 촬영한 후로 "세상에서 가장 행복한 사람"이라는 별명을 얻게 되었다.

다음 해 다보스 포럼에서 마음챙김의 인기는 절정에 달했다. MBSR의 창시자 카밧진이 카메오로 출연해 매일 새벽 명상을 지도했다. 《하버드 비즈니스 리뷰》는 "마음챙김 만찬"을 열기까지 했다. "마음챙김으로 지도하기"에 관한 2시간의 토론회에서 카밧진은 특유의 재담을 던졌다. "우리가 가장 먼저 주목해야 할 사항은 마음챙김을 할 때 우리가 얼마나 마음을 챙기지 못하고 있느냐 하는 것입니다." 그는 실내를 가득 메운 청중들을 향해 말했다. 그 옆에 앉은 허핑턴은 그저 그런 평범한 말들을 내뱉었다. "현대 과학이 고대의 지혜를 입증해 보여주고 있습니다. 우리는 지금 중요한 전환점을 통과하고 있는 겁니다."[7]

토론회에 패널로 함께 참석한 윌리엄 조지William George—하버드 비즈니스 스쿨의 선임 연구원이며 여러 회사의 임원을 지냈고, 한때 메드트로닉을 운영하기도 했다—는 토론이 본론으로 접어들자 수익을 강조하기 시작했다. "마음챙김에 대한 주요 경영 사례는 일에 더 깊이 집중하면 더 좋은 지도자가 된다는 걸 말해줍니다." 그는 말했다. "골드만삭스도 이 사례를 이용하고 있어요." 한때 "돈 냄새가 나는 곳이라면 물불을 가리지 않고 무자비하게 피의 깔때기를 꽂아 넣는, 인간의 탈을 쓴 거대 흡혈 오징어"로 비유되던 투자회사를 마음챙김이 어떻게 변화시켰을지 여전히 의문이다.[8] 조지는 골드만삭스의 이사다.

몇 년 전 불교학자이며 교사인 데이비드 로이는 경영진들의 마음챙김을 옹호하는 조지의 태도에 이의를 제기했다. 로이는 공개질의서를 작성해 조지에게 그가 명상을 수련한 것이 기업의 사회적 책임에 뭔가 영향을 미쳤는지, 혹은 노바티스, 엑슨모빌, 골드만삭스의 동료 이사들에게 사회적 책임을 요구하는 역할을 하도록 그에게 영향을 미쳤는지 물었다.[9] 로이는 이들 기업의 비윤리적 관행에 대해서도 열거하고 이렇게 덧붙였다. "명상 수련을 한다고 하니, 당신이 우리 자신의 개인적인 변화와 우리가 생존하고 번영하기 위해 필요하다고 여겨지는 경제적·사회적 변화의 관계에 대해 어떻게 생각하는지 알고 싶습니다."

이후 여러 차례 더 질의서가 이어졌지만, 조지는 단 한 번도 답을 하지 않았다. 그의 침묵은 말보다 더 많은 것을 전달한다. 문화연구학자 대니얼 앤더슨Daniel Anderson의 말처럼, 그의 헛소리와 행동 사이의 모순은 "곳곳에 스민 계급 권력의 재탕"에 다름 아닌 "마음챙김 리더십"의 빤한 속임수를 폭로하는 셈이 될 터였다.[10] 마음챙김의 자본주의가 성공하려면 이런 모순들이 감추어져야 한다. 리카르도 2015년 다보스 회의에 참석했다. 그의 선홍색 티베트 승복은 조지가 구현한 자본주의 권력의 모습과 대조적으로 눈에 확 띄었다. 앤더슨은 리카르가 "MRI 촬영에서 대단히 발달한 뇌 구조를 지닌 것으로 드러난 '동양의 승려'"라는 "동경의 이미지"로서 유용한 역할을 한다고 쓴다. 자본에 영합한 프로그램을 상품화하기 위해 과학적으로 허가된 불교의 상징을 갖는 것보다 더 효과적인 방법이 있을까?

2015년 다보스에서 과학을 들먹일 때, 리처드 데이비슨—리카르의 뇌를 연구한 신경과학자—과 톰 인셀Tom Insel—명상 연구에 자금을 지원한 정부 기관인 국립 정신건강 연구소 소장—과의 대화도 함께 언급되었다. 이번에도 데이비슨의 결론은 전략적이었다. 명상에 관한 신경과학 연구의 선구자로서 데이비슨은 뛰어난 불교 스승들을 알게 된 다채로운 일화들과, 그에 영감을 받아 명상을 연구하고 나아가 직접 명상을 수행하게 된 과정을 이야기한다. 이 과정은 1992년 마음과 삶 연구소에서 달라이 라마를 만났을 때 시작되었다. 데이비드슨의 경력의 대부분은 불안, 공포, 우울의 신경 기제에 관한 연구였다. 그런데 달라이 라마가 긍정적인 특성들을 연구해 보라고 했고, 그래서 승려들의 뇌를 촬영하게 되었다는 것이다.

신경과학이 문화적으로 유행하자 세계경제포럼 참가자들은 데이비슨의 메시지를 특히 더 잘 받아들였다. 정신건강과 웰빙에 대한 관심이 증가하는 건 당연하다. 앞에서 살펴보았듯이 마음챙김은 직원의 업무 태만을 완화하기 위해 이용된다. 그리고 웰빙은 경제적인 요인인 만큼, 최근 부상하는 행복의 과학은 회복력을 강화하는 방법을 설명하려 한다. 하지만 이것은 감시를 통해 기능한다. 신경과학은 내면 상태를 측정하고 수량화하기 위한 보다 정교한 기술을 제공하며, 긍정적인 기분과 감정은 마음챙김 훈련을 통해 재생될 수 있다.

이처럼 연민, 공감, 회복력, 감사와 같은 내면 상태 이면의 신경 기제에 관한 데이비슨의 연구는 엄청난 신자유주의적 가치관을 전제한다. 제러미 벤담으로 거슬러 올라가는 공리주의자들의 탐구 주제인 계획적인 생활 관리는 만족스러운 직원을 만든다는 목적으로 마음챙김을 함으로써 가능해진다. 신경과학의 결과들은 단순한 규율 권력을 넘어서서, 마음을 형성하는 더욱 교묘한 방법들—한병철이 "신자유주의의 심리정치"라고 부르는 것—을 발전시키는 데 일조한다.[11]

○ 행복한 얼굴을 한 기업의 마인드 컨트롤 ●

기업의 마음챙김 프로그램은 개인에게 스트레스와 불행 혹은 안녕과 행복 가운데서 "선택할 자유"가 있다는 신화를 영구히 존속시킨다. 이런 새로운 형태의 사고 통제가 은밀한 세뇌와 다른 이유는 자유의지론에서 이야기하는 "자유"의 유혹적인 매력 때문이다. 해방이라는 이름으로 신자유주의의 가설들을 주입하면서, 이른바 자율적인 주체인 개인을 자기 수양으로 끌어들인다. 제레미 카레트와 리처드 킹은 저서 《영성 팔이》에서, 그처럼 "'개인의 발전'이라는 측면에서 묘사되는 심신 건강법은 고통을 일으키는 사회적·정치적·경제적 불평등에 이의를 제기하기보다는, 개인적인 수준에서 일어나는 불안이나 걱정 같은 감정을 진정시키려 한다."라고 언급한다.[12]

카밧진은 우리의 생각과 감정이 우리의 경험—기업의 미심쩍은 관행을 포함해—에 대해 무슨 말을 하려 하는지 주의를 기울이는 대신, "우리의 정신이 쉴 새 없이 떠드는 말들"을 흘려보내기 위해 "존재 상태에 잠길 것"을 지시한다. 나쁜 상사, 사회적 불평등, 무의미한 업무 같은 짜증나는 이유들이나 걱정으로 가득한 내부의 목소리에 귀를 기울이기보다는, 기업의 경쟁적인 파도를 보다 능숙하게 타기 위해 스스로 자신의 내면 상태를 점검하라고 가르친다.

"가장 좋은 방법은 행복을 일종의 기술이라고 생각하는 것입니다."

데이비슨은 행복은 외부 환경이 아니라, 환경을 있는 그대로 마주하는 우리의 능력에 의해 좌우되는 것이라고 말한다. 우리는 온갖 종류의 공포를 견디는 법을 익힐 수도 있을 것이다. 그러나 그것은 자유의 형태치고는 묘하게 패배주의적이다. 또한 그 같은 관점을 충분히 편안하게 받아들이는 데에는 외부 요인—사회경제적 지위에서부터 의료 서비스와 안정된 고용까지—의 역할이 중요하다는 점을 간과한다. 마음챙김을 일종의 기술—특히 행복으로 이끄는 기술—로 제시하는 것은 신자유주의가 자율적인 자아에게 요구하는 것들을 합리화하는 데 도움이 되는 한편 그들이 현 상황에 저항하지 못하게 만든다. 샘 빙클리는 《산업으로서의 행복Happiness as Enterprise》에서 다음과 같이 문제를 요약한다. 아무리 좋게 말한다 해도, "행복은 도덕적 판단 준거가 없는 피상적인 생리적 반응, 즉 정신적인 내면이나 한 개인의 일대기, 혹은 일체의 사회적 관계에 의지하지 않는 개인의 생물학적 가능성이 되었다."[13]

자산 관리에 능통한 다보스의 청중들은 인간의 행동을 경제적 동기의 측면에서 보는 경향이 있다. 기술로 표현되는 마음챙김은 인적 자본에 투자하기 위한 새로운 방식이 될 뿐이다. 기업가적 자아는 경제적 행위자로서 경쟁 우위를 점하기 위해 현명한 투자를 하도록 장려된다. 웬디 브라운은 《민주주의 살해하기》에서, 이것은 자아를 "끊임없이 투자하고, 육성하고, 관리하고, 발전시켜야 하는 자산들의 총체"로 축소시키는 한편, 현 상황에 저항할 가능성을 크게 낮춘다고 경고한다.[14] 마음챙김이 불편한 문제들을 그저 내려놓으면 풍요를 얻을 수 있다고 시사하면서 체제의 구축을 강화한다면, 틀을 벗어난 사고를 하기는 쉽지 않을 것이다.

실수하면 알려주세요

몹시 추운 11월의 어느 날 아침, 나는 내가 주최하는 학회 워크숍, "내면(그리고 외부) 검색Search Inside(and Outside) Yourself"을 진행하고 있었다. 《월스트리트 저널》에 소개된 멩의 사진으로 만든 슬라이드 한 장을 보여준 다음 잠깐 내 소개를 하고 있었는데, 사진의 주인공이 학회장 뒤편 자리에 앉는 것이었다. 나중에 이 구글의 '정말 유쾌한 친구'가 연단으로 다가왔다. 그는 매우 진지한 얼굴로 나에게 말했다. "대대적인 조직 변화를 일으키는 데에는 실적이 저조하다는 당신의 의견에 저도 동의합니다. 하지만 그 원인은 경영진들이 마음챙김 훈련을 받지 않았기 때문입니다."

내 동료 두어 명이 그의 말을 엿듣기 시작했다. 멩은 말을 이었다. "자포스의 CEO인 내 친한 친구 토니 셰이는 마음챙김이 추구하는 바와 기업의 이윤 추구는 완벽하게 양립 가능하다고 말했습니다. 나는 그의 말에 전적으로 동의합니다." 그는 더욱 활기를 띠며 손을 뻗어 내 손을 잡으며 말했다. "좀처럼 이야기하지 않는 비밀 하나를 당신에게 말하겠습니다. 내 평생의 임무는 깨달음을 대중화해서, 죽기 전에 100만 명의 사람들을 이 흐름에 합류시키는 겁니다." 내 동료들은 믿을 수 없다는 듯 멍한 표정으로 그를 바라보았다. "혹시 상업적 성공이 마음챙김에 방해가 된다면, 나는 성공을 놓아버릴 거예요."

그럴 리가. 백만장자들과 고통을 함께하기 위해 노력을 아끼지 않는 사람이. 언젠가 그는 어느 인터뷰에서 이렇게 말했다. "기본적으로, 부자들도 고통받고 있다는 걸 인식하는 힘은 결국 연민에 있다고 생각합니다."

그들의 고통이 주변 사람들에게 더 큰 고통을 일으키는 이유는 바로 그들이 부와 권력을 지니고 있기 때문입니다. 그 계층의 사람들에게 초점을 맞춤으로써 그들이 세계에 가하는 피해를 제한할 수 있습니다. 가난한 남자가 고통을 겪으면, 그 자신이 그리고 어쩌면 그의 아내도 함께 고통스러울지 모릅니다. 하지만 부유한 남자가 고통을 겪으면, 주변 사람 모두가 고통을 받습니다. 그의 집사, 그의 직원들, 그의 수하에 있는 수천 명의 사람들이 말입니다.[15]

보스턴에서 그와 그렇게 마주친 지 몇 년 후에, 멩은 마흔다섯 살에 구글에서 퇴사했다. 상업적 성공이 마음챙김을 방해했기 때문이었을까? 분명한 사실은, 그는 여전히 엄청난 부자라는 거다. 우리의 대화가 마무리될 무렵 멩은 기업의 마음챙김이 연민과 사회정의를 간과한다는 점을 인정했다. 그리고 우리가 헤어질 때 그는 진지하게 말했다. "혹시 내가 실수하면 알려주십시오."

오만2.0

멩은 퇴사하기 전 해에 샌프란시스코의 주요 멍청이들 사이에 끼어 있었다. 위즈덤2.0Wisdom2.0 컨퍼런스는 실리콘밸리 출신의 엘리트들과 그들을 위해 일하는 첨단기술 힙스터들의 연례 모임인데, 애플리케이션, 경영 코칭, 뇌 자극 장치 등을 팔러 다니는 장사꾼들의 바자회도 함께 열린다. 아, 그리고 기업 마음챙김 강사들도 참석한다. 불교 같은 유행에 뒤떨어진 전통은 위즈덤1.0에서 업그레이드 될 필요가 있다. 위즈덤2.0은 전반적으로 자유의지론자와 뉴에이지 영성이 뒤죽박

죽 섞인 분위기다. 매년 참가자 명단에는 유명 인사들과 마음챙김 산업의 요주의 인물들—몇 명만 예를 들면, 카밧진, 잭 콘필드, 샤론 샐즈버그, 조안 핼리팩스, 에크하르트 톨레, 앤더슨 쿠퍼, 아리아나 허핑턴, 골디 혼, 그리고 마음챙김으로 유명한 하원의원 팀 라이언—이 오른다. 후원 기업에는 구글, 페이스북, 야후, 메일침프가 늘 포함되어 있다. 마라톤 선수처럼 키 크고 호리호리한 소렌 고드해머의 아이디어로 시작된 위즈덤2.0은 5,000명의 마음챙김 팬들이 5단계 프로그램을 함께하는 영성 자본주의의 축제다.

주말 동안 열리는 행사는 소셜 미디어와 첨단기술 기업에 "지혜, 목적의식, 의미"를 제공하자고 주장한다. 지혜의 통합은 "근사한 잉여 활동이 아니라, 활기차고 지속가능한 사회를 위해 반드시 필요한 요소"라고 주최자들은 말한다. 그들은 지혜를 "집중하는 법, 진심으로 관계를 맺는 법, 공감하는 법을 배우는 것"이라고 정의하는데, 그야말로 누구라도 혹할—정신 산만한 오락거리를 제공하는 후원자들 탓에—흐리멍덩한 정의가 아닐 수 없다.

2014년 2월 15일 토요일 오전, "구글식 기업 마음챙김 훈련의 3단계"를 주제로 토론회를 시작할 무렵, '도시의 심장 Heart of the City'이라는 활동가 집단이 무대에 올랐다. 그들은 샌프란시스코의 주택난을 말하기 위해 "퇴거 없는 샌프란시스코"라고 쓰인 현수막을 펼쳤다. 시위 주동자인 아만다 림 Amanda Ream은 참가자들에게 샛노란색 전단지를 배포하면서 말했다. "여러분의 실천에 감사드립니다. 구글과 첨단기술 산업이 샌프란시스코에 미치는 영향 뒤에 감추어진 진실을 생각해 주시길 바랍니다." 또 다른 시위자 에린 맥엘로이 Erin McElroy는 확성기를 사용해 구호를 외쳤다. "해고를 중단하는 것이 지혜다! 감시를 중단하는 것이 지혜다!"

　불교 평화 연대 회원인 림은 사실 "위즈덤101" 과정을 가르치고 있었다. 첨단기술 엘리트들은 샌프란시스코를 식민지로 만들어, 임대료를 올리고 부동산 거품을 부풀려서 임대인들이 낮은 임대료를 내는 세입자들을 내쫓게 만들었다. 뿐만 아니라 통근 문제─많은 첨단기술 업계 근로자들은 일은 실리콘밸리 같은 따분한 지역에서 하더라도 생활은 도시에서 하길 원한다─와 회사의 셔틀 버스는 실제로 이 착취적인 관계를 대표한다는 공격을 받고 있었다. 림은 구글과 그 밖에 기업들에게 주거와 사회기반시설에 미친 영향을 보상함으로써 문제를 직시하고 해결하라고 요청했다. '도시의 심장'의 요구 사항에는 적정한 주택 가격, 대중교통 수단, 강제 퇴거 방지를 지원하기 위한 자금 제공뿐 아니라, 에드워드 스노든이 폭로한 내용과 유사한 영리 목적의 감시 중단도 포함되어 있었다. 무대 위에 있던 현명하고, 공감 능력이 뛰어나며, 동정심 많고, 깨어 있는 현자는 과연 어떤 반응을 보였을까? 멩은 태극권 복장 차림으로 가부좌를 틀고 앉았다.

　구글의 '웰빙과 지속가능한 높은 성과 개발' 프로그램의 상급 관리자, 빌 듀안Bill Duane도 이 즉석 명상에 동참했다. 그는 청중들에게─여러분이 짐작한 대로─자신의 내면을 검색하라고 지시했다. "자신의 몸을 관찰하십시오. 진심 어린 신념을 지닌 사람들과 갈등을 빚게 될 때 기분이 어떠한지 느껴 보십시오."라고 말했고, 그러는 동안 보안팀이 시위대들을 무대에서 끌어내렸다.[16] 덩치 큰 경호원과 현수막을 든 활동가가 황당한 줄다리기를 펼쳤고, 활동가가 이겼다. '도시의 심장'은 이렇게 말했다. "구글과 컨퍼런스 대표들은 '지혜와 마음챙김'에 대해 줄곧 이야기하지만, 베이 에리어 지역의 고충이나 '마음챙김'을 한다면서 취하는 기업의 위선적인 태도를 해결하는 데에는 실패했습니다." 실제로 이 상황은 기업의 관점에서 마음챙김이 어떤 의미인지 명확하게 보여주었다고 할 수 있다. 컨퍼런스를 방해한 사건은 아무런 판단 없이 그저 내려놓고 지켜보아야 할 지나가는 생각에 불과했다. 우리의 세계를 진정시키기 위해 주의하면서 마음챙김을 하고 있노라면, 그러는 동안 갈등, 즉 외부 세계에서 일어나는 불편함의 근원들을 모두 극복하게 될 테니까.[17]

나중에 위즈덤2.0은 구글이 다른 이들에게 그들의 의견을 피력하도록 허용하고, 반대 의견을 편안하게 받아들이면서 "크나 큰 연민으로 품위 있게" 시위대를 다루었다며 축하했다.[18] 자기들이 실제로 무슨 말을 하는 건지 고려할 필요가 없다면야, 혹은 그저 무언가를 요구하기 때문에 불편한 기분이 들긴 하지만 사이비 지혜로 가득한 본인의 견해가 틀릴 수 있다는 점을 고려할 필요가 없다면야 그럴 수도 있겠다. 위즈덤2.0에 따르면, "구글은 우리 스스로 수련을 발전시키고, 나아가 그러한 지혜와 연민의 감각을 세상에 드러내는 것이 얼마나 중요한지(단순히 말로 그치는 것이 아니라) 직접 보여주었다." 구글의 한 관리자도 직장에서 수련을 발전시키기 위한 실천에 대해 이야기하면서, 이제 2분 명상으로 회의를 시작한다고 했다. 어떤 직원은 처음엔 회의적이었지만 생각이 바뀌었다면서 이렇게 말했다고 한다. "다른 사람은 어떤지 모르지만, 저는 2분 동안 더 괜찮은 사람이 됩니다. 그래서 명상 시간을 갖는 것에 대찬성입니다."[19] 2분간의 자기 수련, 그 가능성을 생각해 보라! 물론 구글에는 이미 명상 시간이 있다. 구글에서 "더 나은 사람"이란 기업 문화를 받아들이고 그것을 좋게 느끼는 사람이다. 위즈덤2.0에서 무슨 은혜라도 내리는 것처럼 행해졌던 명상은 사실상 검열 형태로 이용되었다. 시위대와 그들의 메시지는 마음챙김을 통해 무의미한 것으로 다루어졌다. 호흡을 하면서 마음을 차분하게 가라앉히며 지금 이 순간에 집중하면, 그런 것들은 모두 사라지고 우리는 다시 평소처럼 업무에 복귀할 수 있을 것이다. 하지만 현재 상황을 그저 수동적으로 아무런 판단 없이 받아들이는 것은 마음챙김이 아니다. 지혜가 스며들 때, 유익한 마음 상태가 계발되고 있는지 살펴보기 위한 것이어야 한다. 다시 말해, 연민과 공감은 스스로를 더 나은 사람으로 여기기 위한 방법 이상이 되어야 한다.

구글 특사들은 기업의 마음챙김이 수동성과 분열을 부추기는 개인화된 영성임을 보여주었다. 구글의 듀안 같은 첨단기술 힙스터들은 반체제 유형의 사람들이 받아들였던 초기의 명상은 "주술에 심취한" 히피들의 헛소리일 뿐이라고 생각한다. 이제는 "신경 해킹"과 지금 이 순간으로의 현실 도피가 그 대체물이 되고 있다. 위즈덤2.0의 설립자 고드해머는 "지금 여기"의 철학을 통째로 받아들였다. 그는 스트레스를 "주어진 어느 순간의 사실과 맞서 싸우거나 받아들이지 않는 것"이라고 정의하면서, "그러므로 스트레스 완화는 어떤 경험이든 받아들이고 허용하는 것"이라고 말한다.[20] 판단하지 않고 완전히 받아들이게 되면 "사람들과 맞서 싸우지 않는" 상태로 쉽게 바뀔 수 있다고 말이다. 구글에서 그의 연봉은 상당히 높은데, 이 점은 스트레스를 완화하는 데 도움이 될 것이다.

역설적이게도 위즈덤2.0의 참가자들은 사회적 고통에 관한 그들의 역할을 묻는 비판적인 질문에 대비했어야 했다. 지난해 발표자 중 한 명이었던 메리앤 윌리엄슨은 발표 중에 신랄한 비판을 퍼부었다. 그녀는 영적 교사가 왜 "부유한 자본가들 때문에 빚어진" 외부의 빈곤은 외면한 채, "그들에게 더 온정적인 직장 환경을 마련해 주기 위한 논의를 거들겠다고 여기 와서 꼭두각시 노릇을 해야 합니까?"라고 따져 물었다. 윌리엄슨은 "영성의 모조품 따위를 만들어서, 우리 안에 만연한 불필요한 인간적 고통을 해결하도록 허가를 내주는 짓은 현대 미국에서나 하는 행태"라고 말했다.[21] 그녀는 계속해서 마틴 루터 킹의 말을 인용했다. "중요한 문제에 관해 침묵하게 되는 날, 우리 삶은 종말에 접어들기 시작합니다." 아무튼 구글과 위즈덤2.0은 현재로서는 침묵을 유지하길 더 좋아하는 것 같다.

윌리엄슨이 열변을 토한 지 5년이 지난 뒤에도 달라진 건 거의 없다. 2018년 컨퍼런스가 시작될 때, 참가자들은 건물 밖의 노숙자들에 대한 주의사항을 들었다. 사회자는 이렇게 말했다. "그들이 위험한 건 아니지만, 여러분의 안전을 위해 호텔 내외부의 눈에 띄는 곳곳에 보안 요원을 배치했습니다." 사회자는 여기에서 그치지 않았다. "유니언 스퀘어에 가실 땐 개인 소지품에 유의하시기 바랍니다. 극장, 음식점, 갤러리에 가기 위해 텐더로인*을 지나시려면 활기차다 못해 특이한 사람들을 만나게 되실 겁니다.—잠시 청중들이 낄낄대는 소리—호텔로 돌아올 땐 택시나 리프트, 우버를 타는 편이 좋을 겁니다."[22] 위즈덤2.0은 마치 잘난 엘리트들이 백인의 특권을 누리면서 듣기 좋은 소리나 내뱉으며 자기들끼리 오순도순 지내는 외부인 출입 통제 주택지 같다. 한편 그들이 생산하는, 산만함과 중독성을 일으키는 기술이 광범위하게 고통을 유발하는 동안 그들의 회사는 불평등을 확대하는 데 기여한다.

** 샌프란시스코 중심가에 위치한 이민자, 마약중독자, 노숙자 등이 밀집한 지역.

연민과 받아들임에 관해 그렇게 열변을 토했으면서도, 고드해머는 여전히 유감스러운 마음이 남아있는 모양이다. 저널리스트 리처드 에스코Ricahrd Eskow는 2012년에 불교 잡지 《트라이시클Tricycle》에 〈지혜 구매하기Buying Wisdom〉라는 제목으로 위즈덤2.0에 관한 비평을 게재했다.[23] 자신이 주최한 행사를 풍자한 데 열받은 고드해머는 기사의 평판을 떨어뜨리려 했다. 그는 사소한 오류를 정정해 달라고 요구하면서—즉시 수정되었다—불만을 터뜨렸다. "저널리즘의 정확성, 기본적이고 상식적인 예의에 관해 이렇게까지 주의를 기울이지 않은 경우는 지금껏 겪어 본 적이 없었다." 에스코는 통찰력 있는 답을 했다. "고드해머 씨 역시 나에게 '무료'로 컨퍼런스에 입장해 놓고 비판적인 발언을 했다며 분노를 표출한다. 기자증이 호의적인 보도를 약속하는 것이라고 생각한다면, 저널리즘 윤리에 대한 우리의 견해는 전혀 다른 것이다."[24]

마음챙김이나 불교 단체에 속한 많은 사람들이 구글과 위즈덤2.0 관계자들의 행동에 현혹되는 것 같다. 어쨌든 이것은 마음챙김이므로, 사람들은 더 친절해질지 모르고, 기업들은 심지어 더 착하게 행동할 수도 있을 것이다. 그러나 마음챙김은 도덕이라는 밧줄을 풀고 떨어져 나왔다. 원칙이 되어 주는 닻이 없다면, 마음챙김은 사람들이 비윤리적인 행위를 정당화하도록 돕는 변절의 기술일 뿐이다. 기업 마음챙김 프로그램에 마땅히 있어야 할 윤리적 요소가 눈을 씻고 찾아봐도 보이지 않는 것은, 이미 이 사업과 사회적·환경적 책임과의 염려스러운 관계를 보여준다.

11장

학교에서의 마음챙김

정신건강 문제를 줄이면서 정서적인 자기 수양, 집중력, "뇌의 처리 기능"을 향상시킨다고 장담하자, 많은 학교에서 마음챙김이 유행이다. 이용하는 자료는 다르지만, 신경과학의 지지를 받는다고 홍보하고 종교적 행위와 거리를 두는 등, 프로그램 구성은 다른 기관에서 하는 것과 동일하다. 대신 전반적으로 결과에 초점을 맞추는데, 특히 성적 향상, 목표 달성에 대한 끊임없는 압박에서 오는 스트레스 완화에 주력한다. 마음챙김이 빈곤, 범죄, 인종 폭력의 한가운데에서 더욱 회복력을 높이도록 사회적 약자를 도울 수 있다는 주장도 있다. 그러나 학교에서 마음챙김은 그런 외부의 조건들은 논의되지 않은 채, 으레 그렇듯이 학생들에게 신자유주의적 사고방식을 주입하면서 각자 자신의 내면을 바라보라고 강조한다.

    학교에서 열성적인 전도를—그리고 인본주의적 미사여구도 함께—펼치며 마음챙김의 이점들을 장려하는 통에 그 밑에 깔린 권위적인 어조는 가려져 보이지 않는다. 차분하게 교실에 앉아 책상 위에 놓인 과제에 얌전히 집중하는 일반적인 이미지는 이 학생들이 산만한 감정과 제멋대로 날뛰는 충동에서 벗어나 있음을 말해준다. 그러나 이들은 피해자—약하고, 쉽게 상처받으며, 결함이 있고, "위험에 처한"—로 간주되기도 한다.

이것은 어느 정도 사실이긴 하지만—아무래도 불안과 우울, 자해 비율이 높으니까—학교에서는 학생들에게 자기 문제를 스스로 진정시키고 다스리라고 가르친다. 쟁점은 학생들이 반응을 보이는 외부의 조건이 아니라, 그들이 어떻게 반응하느냐이다. 이런 식의 치료적 접근은 외부 세계로부터 관심을 돌리게 하는 보수적인 방식이다. 마음챙김은 사회적 상황과 우선순위를 변화시킬 방법을 모색하면서 개인에게 자율적인 힘을 부여하는 해방의 실천이 될 수도 있었다. 하지만 오히려 마음챙김은 현 상황을 유지하는 데 초점을 맞춘다. 학생들은 명상을 통해 화에서 벗어나고 짜증을 받아들이라고(당연히 판단을 하지 말고) 배운다. 이 방법은 과제에 집중하는 데에는 도움이 될지 모르지만, 스트레스의 원인들을 사회적·경제적·제도적 구조 측면에서 함께 배우지 않는다면 교육과 민주주의의 관계는 끊어지기 마련이다.

한편 "정서적 장애"와 "정신적 질병"이 정의되는 방식이 상당히 모호한데도 불구하고, 정신건강 위기라는 개념을 둘러싼 정치적 통설이 생겨났다. 우리에게 도움이 필요하다고 말하게 하는—좋든 싫든 복종 훈련과 함께 이루어질—치료 문화라는 문화적 규범이 없었다면, 학교에서의 마음챙김은 지금처럼 인기를 얻지 못했을 것이다.

영국에서 실시하는 '학교 마음챙김 프로젝트Mindfulness in Schools Project, MiSP'를 예로 들어보자. 이 프로젝트는 5년 동안 100만 명의 학생에게 "일대일 집중 마음챙김"을 제공할 목적으로 4,500여 명의 교사를 훈련시켰다.[1] "닷-비dot-b"—"멈추어 호흡하며 존재하라!Stop, Breathe and Be!"의 약칭—라는 별명으로 불리는 이 프로그램의 교육과정은 두

명의 교육자, 리처드 버넷Richard Burnett과 크리스 쿨렌Chris Cullen(현재 옥스퍼드 대학에 재직 중이다)이 착안한 것이었다. 이 프로그램은 학생들의 마음챙김을 애완동물을 훈육하는 것에 비유한다. 강의 개요에는 이렇게 적혀 있다. "주의는 강아지와 비슷하다. 우리가 원하는 자리에 가만히 머무르지 않는다."² 또한 "우리가 요청하지 않은 것들을 끌고 들어와 이따금 마음을 엉망진창으로 만든다." 그러므로 "마음을 훈련할 때 우리는 강아지를 조련할 때 필요한 특성, 즉 **단호함, 친절함, 참을성**을 갖고 반복해야 한다."

구원을 위한 마음챙김

미국에서는 교육 기관이 마음챙김을 도입하면 정부 지원금과 언론의 관심이 동시에 따라온다. 캘리포니아 주 오클랜드에 위치한 비영리 기관 마인드풀 스쿨스Mindful Schools는 교사를 대상으로 마음챙김 훈련 프로그램을 운영하는데, 훈련을 마친 교사들은 200만 명의 학생들에게 "영향을 준다"고 한다.³ 이곳의 프로그램은 대중매체의 열렬한 보도를 받으며 PBS에서 방영된 다큐멘터리 〈숨 쉬는 방Room to Breathe〉을 통해 전국적으로 유명해졌다. 《워싱턴 포스트》지는 이 다큐멘터리를 극찬하면서, 마음챙김을 "자제력을 가르치기 위해 교실에서 이루어지는 급성장 기술"이라고 일컬었다.⁴

〈숨 쉬는 방〉은 마인드풀 스쿨스의 공동 설립자 메간 코원Megan Cowan을 추적한다. 코원은 정학으로 징계를 받는 비율이 높다고 알려진 샌프란시스코 마리나 중학교의 "문제 학생들"에게 수개월 동안 마음챙김을 가르친다.⁵ 예고편에는 서로 고함을 지르고 밀고 부딪치는 학생들―주로 유색인종―을 보여준다. 화면에는 번쩍이는 글씨로 쓰여진 **소음, 혼란, 통제 불가능** 같은 낱말들이 뜬다. 그러다 코원이 교실에서 티베트 싱잉볼singing bowl을 치자, 갑자기 … 모두가 … 차분해지는 장면으로 바뀐다.

다큐멘터리는 아주 빤한 구원 서사로 이루어진다. 처음에는 저항에 부딪치지만, 코원의 헌신적이고 이타적인 봉사로 마침내 학생들을 설득하는 데 성공한다. 마음챙김 기술을 배운 후, 학생들은 우리가 흔히 알고 있는 이점들을 이야기한다. 더 차분해지고 더 집중할 수 있다고. 언뜻 보면 확실히 좋은 것 같다. 그러나 활동가이자 학자인 제니퍼 캐넌 Jennifer Cannon이 지적한 것처럼, 〈숨 쉬는 방〉은 "유색인종 '문제' 아동에 관한 인종차별적 담론을 다시 꺼내고, 백인 마음챙김 강사를 영웅적인 교사로 소개한다."[6]

코원은 상냥하고 자애로우며 인내심 많은 역할을 수월하게 수행한다. 그녀는 학생들에게 마음챙김은 그들에게 무조건 좋다고 말한다. 자기 수양으로서 학교와 직장에서 반드시 성공하게 해줄 거라고 말이다. 학교에서 실시하는 대부분의 프로그램들과 마찬가지로, 마음챙김의 교육과정 어디에서도 마음챙김에 의한 주의력과 비판적 탐구가 사회적·경제적 맥락으로 향하도록 하는 내용은 보이지 않는다. 학생들의 문제 행동과 부진한 학업 성취, 스트레스는 가난한 우범 지역에 살거나, 제도적 인종차별의 피해자인 것과 관련 있는 것은 아닐까? 마음챙김 교사의 관점에서는 결코 그렇지 않다.

문제는 또 있다. 학교 마음챙김 프로그램은 브루클린 대학교 교육상담학 교수인 데이비드 포브스가 말하는 "학생과 교육자 모두 문화적 맥락과 문화 자본에 대한 인식, 평가, 사용을 비판적으로 사고할 능력의 함양"을 대체로 기피한다.[7] 다시 말해, 억압에서 벗어나도록 가르칠 수도 있는 자유로운 비판적 교수법 같은 것이 현저하게 결여되어 있다. 포브스는 이런 결여는 그 자체로 "교육 내에서 인종차별주의적 시스템"을 강화하고 "결국 더 큰 사회구조 내에서 인종차별주의를 재현"하는 데 기여한다고 설명한다.

〈숨 쉬는 방〉에는 코원 내면의 권위주의자가 드러나는 부분이 있다. 30명으로 구성된 학급에서 코원은 마음챙김에 관심을 보이지 않는 문제 학생들을 다룰 준비가 아직 덜 된 것 같다. 코원은 카메라를 향해 이렇게 말한다. "이 아이들 중 다섯 명만 교실에 없으면 대부분의 아이들이 마음챙김을 해보려 하고 참여할 겁니다." 다섯 명의 아이들 중 한 명인 디에고는 라틴아메리카인인데 코원에게 "지루해요."라고 말한다. 코원은 인내심을 잃고 네 명의 학생들에게 교실에서 나가라고 지시한다. "난관에 부딪친 것 같아요." 그녀는 말한다. "그냥 너무 답답하고 가능성이 보이지 않는군요. 너무 고의적으로 저항하니까, 이렇게 큰 집단에서 제가 잘 해낼 수 있을지 자신이 없습니다." 이 사건 후에 코원은 교감선생과 상담한다. 교감선생은 그녀를 부드럽게 책망하며 이렇게 상기시킨다. "이곳은 공립학교이기 때문에 우리는 모든 학생을 받아들입니다. 학생을 배제하다니, 저는 그런 선례를 만들고 싶지 않아요." 하지만 코원은 자신의 뜻을 굽히지 않았던 모양이다. 그 문제 학생들은 이후로 보이지 않는다.

대신 코원은 엄격한 스승으로서의 지위와 함께 지혜로운 마음챙김 교사로 죽 안정된 모습을 보인다. 다큐멘터리는 그녀가 담당하는 어린 참가자들의 장점과 재능을 탐구하기보다, 주로 그들의 결점을 강조한다. 코원이 교실을 가득 메운 학생들을 말 잘 듣는 명상가로 변모시킬 때까지는 말이다. 시청자는 따스한 기쁨을 느끼고, 도심의 교육이 향상될 가능성에 대해 낙관적으로 생각할 수도 있다. 심지어 마음챙김 스쿨스에 기부를 할 수도 있다. 그러나 마음챙김의 모든 과정은 사회 변화를 위해 전폭적인 투자를 하지 않으며, 제도가 일으키는 더 광범위한 사회 문제가 아니라 개인에게만 관심의 초점을 두어, 학생들을 양성하는 제도가 아닌 학생들을 교정하려 애쓴다.

마인드풀 스쿨스의 연구 보고서에 등장하는 대부분의 표현은 유색인종 학생들과 가난한 노동자 계급 출신 학생들을 복지에 의지하고, 동력과 힘이 부족하며, 따라서 구제가 필요한 대상으로 묘사한다. 다행히 교양을 갖춘 마음챙김 교사—거의 대부분 백인이고 부유하다—는 감정적 예의에 무지몽매한 사람들을 지도하기 위한 동력과 문화 자본, 그리고 착한 심성을 지니고 있다. 공교롭게도 이런 특징은 기독교 선교사들과 유사하다. "공상적인 박애주의자" 같은 감상적인 사고방식은 특권층 사이에 깊이 뿌리 박혀 있다. 그들은 불평등의 원인은 부분적으로 그들이 이득을 취하는 방식에서 기인한다는 사실을 짐짓 모른 척한다.

"백인 구세주는 아침엔 잔혹한 정책을 지지하고, 점심엔 자선단체를 세우고, 저녁엔 상을 받는다." 작가 테주 콜은 미국 잡지《디 애틀랜틱 The Atlantic》에 이렇게 쓴다. "백인 구세주 공업 단지는 정의를 위해 일하지 않는다. 이곳에서는 특권을 검증하는 크고 감정적인 경험을 하게 된다."[8] 진심으로 선한 의도에서 비롯한 노력이기에 그들의 전반적인 순진함을 비판하기는 어렵지만, 그들이 "도와주는" 사람들의 사정에 대해—특히 그 사람들이 처한 문제들의 제도적 해결에 대해—외부인들이 알려 하지 않는다면, 그들은 마음챙김이라는 진정제를 처방

함으로써 오히려 사태를 악화시킬지도 모른다.

마음챙김 운동에는 이런 비판에 관하여 암묵적인 금기가 있다. 그들은 모두 마음챙김 스승들의 덕행을 열렬히 믿기 때문에, 스승들과 그들이 실시하는 프로그램의 영향력에 의문을 제기하는 것은 신성모독과 다름없다. 그리고 마음챙김이 위안을 가져다준다고 여겨지는 만큼, 스승의 행동이나 그 이면의 동기에 흠을 찾는 것은 괜한 "거부"로 생각된다. 학교에서 마음챙김을 가르치는 사람들은 대체로 그들이 다루는 문제를 심화하는 사회경제적 불평등에 의한 피해를 입지 않는다. 물론 그들의 심성은 바를지 모르지만, 그들의 비판적 사고력에 대해서는 그렇게 말할 수 없을 것이다.

인지 자본주의

학교에 마음챙김을 도입해야 한다고 주장하는 사람들은 그들의 프로그램이 지배적인 사회 질서를 어떤 식으로 만족시키는지 유독 인식하지 못하는 것 같다. 마음챙김은 정치와 단절된 상태로는 존재하지 않으며, 의식적으로 거부하지 않는 한 모두에게 영향을 미치는 신자유주의 사상에 의해 구체화된다. 아이들은 날로 경쟁이 치열해지는 자본주의 체제에서 각자 역할을 준비하도록 교육받는다. 그러므로 마음챙김은 회복력을 증진시킴으로써, 스스로 감정을 관리하고 시장 중심 세계의 스트레스를 다스릴 수 있는 어린 주체들을 기르기 위한 한 가지 방법이다. 학교는 점차 시장 원리의 지배를 받는 만큼—미국의 차터스쿨*과 바우처 제도, 영국 공립학교의 아카데미 전환 정책**을 생각해 보라—주목할 만한 결과와 함께 성과를 입증하려 한다. 마음챙김은 학생들이 성적과 태도를 향상시키도록 도와주며, 이는 학교 운영자들이 잘하고 있는 것처럼 보이게 한다.

회의적인 학자 제임스 레벌리James Reveley는 "학교 제도에서 배출하는 마음챙김을 하는 '행복한' 사람은 인지 자본주의의 좋은 돈벌잇감"이라고 경고한다.⁹ 신자유주의 논리는 모든 불이익을 딛고 일어나 자신의 복지와 성공을 스스로 책임지는, 자기 성장과 자기 수양이 갖추어진 주체를 요구한다. 신자유주의 관점에서 사회는 존재하지 않는다. 모든 것은 결국 개인이 선택하고 책임져야 하는 것이다. 레벌리는 다음과 같이 말한다. "청년들에게 스스로 삶을 책임질 것을 강조하는 자기의 테크놀로지를 통해 이런 이상들을 받아들이도록 가르치면서 동시에 그것을 거부하라고 요구하기란 어려운 일이다."¹⁰

그러나 학교에 마음챙김을 제공하는 어느 누구도 이 문제를 논의하지 않고, 문제를 해결할 필요도 느끼지 않는다. 그들의 프로그램은 오히려 성취 지향적 수동성에 초점을 맞추어 학생들이 스스로를 약한 존재로 여기도록 주입한다. 학생들은 학교와 인생에서 성공하기 위해 치료적 마음챙김으로 자신의 감정을 "다스리는 법"을 배운다. "좋은" 감정이든 "나쁜" 감정이든 구별하지 않고, 다시 말해 감정이 어떻든 상관없이, 판단하지 않고 감정을 받아들여야 한다. 하지만 쉽게 상처받는 학생이 과거의 트라우마로 인해 격하고 힘겨운 감정을 경험한다면? 교사들은 그런 상황에 대비한 심리 훈련을 받는 일이 거의 없고, 마음챙

---

* 시나 주정부의 지원을 받아 독립적으로 운영되는 자율형 공립학교.
** 영국은 학생들의 경쟁력을 높이기 위해 교육청이 관할하는 모든 공립학교를 2022년까지 민간이 운영하는 아카데미 형태로 전환하기로 했다.

김의 부작용에 관한 연구는 간과되기 일쑤다. 마음을 진정시키는 효과 이상의 분명한 이점들을 입증하는 엄밀한 연구가 부족하다는 점을 감안할 때, 일률적으로 모든 아이들에게 마음챙김을 가르친다는 건 무책임하다.

학교의 마음챙김 교육과정은 격한 감정을 병리적으로 간주하고 어린 아이들에게 "정서 문해력emotional literacy"을 가르침으로써, "올바른" 행동에 대한 견고한 의식과 더불어 그 밖에 모든 것은 "무능"하거나 "무지"한 것이라는 암시를 주입시킨다. 《치료적 교육의 위험한 증가The Dangerous Rise of Therapeutic Education》에서 캐서린 에클스턴과 데니스 헤이스는 이런 사고방식은 "자기 자신과 자신의 세계를 변화시키는 계획을 통해 자신을 둘러싼 개인적·사회적 변화 가능성을 알아차리는, 의식의 주체로서의 인간에 대한 개념을 약화시킨다. 그리고 인간 존재의 의미에 대한 편협하고 자기 성찰적인 관점으로 인간의 개념을 대체한다."라고 경고한다.[11]

일부 프로그램들은 교육과정을 수정하여 다른 메시지를 추가했다. 미국의 마인드풀 스쿨스는 이제 "진심의 개발The Development of Heartfulness"을 이야기하는데, 이것은 "친절과 연민 같은 긍정적인 마음 상태를 지향하는 양성 과정"이라고 설명한다.[12] 그러나 전반적으로 역점을 두는 것은 지금 이 순간의 알아차림으로, 이는 감정과 생각에서 벗어난다는 의미이다. 영국의 단체 학교 마음챙김 프로젝트는 이렇게 말한다. "가장 기본적인 수준에서 마음챙김은 과거에 일어난 일이나 앞으로 일어날지 모를 일을 걱정하기보다, 지금 이 순간 실제로 일어나고 있는 일을 더 깊이 알아차리기 위해 주의력을 훈련하도록 돕는다."[13]

이 말은 "지금"에 충실하라는 말로 들리지만, 사실상 정적주의를 가르친다. 특히 저학년 시기에 학생들은 규칙, 규범, 바른 품행을 준수하도록 훈련받는 등 대체로 "학교생활 준비"에 중점을 둔다. 어린 아이들을 가르칠 때 이 패키지에 마음챙김도 포함되는데, 이것이 미칠 영향은 우려스럽다. 나탈리 플로레스Natalie Flores는 "분노 같은 강한 감정들을 승화하도록 강조하면 부당한 상황에 직면해도 분명하게 의견을 표현해서는 안 된다는 암묵적인 메시지가 전해질 수 있기 때문에, 훗날 아이들의 사회운동 참여를 단념시키게 된다."라고 말한다.[14] 특히 저소득층이 사는 지역에 프로그램이 제공될 때 사회정의에 확실하게 중점을 두어야 한다고 주장하는 학자들도 있다. 퍼니 슈Funie Hsu는 진보적인 접근 방식이라면 "얌전한 학생을 만들기 위해" 마음챙김을 이용하는 것이 아니라, 권력 체계에 대한 비판적 분석을 포함시켜 "우리 학생들이 마땅히 누릴 만한 세상을 만들도록 자극해 그들의 가슴을 살아 숨쉬게" 할 것이라고 설명한다.[15]

슈는 사회 참여 불교의 선구자 중 한 사람인 틱낫한의 말을 인용한다. 틱낫한은 마음챙김이 행동과 함께해야 할 필요성에 대해 설명한다. "사람들 머리 위로 폭탄이 떨어지는데 내내 명상실에 앉아 있을 수는 없습니다. 다친 아이를 도우면서도 여전히 마음챙김 호흡을 수행하는 방법을 배워야 합니다."[16]

학교의 마음챙김은 좀처럼 이런 메시지를 전달하지 않으며, 참여 대신 수동성을 장려한다. 학생들은 자기 자신에게 집중하라는 지시를 받고, 학교는 큰 부담을 주는 표준화 시험을 치르게 하고 사소한 일까지 통제하고 감시한다. 이 모두가 스트레스를 가중시키는 동시에 신자유주의의 요구에 부응한다. 이런 일들은 종종 무의식적으로 일어나지만, 현상을 인식하면 대처할 수 있을 것이다. 그러나 슈의 말에 따르면,

마음챙김 교육과정은 "신자유주의적 자기관리를 통해, 그리고 백인의 우월성을 냉정한 상식으로 여기는 인종차별적 조건화를 통해 학생들을 훈육한다."[17] 이런 힘의 불균형은 거의 고려되지 않기 때문에, 유색인종 학생들을 가르치도록 배정된 백인 마음챙김 트레이너들 사이에서는 식민주의자의 태도가 지속될 뿐이다. 그들이 구조적인 인종차별을 인정하지 않는 인종차별이 어떤 영향을 미치는지 의식하지 못한다면, 마음챙김을 비판적 사고와 사회정의 체계의 일부로 가르치는 일이 거의 없다 해도 그리 놀랍지 않다.

마음챙김의 위장술

학교 마음챙김의 또 다른 주요 쟁점은 그들이 가르치는 내용에 종교적인 관점이 포함되느냐 하는, 아직 결론이 나지 않은 문제다. 영국의 학교 마음챙김 프로젝트는 이렇게 말한다. "침묵과 사색이 세계의 훌륭한 종교들에서 중요한 역할을 하지만, 학교 마음챙김 프로젝트의 교육과정은 엄격하게 비종교적이다."[18] 그러나 이렇게 간단한 대답은 좀처럼 듣기 힘들다. 대부분의 학교 마음챙김 옹호자들은 불교 수행자이거나 전통적인 방식으로 진행하는 수행 프로그램에 참여하기 때문이다. 더욱이 종교학자 캔디 군터 브라운은 "마음챙김에 비종교적인 이점들이 존재한다는 사실이 이 수행을 비종교적으로 만들지는 않으며", 특히 교사들이 불교의 통찰력이 마음챙김에 포함되어 있음을 암시하고자 하는 경우 더욱 그렇다고 지적한다. 학교 마음챙김 프로젝트의 설립자 중 한 사람은 어느 불교 저널에 게재한 학술 기사에서, 자신의 작업은 "임상적인 적용과 영적 수행 사이의 아직 불분명한 중간 단

계"에 위치한다고 밝혔다.[19]

비종교적 차원에서 영적 차원으로 전환하는 과정의 좋은 예는 예비 고등학생을 대상으로 하는 골디 혼의 마인드업 교육과정이 홍보되는 방식이다. 혼은 불교 명상을 "다른 이름으로 교실에" 몰래 들여오기 위해 일종의 "대본"을 썼다고 시인한다. "'아, 명상?'이라고 말하는 사람들은 '아, 이건 불교인가.'라고 생각할 게 뻔하니까요."[20] 달라이 라마 평화 교육 센터의 마음-정신 컨퍼런스에서 관계자들에게 연설하면서, 혼은 불교 신자 모드로 전환했다. 혼은 마인드업은 시작부터 모든 과정을 "성하"("성하는 나에게 나의 만트라를 주었지요.")와 달라이 라마 센터("이곳은 저와 카르마로 맺어졌어요.")와 함께했다고 말했다.[21] 마인드업의 대본에는 "불교"는 "신경과학"으로, "명상"은 "핵심 수련"으로 대체되어 있다.[22] 종교와 정치를 분리하는 법률을 염두에 둔 혼의 목적은, 마인드업을 "모든 주에서 의무적으로 시행"되게 해서 최대한 많은 학교에 전파하는 것이다. 혼은 "그것이 우리의 사명"이라고 말한다.[23]

지금까지 살펴본 바와 같이, 과학에 호소하는 것은 마음챙김을 드러내는 표준적인 방법이다. 그러나 브라운 교수는 이 방법이 수련을 비종교적으로 만든다는 데에 이의를 제기한다. 그녀는 기도의 신체적·정신적 이점에 관한 과학 연구들이 매우 많다 해도, 학교에서 기도 프로그램을 제공하는 것은 법에 위배된다고 주장한다. 이런 모순에 주목하면서 브라운 교수는 다음과 같이 말한다. "과학에 호소한다고 해도 결국 종교를 떠나서는 결코 이야기할 수 없다."[24]

마음챙김을 하는 많은 학교들은 은밀히 종교적 가르침을 제공한다는 비난을 받으며 법적인 이의제기에 부딪쳤다. 오하이오 주 플레인 타운십에 있는 워슬러 초등학교는 마음챙김 프로그램을 시작한 지

6주 만에 중단했다.²⁵ 학부모들은 마음챙김이 불교를 배경으로 한다는 사실을 밝히지 않았다며 강하게 이의를 제기했다. 법원은 공공 기관의 종교적 신앙 및 모든 형태의 예배 강요를 금지하기 위해 헌법에서 정한 국교 금지 조항을 인용하며 교실에 십계명을 부착하는 것 등의 관행을 금지해 왔다. 심지어 묵념조차 거부되기도 했다. 그렇다면 어째서 마음챙김 트레이너들은 자유롭게 티베트 불교의 싱잉볼을 사용하거나, 학생들에게 가부좌를 틀고 명상 자세로 앉으라고 말하는 걸까?

일부에서는 그런 점들에 문제가 있음을 발견한다. 미국의 국립 법률 및 정책 센터The National Center for Law and Policy는 요가와 명상을 가르치는 공립학교를 상대로 소송 중인 복음주의 기독교인들을 변호했고, 매사추세츠 주에서는 학부모를 대신해 데니스-야머스 지역 학군의 교육감에게, '더 차분한 선택Calmer Choice'이라는 마음챙김 프로그램에 이의를 제기하는 항의서를 보냈다. 항의 내용은 단도직입적이었다.

마음챙김이 불교의 종교 수행임은 의심할 여지가 없다. 정말 솔직히 말하면, 마음챙김 담당자들은 철학적 그리고 영적인 측면에서 "내부자 의식" 혹은 엘리트 의식을 풍기며, 인간의 보편적인 원인과 보편적인 해결에 대한 특별하고 "새로운" 통찰력을 주장한다. 현대 생활에서 우리를 괴롭히는 거의 모든 것에 대해 종파 불문 보편적인 치료법으로서 마음챙김을 처방하는 것이야말로 종교적인 태도가 아닐 수 없다!²⁶

더 차분한 선택은 카밧진의 MBSR을 응용한 것으로, 학교에는 '마음챙김에 기반한 내면 신뢰 훈련Mindfulness-Based Inner Reliance Training'이라고 홍보되었다. 어떤 방식으로든 MBSR과의 관계를 부인할 수 없다. 심지어 카밧진은 더 차분한 선택 위원회의 명예 회원이기도 하다. 카밧진이 MBSR은 "전체 다르마를 대신하며", 불교의 핵심 사상과 공존하고 그것을 표현한다고 공개적으로 주장할 때 학부모들은 무슨 생각을 할까?

법원에 제출한 항의서에는 MBSR 훈련과 증가한 신앙심 사이의 강한 연관성을 밝힌 여러 조사 연구들이 인용되어 있다. 어떤 연구는 MBSR이 정신건강에 제공하는 이점들은 "매일의 영적 경험"이 심화된 결과라고 주장했다.[27] 또 다른 연구는 행복을 증진하기 위해 명상 학원에 다닌 영국 남성들이 불교에 관심을 갖게 되었음을 확인했다.[28] 다른 무작위 연구에서는 MBSR 과정에 참가한 사람들이 "영적 경험 척도에서" 통계적으로 "더 높은 점수"를 보고했다.[29] 이 연구 논문은 또 MBSR이 "본래 스트레스 해소를 위한 훈련으로 여겨진 것이 아니라, 영적 성장과 이해를 돕기 위해 특별히 고안된 관조의 실천으로 여겨졌던 불교의 명상 기법"에 뿌리를 둔다는 점에 주목했다.[30] 이 같은 사실들은 다양한 신앙을 갖는 사람들에게 불편한 해석이 될 수 있다.

이런 우려들은 과거에 제기된 문제들을 반복한다. 1970년대에 세간의 이목을 끌었던 말낙 대 요기 소송 사건*에서 뉴저지 법원은 공립 고등학교에서 초월명상을 가르치는 것은 국교 금지 조항에 위배된다는 판결을 내렸다.[31] 이제 초월명상 담당자들은 종교적인 단어를 쓰지 않고 과학적 연구 결과를 들이밀면서 비종교적인 내용을 제공한다고 주장한다. 초월명상의 학교 프로그램인 콰이어트 타임Quiet Time은 '데

---

* 1977년 뉴저지 주의 한 공립학교에서 학부모 대표 말낙Malnak과 초월명상 전문가 마하리시 마헤시 요기Yogi가 학교에서 초월명상을 가르쳐도 좋은지에 대해 벌인 법정 소송.

이비드 린치 의식 기반 교육과 세계 평화 재단'의 후원을 받는다. 이 재단의 임무는 "건강, 인지 능력, 삶의 성과를 향상시키기 위해 증거 기반의 초월명상 프로그램을 광범위하게 이행하도록 홍보하는 것"이라고 한다.[32] 영화감독인 린치는 1937년에 초월명상으로 개종하여 지금까지 열심히 활동하고 있다. 콰이어트 타임은 마음챙김 프로그램과 마찬가지로 유사과학의 외형을 쓰고 은밀히 활동하고 있다.

샌프란시스코의 여섯 개 공립학교가 콰이어트 타임을 도입했지만 반대에 부딪쳤다. 대부분의 가정이 소수 민족이고 영어가 모국어가 아니어서 학교에 이의를 제기할 가능성이 제한되었을 저소득층 지역에서 프로그램을 시작했는데도 그랬다. 한 학부모는 프로그램에 항의하면서 페이스북 그룹 "공립학교의 초월명상을 반대하는 샌프란시스코 학부모 모임SF Parents Against TM in Public Schools"을 시작했다.[33] 그녀는 아들이 들고 온 허가서에 히스패닉계 부모를 위해 항상 첨부되어 오던 스페인어 번역이 생략된 걸 보고 이 프로그램을 의심하게 되었다. 허가서를 훑어보면서 그녀는 초월명상이 비밀스런 주문과 종교적 사상을 이용한다는 걸 알게 됐다. 학교에는 심지어 일종의 제단도 마련되어 있었다. 하지만 그녀가 페이스북에 썼던 것처럼, 허가서 어디에도 이런 내용은 언급되지 않았다. "이런 내용을 누락하는 건 속임수가 아닙니까?" 그녀는 말했다. "이것이 어떻게 **사전에 충분히 고지된 동의**인지 누가 설명 좀 해주시겠어요?"[34]

고등학교 교장에게 항의한 후에 그녀는 콰이어트 타임을 변호하는 영향력이 큰 변호사로부터 "경고장"을 받았다. 경고장은 그녀가 종교적 교화 프로그램을 고발하였으므로, 그녀가 법적 대리인을 구해야 한다고 암시했다. 이례적인 일은 아니다. 초월명상에서 이탈한 존 냅은 'TM-Free Blog : 초월명상과 마하리시 마헤시 요기에 관한 회의적인 견해들'이라는 웹사이트를 운영한다.[35] 냅은 "초월명상에 알림 : 우리 학교에서 손을 떼시오!Tell TM : Hands Off Our Schools!"라는 제목의 온라인 심포지엄을 계획한 적도 있다. 그러나 《종교와 정치 매거진 Church&State Magazine》의 기사에 따르면, 냅은 린치가 설립한 재단의 법무 자문위원인 윌리엄 골드스타인으로부터 협박 편지를 받은 뒤 이 계획을 취소했다. 골드스타인의 편지는 아래와 같다.

귀하가 주최하는 행사의 참석자 명단에 실린 발표자들은 모두 유사한 부정적인 임무를 지닌 것으로 보입니다. […] 따라서 나는 전 세계에 공개되는 이 행사의 웹 프레젠테이션에 대하여, 귀하나 발표자들이 작성하거나 발표한 진술 혹은 자료에 허위, 중상, 위반 내용은 없는지, 불법적이거나 악의적이지는 않은지, 그렇지 않다 하더라도 도덕에 위배되지는 않은지 신중하게 검토할 계획임을 정중히 통지하는 바입니다.[36]

발표 예정자들 가운데 사우스캐롤라이나 대학교 사회학 교수인 배리 마코프스키Barry Markovsky는 초월명상이 과학적이라는 주장들에 의혹을 제기했다.

다시 샌프란시스코로 돌아와서, 콰이어트 타임은 3개월 뒤 중단되었다. 그동안 납세자들은 11만 달러의 비용을 지출했다. 초기의 여섯 개 학교 중 한 학교—비지테이션 밸리 중학교—만 이 프로그램을 계속 유지하고 있다. 이 학교에는 린치 재단의 지원금을 받는 세 명의 전임 강사가 있고, 언론에서 호의적으로 보도되고 있다.[37]

○   **마음챙김 기니피그들**   •

학교에서 마음챙김을 가르치는 것에 대해 비평가들은 이 수련을 뒷받침할 방법론적으로 엄격한 과학 연구가 부족하다고 지적하면서 수시로 위험성을 강조한다. 펜실베이니아 주립대학교의 심리학자 마크 그린버그Mark Greenberg는 "지금 당장 약속된 이점들이 실제 결과들보다 훨씬 많다."라고 경고한다.[38] 심지어 카밧진이 기고하는 학술지 《마음챙김Mindfulness》에도 회의적인 논조가 보인다. "학교 환경에서 이루어지는 마음챙김에 기반한 개입들"에 관한 특별 호의 도입부에는 다음과 같은 언급이 있다. "마음챙김에 관한 연구는 대개 유아기 단계에 있다고들 말하는데, 이 말이 사실이라면 청소년과 학교를 대상으로 하는 마음챙김 연구는 태아기 단계에 있다고 해야 할 것이다."[39]

최근 학교 마음챙김에 관한 세 건의 메타 분석 연구를 검토한 결과, 효과가 매우 미미하며 전반적으로 확실한 결론에 이르지 못했다는 사실이 밝혀졌다. 연구 대상은 여전히 매우 제한적이어서, 연구자들이 1만 8,000여 개 논문에서 참조한 성인 마음챙김에 관한 유사한 메타 분석 연구와 비교했을 때, 총 3건의 보고서에 기록된 아동의 수는 전부 합해 111명이었다. 여기에 언급된 연구들조차 품질을 보장하기는 어려웠다. 이 가운데 한 보고서에 언급된 11개 논문은 동료 심사 저널에 발표조차 되지 못했다. 또 다른 보고서는 15개 연구를 분석했는데, 그중 일부 연구에는 초월명상이 포함되어 있었다. 세 번째 보고서에 언급된 72개 연구 가운데 35개만 무작위 대조군 연구를 이용했다.

세 번째 보고서를 주도한 위스콘신 대학교의 학교심리학자 데이비드 클링베일David Klingbeil은 다음과 같이 당시를 회상한다. "제일 처음 떠올랐던 생각은 아주 다양한 것들이 마음챙김에 기반한 개입이라는 이름으로 불린다는 것입니다."[40] 한 연구에서는 15분 동안 색깔을 칠하는 어린이들에게 어떤 효과가 나타나는지 조사했다. 두 번째 보고서의 공동 저자인 해럴드 발라흐Harold Walach는 잡다한 활동들—호흡 알아차리기, 종소리에 귀 기울이기, 집단 토론 등—이 포함된 연구들도 있다고 말한다.[41] 이처럼 이질적인 활동들이 모여 있기 때문에, 마음챙김이 어떻게 정의되어야 하고 어떻게 작동되는지, 실제로 어떤 메커니즘이 긍정적인 변화의 원인인지 알기 어렵다. 발라흐의 말에 따르면 "마음챙김 자체가 해당 원인인지 여부는 알 수 없다."[42]

긍정적인 영향이라면, 학교 일과 중에 잠깐 쉬는 시간을 갖는다거나 토론할 때 내 이야기가 받아들여지는 느낌을 갖는 정도랄까. "사회적 바람직성 편향"의 위험도 있다. 아이들은 자신이 개선되리라는 기대로 연구의 실험 대상자로 선택되었음을 알기 때문이다. 긍정적인 결과만 발표하는 출판 편향의 문제도 있다. 맥길 대학교 심리학자들의 최근 연구에 따르면, 그들이 관찰한 124개의 무작위 대조군 연구 가운데 90%가 긍정적인 결과를 보고했다.[43] 표본 크기가 작다는 것을 감안하더라도 이 수치는 상당히 높다. 표본 크기가 같은 연구에서 표준적인 비편향 임계값은 65%를 넘지 않아야 한다.

과학적 근거가 이토록 빈약한데 소외된 집단에 마음챙김을 가르치는 건 무책임하지 않은가? 트라우마를 입은 아이들에 대해서는? 트라우마로 고통받는 사람들에게는 마음챙김에 기반한 개입을 하면 안 된다는 중요한 연구가 있다.[44] 이 수련이 모두에게 도움이 되지는 않는다는 전반적인 암시들도 있다. 이 분야의 전문가 중 한 사람인 윌러비 브리튼Willoughby Britton은 2014년에 〈영혼의 어두운 밤Dark Night of the

Soul)이라는 글에서, "잠재적인 위험이나 역효과가 있는지, 다른 사람에 비해 더 적합하거나 더 부적합할 수 있는 수련 방법들이 있는지에 관해 누구도 물어본 적이 없다."라고 지적했다.[45] 이런 추세는 서서히 바뀌고 있다. 《국제 심리치료 저널 International Journal of Psychotherapy》에 게재된 한 논문은 마음챙김 명상의 부정적인 결과를 보고한 75개 연구를 자세히 검토했다.[46] 연구자들이 관찰한 결과를 몇 가지만 예를 들면, 이완으로 인한 불안과 공황, 긴장의 역설적인 증가, 현실 검증력 약화, 경미한 분열 등이다. 브리튼은 또 마음챙김 학교 프로그램이 정신 질환을 앓는 아동을 충분히 보호하지 못할 뿐 아니라, 성인의 경우 우울증, 사회불안, 정신병, 외상 후 스트레스 장애, 자살 성향 등을 포함한 배제 기준을 인지하지 못한다는 점을 우려한다.

확신할 수 있는 연구가 부족하다는 사실을 감안해도 여전히 학교에서 마음챙김을 하는 것의 과학적인 장점은 무엇일까? 마음챙김 프로그램은 신경과학에, 그리고 신경 가소성*에 대한 암시에 기대는 경향이 있다. 마음챙김으로 뇌가 어떻게 변하는지 보라! 이 이상 어떤 증거가 더 필요한가? 안타깝게도 뇌 영상을 중심으로 하는 과장 광고는 청소년을 대상으로 할 때 유독 강렬하다. 그러나 지금까지 마음챙김이 아동이나 청소년의 뇌에 미치는 영향에 관하여 신경과학적 연구가 전무하다는 점에서 이런 광고는 다분히 모순적이다. 더욱이 잘 알려진 것처럼 뇌는 25세 전까지는 완전하게 발달하지 않으므로 마음챙김이 아동의 뇌에 미치는 영향은 성인의 뇌에 미치는 영향과 다를 수 있다.[47]

그러나 마음챙김 프로그램은 신경과학 용어를 일상적으로 가르치

---

* 외부 환경의 양상이나 질에 따라 뇌가 스스로 구조와 기능을 변화시키는 특성.

고, 이 용어로 감정을 개념화하라고 어린이들에게 요구한다. 그러므로 훈련을 잘 받은 어린이는 "내 편도체가 나를 장악했어요."라고 말하면서, "마음챙김을 많이 한" 덕분임을 암시할지 모른다. 공개적인 교육 담론에 "민간 신경학"을 끌어들이는 것은 모든 경험을 뇌 안에서 규명하려 하면서, 경험들을 해석하는 다른 방법들은 제쳐둔다. 비종교적인 측면의 반대 의견들도 있다. "신경과학 : 교육과 평생학습에 대한 시사점"에 관한 영국 왕립학회 보고서는 신경과학을 그리 지지하지 않는다.

신경과학에 관한 일반 대중의 관심이 지대하지만, 이용할 수 있는 고급 정보는 부족하다. 우리는 이른바 뇌를 기반으로 하는 방법들을 황급히 촉구하지만, 대부분의 방법들이 아직 과학에 확고한 근거를 두지 않고 있다. 기초과학이 고무적인 발전을 이루고 있지만, 실질적인 활용은 아직 요원한 실정이다.[48]

어린이들에게 신경과학에 관한 내용을 가르치는 것은 훈련의 한 형태이고, 발달에 영향을 줄 수 있다. 신경과학 용어를 배운 아이들은 이 용어가 전달하는 내용을 더 잘 따르게 된다. 아이들은 감정적인 자기 조절을 위해 내면에 집중하는 한편, 권위의 규범을 내면화함으로써 매우 자발적으로 복종한다. 혹시 이 말이 의심스럽다면, 이 용어가 다른 방법으로 사용된다면 무슨 일이 일어날지 생각해 보라. "하지만 제가 그렇게 행동한 건 제 편도체 때문이라고요!"라는 변명을 받아들일 교사는 없을 것이다.

이런 점에서 학교 마음챙김은 신자유주의적 주체를 길러내는 더 광범위한 사회 구조의 일부다. 학생들은 기업가적 개인—직장에서 "성공"하도록 스스로 치료할 수 있는—으로 자신을 바라보도록 배운다. 이것은 중요한 기술로 팔리고 있지만, 아이들에게 환경을 개선하기 위해 노력할 책임이 아니라 환경에 적응할 책임을 지운다. 빈곤, 코앞에 닥친 실업, 학교에서 감옥으로의 직행, 인종 프로파일링, 경찰의 만행, 조직 폭력, 제도적 인종차별 등의 트라우마들이 마음챙김을 하는 동안 실제로 완화될 수 있을까? 이런 문제의 원인이 단순히 학생들이 감정을 "스스로 조절"하지 못하기 때문일까? 이런 식으로 틀을 짜면 마음챙김 교사들에게 구원자 역할을 맡겨야 하는 도덕적 공황 상태가 된다. 가진 것 없는 사람들이 가진 게 없다는 이유로 너무나 많은 비난을 받고, "부족함"을 해결하려면 노력하라는 말이나 들어야 한다는 건 슬픈 일이다. 오히려 그들은 사회의 근본적인 문제들에 대해, 이런 문제들을 시민 차원에서 더 광범위한 마음챙김의 일환으로 다루는 방법을 배워야 할 것이다. 마인드풀 스쿨스의 옹호자들은 그들의 교육과정이 비정치적이고 비이념적이며 증거를 기반으로 한다고 소개하지만, 그런 주장은 기만일 뿐이다.

12장

군대에서의 마음챙김

1966년에 나의 삼촌은 두 번째 베트남 파병 임무를 마치고 돌아왔다. 삼촌은 다음 파병 땐 전쟁 기념품으로 "구크gook*"의 귀를 잘라 우리 집으로 보내겠다고 말했다. 당시엔 이 괴상한 약속이 역겹게 느껴졌지만, 돌이켜보면 삼촌이 견뎌야 했던 상황에 연민이 느껴진다. 삼촌은 매우 격렬하고도 부당한 전투가 벌어졌던 최전방에서 미 육군 베트남 통역관으로 복무하면서 공포와 직면해야 했다. 이미 외상 후 스트레스 장애(PTSD)를 앓고 있었던 것이다.

    이라크와 아프가니스탄에서의 거듭되는 군 복무로 미국 군인 약 3분의 1이 스트레스와 트라우마, 그리고 상상할 수 없는 고통에 시달린다.[1] 나는 군인, 예비군, 참전 용사 들이 PTSD를 치료하기 위해, 명상 수련을 포함하여 가능한 최상의 의료적·심리적 치료를 받을 수 있도록 최대한 모든 노력이 기울어져야 한다고 생각한다. 그런데 군대는 전투 배치에 앞서 "전투 성과를 최적화"하기 위해서도 이 방법들을 이용한다.[2] 더 유능한 살인자로 훈련시키기 위해 마음챙김을 이용하는

---

* 동남아시아 사람을 모욕적으로 부르는 인종차별적 용어.

것을 나는 강하게 반대한다.

가장 최근의 연구에 관한 진술에서 언급된 것처럼, "미 육군은 군인들의 인지 활동과 안녕을 최적화하기 위한 저비용 도구로 군인들에게 제공한 마음챙김 훈련을 분석했다."[3] 기초 연구에서는 정예 특수 작전 병력 120명을 추적했다. 이들은 군대에서 이용하는 다른 과정들과 마찬가지로, MBSR을 변형한 '마음챙김에 기반한 주의력 훈련Mindfulness-Based Attention Traning, MBAT'의 가장 기본적인 8시간 과정을 이수했다. 연구는 "지속적인 주의력 반응" 기술 연마와 전투의 연관성을 강조하면서, "소총을 사용한 모의 교전에서 속도와 정확성 둘 다에서 비슷한 이점이 있다."라고 보고한다.[4] 다시 말해, 군사들의 명중 가능성이 더 향상된다는 것이다.

이 연구의 주 저자는 마이애미 대학교의 '마음챙김 연구와 실천 계획'의 공동 대표인 아미시 자Amishi Jha였다. 자는 군인들을 대상으로 하는 마음챙김 교육의 세계적인 권위자로서, 그에 따르면 사전 배치 훈련은 일종의 "정신의 갑옷"으로 작용해 전투 스트레스를 예방한다.[5] 나는 이런 용어가 군대가 좋아하는 전체주의식 이중화법, 즉 윌리엄 러츠William Lutz 교수가 즐겨 말하는 "책임을 회피하거나 전가하는 언어, 진정한 혹은 알려진 의미와 상충되는 언어"의 또 다른 예라는 생각이 든다.[6] 이것은 "국부 공격"(종종 불발인), "부수적 피해"(예측 가능한 민간인 살해), "카펫을 깔다"(집중 폭격)와 같은 완곡하고 모호하며 혼란스러운 전문 용어로 생각을 방해한다. 마음챙김이 "부대 배치에 따른 스트레스 요인들"에 대한 예방책이라고 말하는 것은 살해 임무를 숨기는 연막에 지나지 않는다.

2003년 미국이 주도한 이라크 침공 이후 이라크의 사망자 수는 보수적으로 평가하더라도 50만 명에 달한다는 사실을 잊어서는 안 된다. 미군이 약 5,000명 사망했고, 의회 예산처에 따르면 2017년에 이라크와 아프가니스탄에서 부당한 전쟁—둘 중 어느 쪽도 끝날 조짐이 보이지 않는—을 치르느라 사용된 비용은 2조 4,000억 달러에 달한다. 2018년 초 아프가니스탄의 민간인 사상자는 하루 평균 약 10명으로, 최고치를 기록했다.

도덕관념이 배제될 때 생기는 혼란들

2009년 당시에, 아미시 자는 군대의 마음챙김 적용에 관한 결과를 달라이 라마에게 보여주었다. 자는 자신의 "과학이 선악을 위해 이용될 수 있는지" 여부에 관해 "상당히 혼란스럽다."라고 말하면서, 다음과 같은 말로 승인을 구했다. "내 견해로는 수련을 제대로 익힌다는 가정하에, 이 수련들이 삶을 개선할 뿐 아니라 자질을 개발하고 나아가 더 큰 이로움으로 이어질 수 있을 것으로 생각됩니다." 달라이 라마에게서 답이 없자, 자는 조언을 구하며 말을 이었다. 대답은 퉁명스러웠다. 달라이 라마는 한 마디로 말했다. "전혀요!" 그리고 주변 사람들이 웃는 동안 잠시 말을 멈춘 뒤에 덧붙였다. "당신의 노고에 감사드립니다. 그게 다입니다."[7]

자는 자신이 하는 일은 피해를 줄이기 위한 것이라고 변호한다. 최근 연구에서 그녀는 이렇게 주장한다. "민간인 부상이나 아군에 의한 총격 부상은 사수들이 목표물을 오인하거나, 민간인이나 아군에게 의도치 않은 해를 초래할 우세 반응*을 제대로 제어하지 못할 경우에 빈번하게 발생한다. 단 한 순간의 주의 과실이나 인지 실패로 인해 불필요한 인명 손실이 발생하거나 중요한 임무 목표가 실패한다면, 이를 방지하기 위한 개입의 기회가 필연적으로 마련되어야 할 것이다."[8]

임무 완수로 군대를 돕는 것 외에 인명 손실을 막는 더 좋은 방법은 과연 없을까? 이런 맥락에서 마음챙김이 "올바르게 가르쳐질" 거라는 전망에는 상당히 논란의 여지가 있으며, 특히 주로 집중력을 가르치면서 프로그램을 확장할 때는 더욱 그렇다. 자는 미 육군과 국방부로부터 700만 달러가 넘는 연구 보조금을 받았고, 개입주의 외교정책을 옹호하는 싱크 탱크, '헨리 잭슨 소사이어티'로부터 추가로 100만 달러를 받았다.[9]

군대는 마음챙김에 상당한 비용을 들인다. 미 육군만 하더라도 포괄적 장병 건강 프로그램의 일환으로 회복력을 연구하는 데 1억 2,500만 달러 이상을 투자했다.[10] 논란 많은 이 프로그램은 110만 미국 장병에게 긍정 심리학을 가르치기 위해 펜실베이니아 대학교의 마틴 셀리그만 교수에게 3,100만 달러짜리 계약을 무입찰로 주었다.[11] 포괄적 장병 건강 프로그램은 마음챙김을 비롯하여 정서적 자기조절 기술 훈련법을 제공한다. 또한 미 육군 연구소는 "신속한 회복력"과 관련된 연구를 위해 약 100만 달러를 발레리 라이스Valerie Rice**에게 제공했다.

회복력이 필요한 정황에 대한 논의는 금기시되고 있다. 임상 심리학자 존 딕맨John Dyckman은 포괄적 장병 건강 프로그램에 참여한 군인 및 민간인과 함께 어느 회의에 참석했던 일을 회상한다. "논의의 기본 원칙으로, 우리가 그들의 '임무', 즉 도덕성이 의심스러운 전쟁들에

---

* 상황이 요구하는 반응보다 우세한 습관적 반응.
** 미 육군 군비 연구 개발 공학 센터, 인간 연구 및 공학국 이사.

관해 윤리성을 논하지 않을 것을 요구했다." 딕맨은 이 요구에 이의를 제기하면서, 선출 공무원들이 군대를 통제한다는 사실을 떠올렸다. 그가 들은 말은 이랬다. "도덕적 책임은 정부, 그리고 정부를 선출한 국민에게 있다."[12]

한편 과학자들은 마음챙김을 군대에 적용하기 위해 도덕관념을 배제한 틀을 마련한다. 원래의 모형—MBSR을 기반으로 하는—은 '마음챙김에 기반한 정신건강 훈련Mindfulness-Based Mind Fitness Training', 짧게 줄여 MMFT 혹은 "M-Fit"이라고 불렸다. 이것은 전투에 배치되기 전에 군인들에게 제공된 훈련으로, MMFT를 만든 엘리자베스 스탠리Elizabeth Stanley와 자의 연구에 따르면, "정신건강 기술이 성과를 향상시킬 수 있음을 보여주는, 실제 상황에서 벌어진 폭동 진압 환경의 실례"를 기반으로 했다.[13]

해군 건강 연구 센터의 전투원 성과 연구소는 MMFT를 이용한 초기 실험을 실시했는데, 샌디에이고 인근에 모형 아프가니스탄 마을을 만들어 놓고, 해병대 소대원들에게 스트레스를 일으키기 위해 폭파가 일어나는 환경, 비명을 지르는 배우들과 맞닥뜨리는 상황을 연출했다. "실제 상황에 부딪쳤을 때 지나치게 무분별한 행동이 일어나지 않도록, 지금 여러분에게 이런 감정들을 주는 것이다." 자일스 로이스터 중령은 전투 경험이 별로 없는 어느 팀에게 이렇게 말했다. "이 훈련을 통해 여러분은 스스로를 진정시킬 수 있게 될 것이다."[14] 해병대는 그들이 마음챙김을 남용하고 있다는 의견을 무시했다. 버지니아 주 콴티코 기지에 있는 해병대 교육훈련 사령부의 제프리 베어러는 이렇게 말했다. "이런 프로그램들이 동양식 사고를 바탕으로 하는 종교적 수련이라고 말하는 사람도 있을지 모르지만, 이것은 그것을 훨씬 넘어선 것입니다. 종교적인 수련과 전혀 관련이 없는, 스트레스를 더 잘 다스리도록 정신을 준비시키는 과정입니다."[15]

MMFT의 목적상, "마음챙김은 판단이나 고심, 감정적 반응 없이 지금 이 순간의 경험에 온전히 집중하는 것을 특징으로 하는 정신의 방식이다."[16] 이 말은 카밧진이 만든 MBSR의 사업상 정의를 쉽게 풀어 쓴 것으로, 카밧진은 아미시 자가 여전히 고문을 맡고 있는, 군인들을 대상으로 하는 마음챙김 교육과 오래 전부터 관계가 있었다.[17] 스탠리가 인용한 2014년의 한 인터뷰에서, 그는 베트남 전쟁에 반대한다고 짧게 언급한 뒤, 최근 군인들과 친하게 지내고 있으며 그들 가운데에는 "적어도 훌륭한 마음챙김의 가치에 대해 이야기 나누는 것에 흥미를 느끼는 관할 부대 장군들이 상당수" 포함되어 있다고 상세히 이야기한다. 한편 카밧진은 다음과 같이 말한다.

콜 브루미지[육군 군의관]가 내게 오하우 섬에 와서 이틀 동안 마음챙김 명상을 지도해 달라고 청했다. 리즈 스탠리와 나는 함께 약 200명의 장병을 지도했다. 우리가 이렇게 씨를 뿌리면 분명 실보다 득이 많을 것 같았다. 이런 탐험들은 육군 의무감, 해군과 공군의 선임 장교들과 함께 계속 진행되었다.[18]

이 짧은 하와이 여행 경비가 납세자들 주머니에서 나왔든 어떻든 간에, 카밧진과 군대 고위 간부와의 공모는 윤리적 문제를 제기한다. 그가 "실보다 득이 많은 것"에 대해 어떻게 "느끼든", 전통적인 틀에서 벗어난 카밧진의 마음챙김은 윤리적으로 모호한 성격을 띤다. "주의 집중에 의한 통제력 훈련"이나 "스트레스 면역" 같은 MMFT의 기술 관료적인 표현은, 카밧진이 마음챙김을 "순수한 주의 집중"으로 축소하고 탈맥락화한 적용에 쉽게 넘어가도록 내버려 두지 않았다면 가능하지 않았을 것이다. 윤리적 양상들이 제거되지 않았다면 마음챙김 훈련이 군사 임무와 양립할 수 없었을 것이다. 군인들은 신병 훈련소 시절부터 적에게 고통과 해를 가하라고 주입을 받으니 말이다.

카밧진은 마음챙김이 어떻게든 이 문제를 해결해 군인들을 더 친절한 사람으로 만들 거라고 상상하길 좋아한다. 언젠가 그는 오프라 윈프리에게 이렇게 말했다. "은행가나 군인들은 전문적인 기술을 향상시키기 위해 마음챙김을 이용하겠지만, 그와 동시에 인류에 대한 타고난 연민도 함양시키게 될 것입니다."[19] 이런 거품 같은 의견을 뒷받침하는 증거는 어디에서도 찾아볼 수 없다. 마음챙김이 숙련된 살인자들을 연민의 모범으로 만들어, 양심에 어긋날 땐 살인 명령을 거부한다면, 미 국군은 마음챙김에 쏟아 부은 투자를 당장 중단할 게 분명하다. MBAT와 MMFT는 광고 그대로 군인들의 집중력 향상과 스트레스 관리를 돕는 것 같다. 그렇게 해서 무고한 사람들을 향해 미친 듯이 쏘아 대는 것을 막는다면, 제2의 미라이 학살*이 벌어지는 것보다는 낫겠지만 전쟁이 수반하는 대량 살상을 멈추게 하는 데에는 별 도움이 되지 않을 것이다.

MMFT의 창시자 스탠리는 더 직설적이다. 군 정보 장교 출신인 그녀는 자신의 말마따나, "독립 전쟁 이후로 모든 세대가 미 육군에 복무한 스탠리 가문의, 긴 전사의 혈통을 잇고 있다."[20] MMFT에 대한 그녀의 설명은 살상이 여전히 군인의 핵심 목표임을 분명히 밝힌다.

---

* 베트남 전쟁 중 미군은 미라이 마을에서 민간인을 대량 학살했다.

진정한 전사는 자신의 육체와 정신을 고요히 진정시킬 수 있어야 한다. 힘을 불러일으키기 위해, 혹독한 환경 조건에서 인내심을 발휘하기 위해, 자기 자신과 타인, 그리고 더 넓은 환경을 인식해 통찰력 있는 선택을 하기 위해, 자기 자신, 자신의 동포, 자신의 적, 그리고 자신이 배치된 지역에 연민을 느끼기 위해, 감정의 자극이 일어나는 동안 과잉 반응하지 않도록 자제력을 발휘하기 위해. 그렇지만 상황이 요구하면 한 치의 망설임 없이 깨끗이 살인할 능력도 갖추어야 한다.[21]

그녀가 다른 곳에서 피력한 것처럼, MMFT의 기본 가르침—"무슨 일이 일어나고 있는지에 주의를 기울인다"—은 결코 새로운 것이 아닙니다. 그녀는 말한다. "지난 천 년 동안 군인들은 전투에 나서기 전에 이런 기술을 이용해 왔습니다. 명상은 사격 연습만큼이나 군대의 기본 훈련이 될지 모릅니다. 더 효율적이고 회복력이 뛰어난 부대를 만들기 위한 또 다른 방법으로 말입니다."[22] 틀린 말이 아니다. 불교가 정부와 긴밀하게 동맹을 맺을 땐 불교 역시 군사화의 도구로 이용되었다. 제2차 세계대전 당시 일본의 선불교가 그랬던 것처럼, 윤리의 끈이 끊어질 때 특히 그럴 가능성이 크다.

선 수행과 M-16의 예술

《전쟁 중의 선 수행Zen at War》에서 저자 브라이언 빅토리아는 일본 불교의 두 종파인 소토 파와 린자이 파가 어떤 식으로 군사 제국주의를 지지했는지 폭로한다.[23] 20세기 초, 일본은 러일전쟁에서 대대적인 승리를 거두었다. 아시아의 힘이 유럽을 물리친 최초의 전쟁이었다.

많은 전쟁 옹호자들이 일본의 맹렬한 투지가 무사도라는 오래된 규범에서 기인한다고 보았다. "공空"과 "무無" 같은 개념을 왜곡한 해석들은 살인 행위는 카르마에 영향을 주지 않는다는 불이론不二論*을 부추겼다. 17세기 선사 타쿠안은 사무라이 제자들에게 "뽑힌 칼은 제 의지가 없으니 오직 공하다. 곧 쓰러질 사람이 공하며, 칼을 휘두르는 사람 또한 공하다."라고 말했다.

유명한 학자 D. T. 스즈키는 1938년에 처음 발표한 책《선과 일본 문화》에서 이 말을 인용했다. 스즈키 선사는 감화를 불러일으키는 선불교 스승으로 1950년대에 서양에서 더 많이 알려졌는데, 역시 제2차 세계대전 시기에 살인을 합리화하는 데 일조했다. 제국주의 버전의 선禪은 불교 교의를 바꾸어 놓았고, 전쟁에 총력을 기울이기 위해 명상을 끌어들였다. 믿기 어렵겠지만, 전쟁은 일종의 자비의 표현으로 간주되었다. 전투, 교전하다가 죽는 것까지도 천황에게 입은 은덕을 갚는 길이었고, 일본의 군인들은 나라를 구하기 위해 자신의 생명을 아낌없이 바치는 "보살"로 여겨졌다.

"칼은 대체로 살인과 관련이 있는 까닭에, 대부분 사람들은 칼이 어떻게 사랑과 자비의 진리를 가르치는 불교 학파인 선불교와 연결될 수 있는지 의아해한다." 스즈키는《선과 일본 문화》에서 이렇게 썼다. "사실 검술이란 생명을 죽이는 칼과 생명을 살리는 칼을 구분하는 것이다." 그는 "부득이 칼을 들어야 하는 사람"은 단순하게 살인하는 사람보다 더 큰 소명을 갖고 임하는 것이라고 애써 설명한다. 그 사람이 무지막지하게 칼을 휘두른다 해도 "그것은 마치 칼이 정의의 기능을 스

---

* 나와 너, 삶과 죽음, 선과 악, 음과 양 등이 둘로 나뉜 것이 아닌 하나라는 불교의 가르침.

스로 행하는 것과 같다. 그것이 곧 자비의 기능이다."[24]

이러한 선과 칼의 조화는 장병들을 세뇌시키는 데 핵심적인 역할을 했다. 널리 인용되는 또 한 명의 스승은 스즈키 쇼산인데, 그의 17세기 가르침들은 사마디의 중요성을 강조했다. 사마디란 산스크리트어로 흔히 "삼매三昧"라고 번역된다. 사무라이들의 힘의 원천은 한 가지 일에만 집중하는 것이라고 쇼산은 설명했다. "특히 무술은 느슨한 정신으로는 행할 수 없다. 사마디의 에너지는 선불교의 모든 것이다. 무사는 자신의 기량을 발휘하는 동안 선불교의 사마디에 들어 있다."[25]

쇼산은 특히 함성 좌선 수행, 그러니까 "전쟁의 함성 한가운데"에서 선 명상을 해야 한다고 강조했다. 이것은 전쟁터의 스트레스에 대처하기 위해 배우들이 고함을 지르며 해병대를 훈련시키는 현대화된 버전의 군대 마음챙김과 상당히 유사해 보인다. 무사에게 권고하는 쇼산의 말을 들어보자.

시작부터 혼잡한 가운데 참선을 수행하는 것이 가장 좋다. 특히 무사는 전쟁의 함성 속에서 효과가 나타나는 참선을 반드시 수행해야 한다. 총성이 울리고, 창과 창이 첨예하게 부딪치며, 함성이 울려 퍼지고, 싸움이 계속된다. 그리고 바로 이러한 상황에서 무사는 굳건히 명상을 실천에 옮긴다. 이럴진대 고요를 찾아 참선하는 것이 그에게 무슨 소용이 있겠는가? 무사가 아무리 불심이 깊다 해도 전쟁의 함성 속에서 도움이 되지 않는다면 차라리 불교를 내다 버리는 편이 나을 것이다.[26]

빅토리아가 책에서 설명한 것처럼, 제2차 세계대전 당시 "가부좌 자세로 하는 명상(참선)은 사마디에서 비롯한 정신력―과거 사무라이들에게 그랬던 것처럼 현대의 일본 군인들에게도 유용했던—의 근원이었다."[27] 이와 유사한 일점 집중법一點集中法은 특수 공격 부대 카미카제("성스러운 바람") 조종사들에게 영감을 주었다. 소토 선불교의 마스나가 레이호는 심지어 스스로 목숨을 끊고자 하는 그들의 정신은 "완벽한 깨달음을 성취하겠노라는 발심"이라고 말했다.[28]

이런 주장들—마음챙김은 그저 주의를 집중하는 것이라는 현대적 개념뿐 아니라—과 달리, 전통적인 불교의 가르침들은 고의적인 살생을 명백히 금지한다. 이 기본적인 계율은 불교 교리 안에서 다양한 형태로 발견되는데, 기본적으로 공유된 약속은 다른 존재에 대한 비폭력과 비살생, 모든 중생을 향한 선한 의지의 함양이다.

이런 사상들과 분리될 때—혹은 군국주의적 선禪이라든가, 현대 미얀마에서 소수 이슬람교도를 악마화하는 것처럼 정치 원리와 결탁할 때—마음챙김 같은 영적 수련들은 폭력을 정당화하는 데 쉽게 악용된다. 스탠리는 MMFT가 집중력 향상을 위한 한 가지 방법일 뿐이라고 생각하기 때문에, 마음챙김 살인자들을 훈련시키기 위해 이 방법을 사용해도 아무런 문제가 없다고 생각한다. 《생물에서 영감을 받은 혁신과 국가 안보Bio-Inspired Innovation and National Security》의 한 장에서 스탠리는 다음과 같이 이야기한다.

군대는 이미 마음챙김 훈련—명칭은 이와 다르지만—을 아마도 무기 발사 같은 가장 기본적인 군사 기술에 통합시키고 있다. M-16 소총 발사법을 배우는 군인들은 호흡에 집중하는 법, 숨을 내쉬면서 방아쇠를 "잡아당기며" 호흡의 과정과 방아쇠를 잡아당기는 손가락의 움직임을 일치시키는 법을 배우게 된다.[29]

마음챙김과 무기 발사를 결합시키는 방식은 선과 칼에 관한 스즈키의 주장과 매우 유사하다.

마음챙김 테러리스트

1930년대 일본의 암살범들은 선불교 사마디의 힘을 이용해 하필이면 전 재무장관을 살해했다. 재판에 회부되었을 때 살인자 중 한 명은 다음과 같이 이유를 밝혔다.

참선 수행을 시작하고, 삼매 상태에 들어섰습니다. 난생 처음 경험하는 것 같았습니다. 영혼과 내가 합일되는, 완전히 합일되는 느낌이 들었고, 명상 자세로 앉아 눈을 반쯤 감았다 떴을 때 향에서 연기가 피어올라 천장에 닿는 모양을 알아차렸습니다. 그 순간 문득 이런 생각이 떠올랐습니다. 그날 밤 [살인을] 실행할 수 있겠다고 말입니다.[30]

보다 최근에 발생한 이와 유사한 예는 노르웨이 극우 과격주의자이자 대량 살인범인 아네르스 베링 브레이비크를 들 수 있다. 2011년 브레이비크는 오슬로 도심에서 차량용 폭탄으로 8명을 살해했다. 그런 뒤엔 총기를 난사해 여름 캠프 참가자들을 69명을 살해했다. 브레이비크는 스스로 파시스트이자 오딘*과 나치 숭배자라고 밝혔을 뿐 아니라, 자신을 깨달음을 추구하는 일본의 자살 특공대와 비교했다. 정신감정에서 브레이비크는 "행복에서 슬픔, 좌절, 절망, 두려움에 이르는

---

* 북유럽 신화에 등장하는 군대를 보호하는 신.

모든 영역의 인간적인 감정을 죽이기" 위해 명상을 이용했다고 진술했다.[31] 그렇지만 그로 인해 그는 희생자들에 대한 공감마저 잃었다. 법원의 정신의학 전문가는 그에 대한 보고서에 다음과 같이 기록했다.

그는 자신이 저지른 행위와 관련하여 어떠한 감정도 보이지 않으며, 다른 '전사들', 가령 아프가니스탄 군인들과 그 밖에 (목숨을 걸고) 임무를 수행하는 군인들과 마찬가지로, 자신의 탈감각 상태가 명상(죽음을 가벼이 여길 수 있는 무사도 명상)의 결과라고 설명한다.[32]

이런 예들은 명상을 단순히 주의력 훈련법으로 여길 때 생길 수 있는 위험을 보여준다. 탈맥락화한 마음챙김은 테러리스트와 살인자 들에게 매우 유용하다. 그런데도 카밧진은 이런 군사화된 수련에 관한 중대한 우려들을 해결해야 한다는 요청을 받을 때마다 특유의 화려한 말솜씨로 모호하게 얼버무린다.

씨실과 날실로 직조된 마음챙김은 타인에게 해를 끼치지 않는 것, 현상의 본질을 깊이 보는 것을 지향합니다. 어떤 면에서 이는 보는 자와 보이는 자, 대상과 주체 사이의 상호 연결성을 볼 것을 암시하거나 혹은 적어도 요청하는 것이지요. 이것은 애초부터 윤리적 토대에 기초한 비이원적인 관점입니다.[33]

그는 이렇게 전하면서, 마음챙김은 "애정 어린 관심"을 기르는 일이며 따라서 본질적으로 유익하다고 주장함으로써 사태를 더 모호하게 만든다.[34] 군인이 M-16 방아쇠를 당기는 동시에 아프가니스탄을 향해

"애정 어린 관심"을 드러낸다는 생각은 터무니없어 보인다. 훈련받은 전투 병력이 대체 무슨 수로 "해를 가하지 않을" 수 있으며, 대체 무슨 수로 해병대와 그들의 목표물이 "상호 연결되어 있음을 볼" 수 있단 말인가? 특히나 미국의 임무와 정치적 목적의 미심쩍은 성격 때문에, 군대 마음챙김에 윤리를 통합하기란 매우 어려울 것 같다.

프랑스의 승려 마티유 리카르가 지적했듯이, "차분하고 안정된 마음을 유지하며 마음챙김을 하는 저격수, 마음챙김을 하는 사이코패스는 있을 수 있다. 그러나 남을 배려하는 저격수와 남을 배려하는 사이코패스는 있을 수 없다."[35] 그럼에도 불구하고 살인을 하는 동시에 배려하는 군대의 훈련 방식은 크게 바뀔 것 같지 않다. 사람들이 성실하게 시도해 보지만 말이다. 딕맨은 카밧진의 합리화를 거부하면서, 군국주의에 열광적으로 협력한 과거 때문에 여전히 시달리고 있는 일본의 선불교를 통해 깨달은 바를 이야기한다. 딕맨은 "우리는 그런 부끄러운 역사를 반복하지 않기 위해, 비폭력의 맥락과 불교의 수행 '기법'을 구분하는 것에 매우 신중해야 한다."라고 경고한다.[36]

군대 마음챙김을 옹호하는 사람들은 이것을 "피해 감소"의 한 형태라고 말한다. 그들은 군대 마음챙김이 작업 기억 용량과 정서적 자기 조절 능력을 향상시켜, 군인들이 전장에서 과잉 반응하지 않도록 예방한다고 말한다. 이것은 그냥 하는 말이 아닐 것이다. 전투병과 어린아이를 분간하는 것은 확실히 필요하다. 그러나 이런 이점들에 초점을 맞추게 되면, 훈련된 살인자들이 실전에서 더 성과를 내기 위해 마음챙김을 활용하는 것에 대한 광의의 윤리학과 정치학으로부터 관심이 멀어지게 된다. 군인들을 위한 "주의력 통제"는 불교의 올바른 *마음챙김*과 구별되어야 한다. 불교에서 마음챙김의 목적은 사격술을 향상시키는 것이 아니라, 자비심과 유익한 정신, (남에게 해를 끼치지 않는) 방편*을 기르는 것이다. 이 모든 것은 "적"으로 여겨지는 사람들을 포함하여 모든 지각 있는 존재에게 봉사하기 위해서다.[37]

이것은 MMFT, MBAT 혹은 다른 모든 형태의 군대 집중력 훈련의 목적들과 거리가 멀다. 군인들이 민간인을 죽일 뻔한 성급한 판단을 모면하는 짧은 동영상 몇 편이 이런 수련이 윤리적으로 타당하다는 근거가 되지는 않는다. 아마도 "군대 윤리"라는 제한된 세계에서는 이것을 돌파구로 간주할지 모르겠다. 그러나 미국이 정당한 이유 없이 다른 나라들을 침범하고, 미국을 전쟁 범죄로 기소하는 모든 기관의 권위를 묵살하는 상황에서 이것은 별 의미가 없다.

미국 군대는 폭력과 제도화된 악의를 조장하는 대단히 체계적인 시스템이다. 살인은 군대의 존재 이유raison d'etre다. 제2차 세계대전 당시 군인의 75~80%가 노출된 적을 향해 사격을 하지 않아 미국 장군들이 크게 우려했다는 사실은 거의 알려지지 않고 있다. 베트남 전쟁이 한창일 때는 신병 훈련소에서 심리 기법들을 강화한 결과, 사격율이 거의 95%까지 증가했다.[38] 오늘날에는 탈감각화, 조작적 조건 형성, 부정의 방어기제를 이용하는 등 심리 기법들이 잘 정착되어 있다. 신병들은 명령을 받으면 해를 가하도록 체계적으로 훈련 받는다. 마음챙김은 그들이 더 잘 회복하도록 돕는다. 마음챙김 덕분에 그들이 고향으로 돌아와 자살을 시도하거나 강력 범죄를 저지를 가능성이 줄어든다면, 아마도 이것은 피해 감소로 간주될 것이다. 그러나 이것은 히포크라테스 선서, 그리고 본래 MBSR이 발전하게 된 맥락인 해를 끼치

---

* 중생을 구제하기 위하여 쓰는 묘한 수단과 방법을 의미하는 불교 용어.

지 말라는 것으로 *시작*하는 이 선서의 원칙과 완전히 거리가 멀다.

부처의 말씀 어디에도 민간인이든 적이든 다른 인간을 고의로 죽이는 것을 정당화하는 내용은 없다. 프레마시리 박사와 락시리 자야수리야 같은 학자들은 초기 불교 경전에는 성스러운 전쟁—또는 "정당한 전쟁"—이라는 개념이 없다고 분명히 밝힌다.[39, 40] 부처는 인간적인 갈등이 일어나는 불가피한 현실을 부정하지 않았지만, 군대와 가까이 하거나 군인들의 회복력을 더 잘 갖추도록 가르치는 일은 하지 않았다. 오히려 부처는 왕과 장군들에게 폭력적인 수단을 삼가라고 충고하면서, 갈등의 기원을 살피고 갈등을 해결하기 위한 방편을 찾으라고 권했다.

카밧진이 주장하는 것처럼 MBSR이 "부처의 가르침과 동일하지는 않더라도, 동일한 범위에 있는 보편적 다르마"를 표현한 것이라면, 마음챙김 공동체는 분명한 선택을 해야 할 것이다. 군대에 적용한 방법들은 불교의 가르침과 부합하지 않는다고 분명히 밝히든지, 그렇지 않으면 상투적인 말과 모호한 표현을 버리고 용감하고 솔직하게 윤리적 딜레마를 직면하고 미 군국주의와 공모하고 있음을 인정하든지.

13장

정치에서의 마음챙김

미국 하원의원 팀 라이언은 경합 지역인 오하이오 주에서 3연속 재임에 성공한 뒤 스트레스에 시달리다가, 카밧진의 마음챙김 명상에 등록해 통찰을 얻었다. 머릿속 압박감에서 해방되자 그는 마음챙김의 혜택을 모두와 나누고 싶다는 갑작스러운 충동을 느꼈다. "내가 어렸을 때 누가 이 방법을 가르쳐줬다면 얼마나 좋았을까?" 그는 저서 《마음챙김 국가 A Mindful Nation》에서 이렇게 회상한다. "나는 두 살 조카에게, 동생에게, 어머니에게 이 방법을 알려주고 싶었다." 그는 자신이 "약간 흥분"했음을 얼른 알아차렸고, 그의 준비된 자아는 본격적으로 팔을 걷어붙였다. "나는 사회의 중요한 측면들에 마음챙김을 접목하기 위해 의회와 세출위원회에서 마음챙김을 주장하기로 결심했다."[1]

　카밧진은 기뻐하며 라이언의 책 서문에 이렇게 쓴다. "우리 각자는 개인적으로 얼마간 책임을 갖고 마음챙김에 의한 알아차림을 구체화하는 자신만의 독특한 방법을 발전시켜 세상에 영향을 미칠 수 있다. 이것은 분명 더 큰 사회와 세상의 안녕에 우리가 기여할 수 있는 가장 심오한 방법 가운데 하나일 것이다."[2] 한 번에 한 명씩 개인을 변화시키고 나아가 세상을 변화시키는 것, 이것은 카밧진의 혁명적 비전이다.

"마음챙김은 의식의 변화에 깊이 영향을 미치는데, 이는 고통과 고통의 인간적인 원인들이라는 우리 문제의 근원을 밝힌다는 점에서 급진적인 행동이다."라고 카밧진은 말한다.[3] 우리가 할 일은 다만 자신의 내면을 검색하는 것뿐이다. 그러다 보면 세상은 변화될 것이다. 그러므로 우리가 실질적으로 해야 할 일은 더 많은 마음챙김 교사들을 훈련시키는 것이다.

하지만 라이언이 다른 임무를 수행했다면 어땠을까? 그가 건포도 한 알로 마음챙김을 하며 경탄에 잠겼을 때("건포도 한 알을 그저 바라만 본 적이 있는가?"), 자기중심적인 관점이 아닌 더 넓은 시각으로 건포도를 바라보았다면 어땠을까? 특권을 지닌 의회의원이 건포도의 모양, 느낌, 냄새, 맛이 어떻게 느껴지는지에 주의를 기울이는 대신, 이 건포도 한 알이 재배되는 농가에 대해, 히스패닉 이민자들이 산 호아킨 밸리에서 포도 200송이를 딸 때마다 1센트씩 받으며 뼈 빠지게 일한다는 사실을 깊이 생각했다면 어땠을까? 건포도에 관해 깊이 생각하다가, 소처럼 일하는 일꾼들을 잡아다 강제 추방시키는 미국 이민세관단속국 직원들을 떠올릴 수도 있었으리라. 어쩌면 라이언은 건포도 농장의 스모그를 인식할 수도 있지 않았을까? 물 부족에 대해, 혹은 캘리포니아 중부에서 그가 명상을 위해 머물고 있는 뉴욕의 캐츠킬까지 건포도를 운반하기 위해 태워진 화석 연료에 대해서는 어떤가? 건포도를 내리고 포장해 선반에 진열한 슈퍼마켓 직원에 대해서는? 기업형 농업과 슈퍼마켓 체인점들을 운영하는 CEO는 상점 직원의 수백 배의 돈을 번다는 사실을 라이언은 인식했을까?

말할 것도 없이, 라이언의 책은 이런 문제들 중 어느 것에 대해서도 묻지 않는다. 오히려 긍정적인 정신 훈련으로 개인의 질병을 없앨 수 있다고 가르치던 19세기 신사고 운동에서 파생된 일종의 "마음 치유"를 외친다. 그가 일찍이 영감을 받은 이가 과학인 척 위장한 힌두교 신비주의의 공급책인 디팩 초프라였음은 놀랍지도 않다. 라이언은 이렇게 회상한다. "나는 자동차를 운전하며 로스쿨을 오가는 동안《성공을 부르는 일곱 가지 영적 법칙》을 150만 번은 들었다."[4] 고등학교 시절 쿼터백 선수로 뛰었던 라이언은 전설적인 NBA 코치 필 잭슨이 마이클 조던과 시카고 불스 선수들에게 명상을 지도했다는 사실을 알게 되면서 마음챙김에 관심을 갖기 시작했다. 마음챙김이 그들을 완벽하게 만들었다면, 정말 강력한 힘이 있는 게 틀림없었다. 라이언이 이것을 모든 사람과 공유하길 바라는 것도 당연하다. 승리는 그가 잘나가고 있는 신자유주의 세계의 게임 이름이기 때문이다. 2002년 스물아홉 살의 나이에 당선되었을 때, 라이언은 최연소 하원의원이었다. 트럼프가 당선되었을 때 그는 자신이 트럼프와 함께 더 잘 일하도록 마음챙김이 도울 거라고 생각했다. 어쩌면 트럼프를 이기게 도울 수도 있을 거라고.[5]

치료 요법으로서의 정치

라이언 지역구의 사람들은 대부분 승리와 거리와 멀다. 영스타운은 쇠락한 공업도시로 브루스 스프링스틴의 노래에 그 쇠락이 영원히 남아 있다. 한때 철광 생산 도시로 알려졌던 영스타운은 제조업의 몰락으로 연봉이 높은 일자리 수천 개가 사라지자 인구의 60% 이상이 빠져나갔다. 도시는 높은 비율의 빈곤, 실업, 범죄, 가정 폭력, 정신 질환에 시달리며 갤럽에서 조사한 행복 지수의 하위권을 맴돌고 있으며, 2014년에는 미국에서 가장 살기 힘든 지역으로 꼽혔다. 흡사 폭격으로 파괴된 전쟁 지역과 같은 이 도시의 생존자들을 마음챙김이 어떻게 도울 수 있을까? 더 긍정적인 마음가짐이 직업을 되찾아줄 수 있을까? 스트레스와 불안은 시민들의 책임인가? 끔찍한 상황을 냉정하게 받아들이는 것 이상의 마음챙김이 있을까?

분명 라이언이나 카밧진에게 그 이상의 마음챙김은 없을 것이다. 둘 다 이 문제에 대해 인격을 도야함으로써 희망을 회복하면 된다고 보는 선천적인 낙관주의자들이다. 라이언의 책 제목에서 알 수 있듯이, 마음챙김은 "미국인의 영혼을 되찾을" 수 있다. 그야말로 못할 게 없다. 라이언은 이렇게 쓴다. "마음챙김 운동은 달을 쏘아올린 것만큼 혹은 흑인 민권운동만큼 그렇게 극적이지는 않지만, 결국엔 큰 영향력을 행사할 수 있으리라 믿는다."[6] 이렇게 설레는 일이라니! 대체 어떻게 하면 그럴 수 있을까? 그거야 물론 일상에서 내면에 집중하면서 고통스러운 생각들을 내려놓으면 된다. 그렇게만 하면, 큰 타격을 입은 영스타운 시민들은 "미국적 가치를 회복하고 나아가 풍요로운 삶을 영위"할 수 있다.[7]

카밧진은 더 공공연하게 정치색을 없애고 있지만,《자본화된 종교 Capitalizing Religion》에서 크레이그 마틴이 한 말을 인용하자면, 마음챙김은 이미 "일종의 이념적 아편"이 되었다.[8] 카밧진의 견해를 심리학적으로 해석하면, 개인은 경험을 일으킨 원인—또는 그러한 환경을 변화시키려는 정치적 관여—을 무시하고 경험을 재구성하라는 것이다. 그는 라이언의 책 서문에 이렇게 쓴다. "마음챙김은 좌파와 우파, 공화당이나 민주당, 진보와 보수의 문제가 아니다. 근본적으로 마음챙김은 다름 아닌 인간에 관한 문제이다."[9] 그는 이런 순수한 인간 본성은 무無에서 일어나는 것이므로, 사회의 조건화에 무심할 수 있을 만큼 충분히 마음챙김을 하는 한 누구든지 그것으로부터 자유로워질 수 있다고 제시하는 것 같다. 그리고 상황이 불리하다는 걸 받아들여야 한다면, 그래야지 어쩌겠는가.

이처럼 초개인적인hyper-individual 종교는 정책적인 결과들을 낳는다. 라이언은 연방 지출에 강력한 결정권을 가진 두 위원회—미 하원 세출위원회와 예산위원회—의 위원이다. 라이언의 마음챙김 비전에는 무자비한 경쟁과 불평등이 감소한 사회를 만들기 위해 경제적 우선순위를 변경하겠다는 내용이 포함되지 않는다. 대신 학교, 회사, 정부, 군대에서 이루어지고 있는 개인화된 마음챙김 훈련에 더 쉽게 접근할 수 있게 해서 개개인이 고통스러운 환경을 극복하도록 돕겠다는 것이 그의 목표다.

라이언은 민주당이지만 "마음챙김 국가"에 대한 견해는 보수적이어서, 개인이 각자 자신의 안녕을 책임져야 한다고 생각한다. 자조 운운하는 미사여구는 정치적 투쟁의 영역을 은폐하고, 사회적·경제적 정의를 향한 결속과 추구를 약화시킨다. 다른 모든 사항은 더 깊이 마음챙김을 하기 위한 개인적인 노력에 종속된다. 라이언은 이렇게 밝힌다. "우리는 왼쪽이나 오른쪽으로 움직일 필요가 없다. 우리 모두는 내면으로 좀 더 깊이 들어가야 한다."[10] 그러나 더 친절하고 더 동정심 많은 세상을 희망하는 선의의 "깊이 있는 정치"는 신자유주의 문화가 지배하는 일상적인 현실에 맞설 기회가 거의 없다.

유기농 식품과 상품화된 요가와 마찬가지로 마음챙김은 널리 인기를 얻고 있지만 정치적인 소속은 없다. 더욱이 정치과학 교수 매튜 무어는 다음과 같이 주장한다. "마음챙김이 인간의 기본적인 가치관이나 믿음을 변화시킬 것 같지는 않으므로, 마음챙김 수련이 더 널리 인기를 얻는다고 해서 냉담한 미국인이 좌파 정당으로 더 끌릴 일은 없을 것 같다."[11]

그 결과 기회를 놓치게 된다. 스트레스는 분명 사회적 위계와 연결되며, 샌프란시스코 캘리포니아 대학교의 낸시 아들러 같은 연구자들은 사회경제적 지위에 대한 인식이 심혈관계 질환, 고혈압, 당뇨병, 관절염, 스트레스, 우울증을 포함한 다양한 질병의 강력한 예측 변수임을 밝혔다.[12] 한편 사회적 관계의 질은 적당한 물질적 기반에 의존한다. 《평등이 답이다》에서 저자 리처드 윌킨슨과 케이트 피킷은 "불평등 규모가 우리 모두의 심리적 안녕에 관한 강력한 정책 지렛대를 제공한다."라고 말한다.[13]

《마음챙김 국가》에는 이런 내용이 전혀 언급되지 않는다. 대신 라이언은 사회에 해를 입히는 문제들이 발생하는 이유는 우리가 내면의 진정한 자아로부터 멀어지기 때문이라고 주장한다. 그의 진단은 결함이 있을 뿐 아니라 옳지도 않다. 심지어 그는 대권 도전에 마음챙김을 이용할지도 모른다. 2018년 여름에 라이언은 "요가 유권자들"을 겨냥했다고 한다. 잡지 《마음챙김》의 발행인이며 라이언의 친구인 제임스 기미언 James Gimian은 이 유권자들을 일컬어 "어릴 때 엄마에게 '집중하라'는 잔소리를 들으며 자랐지만, 어떻게 집중해야 하는지, 중요한 것에 초점을 맞추기 위해 어떻게 정신을 이용해야 하는지 어디에서도 훈련받은 적이 없다는 걸 깨달은 부류의 사람들"이라고 말한다.[14]

라이언에게 중요한 것은 내면으로 들어가는 것이다. 그는 미국 의회에서 '콰이어트 타임 의원 모임 Quiet Time Caucus'을 시작했다. 민주당 직원과 하원의원 몇 명이 휴식 시간에 짬을 내 명상을 하기 위해 모이는 것이다. 모임의 이점을 한 마디로 말하면, 판단을 덜 하게 되는 것이라고 요약할 수 있겠다. 그의 말에 따르면, 우리가 더 깊이 마음챙김을 하면 "다른 사람에 대해 그리고 우리 자신에 대해 조금 덜 비난할지 모른다. 우리에게 상처를 준 사람들을 더 쉽게 용서할지 모른다. 우리와 전혀 의견이 맞지 않는 사람들과 한자리에 앉아 예의를 갖추고 정치적인 대화를 나눌 수 있을지 모른다."[15] 혹은 위즈덤2.0에 항의하는 이들과 맞선 구글 경영진들처럼 아예 무시해 버릴지도 모른다. 어느 쪽이든 라이언의 혁명적인 슬로건은 그저 "우리 모두 그냥 좀 잘 지낼 순 없을까?" 정도의 영감 이상은 줄 수 없는 것 같다.

    놀랍지는 않다. 라이언은 카밧진으로부터 상당히 많은 것을 차용하니 말이다. 영원한 지도자 카밧진은 청중이 감소할 수도 있는 입장을 취하느니 횡설수설 신비주의적인 말을 늘어놓길 더 좋아한다. 그의 목표는 사람들이 마음챙김을 하게 만드는 것이다. 우리들 중 충분한 수가 수련을 하면, 바라는 결과에 도달할 수 있을 것이다. 정치인이 우리와 함께하면, 그들은 더 친절해지고 더 많은 결실을 맺을지도 모른다. 어쩌면 그들은 심지어 젖과 꿀이 흐르는 약속의 땅으로 우리를 이끌 수도 있다. 그러나 카밧진이 저서 《의식 회복》에서 말하듯, 지금 우리가 결코 해서는 안 되는 것이 바로 정치 선전이다.

생활에서 마음챙김을 더 깊이 닦는다는 것은 우리가 이런저런 이념적 견해와 의견에 빠지게 될 거라고 암시하는 것이 아니라, 매 순간 온전한 눈으로 우리 자신을 더욱 생생하게 바라볼 수 있게 될 거라는 것을 의미한다. 그러나 마음챙김이 우리를 위해 할 수 있는 일이자 매우 중요한 기능은, 다름 아닌 우리의 의견들을, 의견이란 모든 의견들을, 의견으로서 드러내 보이는 것이다. 우리가 알게 되도록, 우리에게 그 진의를 알리고, 아마도 그 내용이 무엇이든 우리가 그것에 사로잡혀 눈멀지 않도록."[16]

어쩌면 그럴지도. 이 말은 카밧진이 가장 잘 사용하는 고지 사항 중 하나다. 희망으로 가득 찬 그의 주장들에는 "아마도"와 "~일지도 모른다" 같은 말이 곳곳에 박혀 있지만, 그는 우리에게 자신의 주장을 믿으라고 요구한다. 뒷받침할 증거를 요구받으면, 그는 어깨를 으쓱해 보이며 이렇게 말한다. "그걸 누가 알겠습니까?" 그가 어느 학술 기사에 쓴 글을 인용하자면, "나는 말하기엔 너무 이른지도 모르는 모든 생각들을 사랑한다."[17]

○ 또다시 미국에 마음챙김을 •

라이언과 카밧진은 완전한 현존을 옹호하는 것을 특정한 형태의 정치의식과 혼동하는 것 같다. 현존은 공정함을 보장하지 않는다. 영적 수행이 "진보적" 관점에 영향을 준다는 순진한 가정 때문에, 다양한 시각을 지닌 수련자의 사례들은 그들이 수련을 잘못하고 있는 게 분명하다는 주장에 묻히고 만다. 그러나 나치 친위대 대장이며 홀로코스트 설계자였던 하인리히 힘러는 요가와 명상의 신봉자였다. 심지어 그는 중세 성에서 엘리트 친위대원들의 수련을 계획하기도 했다.[18] 그는 요가 수련이 전쟁터에서 싸우는 군인들을 내적으로 무장시키고, 죽음의 수용소를 지키는 경비병들이 스트레스를 다스리도록 도울 수 있다고 생각했다.[19]

정치학자이며 불교학자인 무어는 카밧진의 추측을 믿지 않는다. 그는 마음챙김이 개인의 의견을 더욱 완고하게 만들 수 있다고 주장한다.

나의 여러 믿음과 성향들이 쉽사리 변하고 불안정하지만, 두세 가지 믿음은 변함없이 항상 존재한다는 것을 마음챙김 수련을 통해 깨닫게 된다면, 나는 이 믿음들이 내 경험의 중심일 뿐 아니라 진리라고 결론 내릴 수 있겠다. 만일 그렇게 된다면, 마음챙김은 라이언과 카밧진의 바람과 정반대 효과를 내게 될 것이다. 나를 덜 겸손하고, 덜 유연하며, 덜 관대하고, 다른 것을 믿는 이들과의 교류를 달가워하지 않게 만들면서 말이다.[20]

라이언은 노동자들의 이해에 더 깊게 관여하기를 꺼려 하는 것 같다. 1만 9,000개의 제조업 일자리를 잃은 뒤 2016년 선거에서 그의 선거구 중 하나가 공화당으로 돌아섰음에도, 그는 계급투쟁의 언어를 쓰는 것을 경계한다. "여러분은 누군가가 단지 부자라는 이유로 내가 그들을 미워하게 만들지는 않을 것입니다." 2018년에 라이언은 버니 샌더스 같은 사회주의자들과 거리를 두면서 온건파 민주당원들에게 이렇게 말했다. "나는 부자가 되고 싶거든요!"[21] 만일 그가 대권에 도전한다면, 차라리 수천만 명으로 추정되는 요가 수련자들 앞에서 연설하길 더 바랄 것이다. 하지만 그랬다간 노동자들의 표심을 잃는다는 걸 알았으리라. "일단 만나 보면, 내가 그렇게 나긋나긋한 요가 소년이 아니라는 걸 알게 될 겁니다. 나는 줄곧 노조 건물을 들락거린 사람입니다. 그리고 이제 여러분과 밀러 라이트를 마실 겁니다."[22]라고 말하면서, 현재로서는 양쪽 모두에게 자신을 팔기 위해 애쓰고 있다.

카밧진이 말하듯이 어쩌면 그럴지도 모른다. 하지만 그렇다고 해도 노동자들의 힘을 약화시킨다는 우선순위를 추가하려는 라이언의 의도가 멈추지는 않을 것이다. 신자유주의적 합의가 지배적인 상황에서 경제 정책은 자본의 이익에 기여한다. 개인은 그 결과에 타격을 입고, 명상 수련으로 상처를 치유하라는 말을 듣는다. 수련은 자제력도 가르치므로, 사람들은 기회를 얻기 위해 경쟁하는 법을 마음챙김하면서 배운다. 이런 것이 자유라고 제시되고, 사회적 연대는 부담스러운 것이라는 프레임에 가둬진다. 《산업으로서의 행복》에서 샘 빙클리가 지적하는 것처럼, 마음챙김의 지지를 받는 신자유주의 프로젝트 전체는 "직장 내 불안을 개인화하고 불안이 집단화할 가능성을 억제한다."[23]

라이언은 매우 성실하고 열성적이다. 그는 실패한 공립학교, 제 기능을 다하지 못하는 의료보험 제도를 마음챙김이 변화시킬 수 있다고, 심지어 마음챙김이 다른 경제를 촉진할 수 있다고 낙관적으로 생각하는 것 같다. 과장된 약속과 고조된 기대—언론과 과학적 관심, 그리고 상업적 압력이 결합된—의 부추김이 계속되고 있다. 그 결과 마음챙김은 단순히 지나가는 유행을 넘어서서 제도화되었다. 하지만 수많은 유행들이 나타났다 사라진다. 마음챙김이 온 세상에 퍼져 있다는 이유만으로 그것이 모든 사람에게 반드시 필요하고 중요한 것은 아니다. 그러나 라이언은 유행에 취한 나머지 과거의 유행어가 보이지 않는 모양이다.

그의 책 전편에 흐르는 숨은 의미는 마음챙김이라는 명약이 사회를 구할 수 있다는 것이다. 라이언은 이렇게 쓴다. "우리는 일련의 새로운 가치관이 필요하지 않다. 나는 우리 생활 안에 마음챙김을 조금 더 추가함으로써 일상에서 유지하고 있는 미국의 전통적 가치관—자립, 인내, 실용주의, 상호 돌봄 같은—을 활성화시킬 수 있다고 진심으로 믿는다."[24] 우리는 새로운 사상이 전혀 필요하지 않다. 그저 미국을 다시 위대하게 만들 필요가 있을 뿐이다. 으레 그렇듯 라이언의 견해는 19세기의 초월주의를 못내 아쉬운 듯 새롭게 포장해 내놓는 카밧진에게서 곧바로 찾아볼 수 있다.

소로의 자연 예찬과 목적 없는 산책을 상기시키며, 카밧진은 마치 그것이 그 무엇도 필요하지 않다는 의미로 들리게 만든다. 그는 이렇게 쓴다. "소로는 지금도 그렇듯 당시에도 사람들이 반드시 들어야 할 노래를 부르고 있었다. 오늘날까지 그는 누구든 흔쾌히 듣고 싶어 하는 이를 위해 존재의 순수한 즐거움 외에 어떤 결과에도 연연하지 않는 무집착과 사색의 심오한 중요성을 끊임없이 이야기하고 있다."[25]

○　　　　　마음챙김 로비　　　　　●

여하튼 카밧진은 정부에 마음챙김을 홍보하는 일에 집착하는 것 같다. 카밧진은 영국에서 더 큰 성공을 거두었는데, 2012년에는 영국에서 리처드 레이어드—"행복 경제학happiness economics"의 기획자—와 보통 MBCT로 부르는 '마음챙김에 기반한 인지 치료Mindfulness-Based Cognitive Therapy'를 창안한 마크 윌리엄스와 함께 의회 의원들을 만났고, 2013년에는 윌리엄스와 옥스퍼드 마음챙김 센터의 크리스 쿨렌이 의회의원들을 대상으로 8주 과정의 마음챙김 강좌를 열었다. 이후 200여 명의 의회의원과 수백 명의 직원들이 이 강좌에 참여했다.

영국 정부의 마음챙김은 언론의 관심을 한몸에 받았고, 주로 정신 건강 문제를 치료하는 데 탁월한 효과가 있다고 강조되었다. 마음챙김이 자신의 생명을 구했다고 믿는 코미디언 루비 왁스도 의회의원들에게 마음챙김을 하면 유권자에게 더욱 집중하게 되어 선거에서 승리할 수 있을 거라고 말했다.[26] 2004년 초 윌리엄스는 국가 의료보험이 적용되는 재발성 우울증 치료에 MBCT를 이용해도 된다는 영국 국립 보

건 임상 연구소의 승인을 받았다.[27]

언론에서, 그리고 정부의 공식 브리핑에서 우울증, 불안, 정신 질환의 증가율이 호들갑스럽게 강조된다. 마음챙김 관계자들은 모든 사람에게 맞지 않을 수도 있다는 주의사항은 대충 얼버무리면서, 마음챙김의 이점들은 화려한 언변으로 늘어놓는다. 정신 질환은 이를 악화시키는 사회적·경제적·정치적 환경과 모호하게 분리되어 논의되고, 그 증상들은 "증거를 기반으로 한" 과학적인 마음챙김으로 치료할 수 있는 자아와 관련된 개인적인 문제로 프레임 짜진다. 마음챙김은 사람들이 다시 직장에 복귀해 생산적인 인간이 되도록 돕는다. 10여 년간의 긴축재정으로 국가 의료보험과 공공 서비스의 예산이 삭감된 이후로 마음챙김의 매력은 점차 강해지고 있다. 《가디언》지의 칼럼니스트 매들린 번팅의 말처럼, "마음챙김은 현재 우리가 부딪치고 있는 거의 모든 건강 관리 문제에 무제한으로—그리고 싸게—적용할 수 있다."[28]

2013년에 번팅은 마음챙김 옹호 단체 하나를 공동으로 발족했다. 노동당 위원 크리스 루안Chris Ruane이 부추겨 설립된 '마음챙김 이니셔티브Mindful Initiative'는 영국은 물론 세계 전역에서 마음챙김의 재정과 교육을 지원하기 위해 정치인들과 그들의 정책 고문에게 로비를 한다.[29] 옥스퍼드, 엑세터, 뱅거, 서식스에 있는 마음챙김 연구 센터와 훈련 센터의 작업도 기획한다. 2014년에는 초당적 마음챙김 의회 단체의 설립을 돕기도 했다. 이 단체의 공식 목표는 "연구 증거, 최근의 가장 효과적인 수련, 실행 규모와 성공 여부, 정책 분야에서 마음챙김 적용의 성장 가능성 등을 검토하고, 그 결과를 기반으로 정부에 정책 제안을 개발하는 것"이다.[30]

초당적 마음챙김 의회 단체가 설립되자 언론에 대대적으로 보도되었는데, 그중 일부는 마음챙김과 관련된 곳에서 다룬 것이다. "어느 정도 그 배경 때문에 매우 흥미로운 사건이었다." 마음챙김 이니셔티브의 공동 의장이었고 잡지 《마음챙김》지의 기고자이며 유능한 마음챙김 교사였던 에드 할리웰Ed Halliwell은 이렇게 썼다.

어쩌면 우리는 의료 센터, 개인 사업, 심지어 학교에서 이루어지는 명상에 익숙해 있는지 모른다. 그러나 영국 권력 기구의 상징인 이곳에서 주요 정당 세 곳 모두의 정치인들이 명상을 진지하게 받아들이고 수행하고 있었으며, 명상을 우리 시대의 가장 긴급한 사회적 쟁점들 중 일부에 접근하기 위한 방법으로 제시하고 있었다.[31]

이 단체는 9개월간 연구를 진행한 결과, 마침내 2015년에 〈마음챙김 나라 영국Mindful Nation UK〉이라는 보고서를 발표했다.[32] 보고서의 서문은 카밧진이 작성했는데, 그는 이 보고서가 "사회의 가장 근본적이고 시급한 문제들—인간의 정신과 마음 차원에서—을 다룬" 결과들이 제시된 "훌륭하고 중요한 기록물이 될 것"이라고 단언했다.[33] 이 보고서는 의료 시설, 학교, 직장, 교도소에서 실시할 수 있는 마음챙김 프로그램을 실시하겠다고 밝혔다. 할리웰과 번팅을 포함한 저자들은 다음과 같이 말했다. "우리의 장기적인 비전은 영국이 마음챙김 국민으로 이루어진 집단이 되어, 인간의 풍요, 나아가 국가의 번영을 위하는 최선의 방법을 깊이 이해하고, 그 이해를 중심으로 국민 정신건강 서비스의 세계적인 선구자가 되는 것이다."

보고서가 발표되기 며칠 전, 카밧진은 마음챙김 열광에 편승하려는 "기회주의적 부류들"을 향한 경고로—교묘하게 비난은 하지 않으면서

—특유의 열렬한 어조로 자기 자신을 옹호하는 글을 썼다.

마음챙김의 출발인 명상 수행과 그 전통들의 윤리적 기반을 무시하고, 심오한 변화 가능성으로부터 단절시키는 깊이 없는 "맥마인드풀니스" 같은 것이 마음챙김을 장악하고 있는 게 아니냐는 우려가 일부에서 제기되고 있다. 내 경험상 이것은 결코 일반적인 현상이라고 볼 수 없다. 그런데 이런 목소리를 내는 어떤 기회주의적 부류들은 마음챙김이 이것을 만병통치약이라고 여기는 취약한 소비자들을 실망시킬 뿐인 일종의 사업이 되고 있다고 주장한다.[34]

그는 자신은 "마음챙김을 효과적으로 배우려면 섬세한 내용들을 제대로 이해해야 한다"는 걸 아주 잘 알고 있기 때문에, 자신이 보증하는 것은 그 어떤 것도 이런 비판을 받을 리 없다고 장담하기도 했다.[35] 그런데 문제는 잘못된 교육과정—혹은 마음챙김 컬러링 북, 어플리케이션, 마사지 오일, 화장품 같은 부수적인 상품들—에만 있는 것이 아니다. 상업화된 마음챙김은 훈련 프로그램이라는 형식으로 전문 지식을 판매한다. 카밧진이 공적 자금을 필요로 하는 이유도 그래서다. 그는 이렇게 쓴다. "폭넓은 인기를 얻는 단계에서 고품질의 증거 기반을 도입하고, 최고의 수행을 확립하고 전파하며, 강사를 양성하고, 마음챙김을 가장 필요로 하는 사람들을 파악하여 제대로 지원하려면 자금이 필요하다. 정부와 공공 기관은 사람들이 증거를 기반으로 한 최고의 교육과정을 더 쉽게 접하도록 하는 데 결정적인 역할을 한다."[36]

카밧진은 별안간 맥마인드풀니스와 관련하여 역사적으로 옳은 평가를 받길 원하는 것 같다. "상상력을 아무리 동원해 봐도 이것은 맥마인드풀니스가 아닙니다."³⁷ 몇 달 전 《더 사이칼러지스트The Psychologist》지에서 상업화된 맥마인드풀니스 열광에 본인이 어떤 책임이 있을지 질문을 받았을 때, 아니나 다를까 그는 무시하는 투로 이렇게 말했다. "무엇보다 이 용어는 어느 한 사람의 입 혹은 어느 한 사람의 마음에서 처음 나왔습니다. 어떤 말이 불쑥 튀어나오면 당연히 그런 용어들은 온라인에서 바이러스처럼 퍼지는 경향이 있지요. 하지만 이 용어는 어느 한 사람의 마음에서 나온 것입니다."³⁸ 그렇다. 우리가 바이러스처럼 퍼진 기사, 〈맥마인드풀니스를 넘어서〉를 게재했을 때 이 용어는 내 마음에서(그리고 이심전심인지 공저자인 데이비드 로리의 마음에서도) 툭 하고 튀어나왔다. 카밧진은 자신의 상품 MBSR을 옹호하면서 "이것은 부처의 가르침에 관한 것"이라고 주장한다. 그러니까 한마디로 문제는 이거다. 자기한테 유리할 땐 불교고, 아닐 땐 아니고. 그 밖에 "기회주의적 부류"에 관해 말하자면, 〈마음챙김 나라 영국〉의 편집자 가운데 두 명은 전문적인 마음챙김 교사다. 회의론을 저해하는 이런 점들—정부의 자금을 끌어들이기 위해 정책 문서를 준비하는 로비스트들도 그렇고—은 저명한 과학 저널의 표준 요구 사항인, 이해관계 충돌 여부를 명시하는 것으로 해결되지 않는다.

할리웰과 마찬가지로, 교사이자 편집자인 비슈바파니 역시 불교 신자다. 그는 영국과 세계 전역 대부분의 센터에서 마음챙김 과정을 운영하는 삼보불교종 공동체Triratna Buddhist Order(전에는 '서구불교종의 친구들Friends of the Western Buddhist Order'이라고 불렸다)에서 이 법명을 받았다.³⁹ 삼보불교 공동체의 또 다른 신자는 '마음챙김 이니셔티브'를 권하는데, 이곳에서는 그녀를 다음과 같이 홍보한다. "비드야말라는 브레스워크Breathworks의 공동 설립자이며 회장이다. 브레스워크는 통증,

질병, 스트레스 완화를 위한 마음챙김을 전문으로 하는 국제 마음챙김 강사 양성 및 배출 기관이다."[40] 비슈바파니는 사설 학원에서 강좌를 지도할 뿐 아니라 브레스워크의 제휴 회원이기도 하다.

 삼보불교 공동체라는 단체 자체도 비판을 받고 있다. 2018년에 93세로 사망한 이 단체의 지도자인 상가락시타(본명 데니스 링우드)는 여러 건의 성적 가해 혐의를 받았다. 링우드는 이성애자 수련생들에게 동성애적 행위를 해보라고 다그쳤는데, 들리는 말에 따르면 한 불행한 청년에게 "인내심을 유지할 필요가 있다."라고 말했다고 한다.[42] 나중에 그는 "수련생들에게 상처를 주었거나, 해를 끼쳤거나, 마음을 어지럽힌 모든 경우"에 대해 사과했다.[43]

구매자 위험 부담 원칙

 마음챙김의 상업화는 직업적인 교사 양성으로 이어진다. 마음챙김 프로그램의 소비자들은 종종 "고객" 혹은 "서비스 이용자"로 불린다. 비슈바파니는 마음챙김의 교육과정이 경쟁, 마케팅 수완, 기업가 정신을 요구하는 시장 논리에 잠식되는 것에 부담을 느끼는 것 같다. 그는 다음과 같이 시인한다.

나 같은 마음챙김 트레이너들은 요즘 명상 수업으로 생계를 유지할 수 있습니다. 몇몇 트레이너들은 수입이 상당히 좋지요. 하지만 그러다 보면 돈에 대한 걱정과 야망, 지위에 대한 욕망 같은 충동들이 수행과 뒤죽박죽 섞여서 혼란스럽습니다. 어떤 직업에든 비슷한 문제가 있지만, 우리 수행이 품위를 유지하려면 그런 충동들을 경계할 필요가 있습니다. 비종교적인 마음챙김 운동에 대해 제가 우려하는 바는 수행이 멋대로 사용되고 상업화되는 문제가 아니라, 수행자가 그렇게 되는 것입니다.[44]

번드르르한 프레젠테이션은 더 이상 교사의 능력을 보장하지 않는다. 〈마음챙김 나라 영국〉은 교사들을 규제해서 기준을 지키는 일이 쉽지 않은 과제임을 인정한다. 이 문제에 관한 어느 글에서—제목은 "마음챙김 과학은 마음을 잃어버렸나?Has the science of mindfulness lost its mind?"이다—연구자 미구엘 파리아스와 캐서린 위크홀름은 다음과 같이 지적한다. "MBSR과 MBCT 같은 마음챙김 기반의 개입들을 가르치기 위해 필요한 직업 등록이나 법으로 정한 등록 절차는 따로 없다."[45] 최소한의 훈련만 받으면 누구나 수련소를 차릴 수 있기 때문에, 교사라는 유일한 표시는 수강생이 있다는 게 전부다. 한편 〈마음챙김 나라 영국〉은 캐서린 에클스턴이 말하는 이른바 "정부 지원을 받는 희한한 개입 시장"이라는 걸 만들고 있다. 이 시장에서 취약한 소비자들은 신자유주의의 이익에 부합하도록 형성될 뿐 아니라, "새로운 유형의 치료 요법 사업가들"의 적극적인 돈벌이 수단이 되고 있다.[46]

영국 언론은 이 계획이 시행되지 못하는 주된 장애 요인은 교사의 부족이라고 말한다. 지난 10년 간 훈련을 받은 마음챙김 교사의 수는 2,200명으로 추정되지만, 국가 의료보험 대상자인 우울증 환자에게 MBCT를 가르칠 임상 자격을 갖췄다고 인정되는 교사의 수는 700명에 불과하다. 이 700명이 매해 2만 5,000명을 치료할 수 있는 것으로 평가되었는데, 이 수는 "매해 재발성 우울증을 앓는 성인 58만 명의 고작 4.3%일 뿐이다."[47]

그러나 이 문제에는 다른 측면들도 있다. 파리아스와 위크홀름의 경고처럼, 치료사가 되거나 공식적인 정신건강 관련 교육을 받지 않고도 누구나 마음챙김을 가르칠 수 있기 때문에, 자격 미달인 교사들이 곧 그 공백을 메울 수 있었다.

스트레스, 불안, 우울증 같은 일반적인 어려움을 겪으면서 치료를 받을지 마음챙김 단체에 참석할지 고민하고 있다고 해보자. 언론의 과대광고와 감당할 만한 수준의 마음챙김 단체 참여 비용이 결합해 마음챙김 쪽을 택하도록 쉽사리 사람들을 흔들 수 있다. 그러다 자칫 충분한 훈련과 경험이 부족한 데다 정신적인 어려움을 겪는 누군가의 손에 정신건강을 맡기게 될 수도 있다.[48]

이러 문제들을 어물쩍 넘긴 채 보고서는 정책 담당자들에게 향후 5년 동안 매해 100명의 신규 MBCT 교사를 훈련시킬 수 있도록 총 5,000만 파운드의 비용을 투자하라고 촉구한다.[49] 보고서의 저자들은 MBCT를 개발해 의회 의원들에게 소개한 윌리엄스의 연구를 인용한다. 윌리엄스는 이 치료법이 다양한 우울증 발현을 예방하고 재발률을 43%까지 감소시킨다고 제시했다. 그러나 MBCT가 반드시 이런 효과를 거두는 건 아니다. 윌리엄스의 후속 연구—언론에서는 다뤄지지 않았다—는 세 차례 이상 우울증 재발을 경험한 사람들은 재발률이 감소했지만, 두 차례 이하의 발현을 보인 실험대상자들은 사실상 재발률이 증가했음을 확인했다.[50] 가장 큰 도움을 받는 대상은 아동기에 트라우마와 학대를 경험해 정신적으로 매우 취약한 사람들이었다. 하지만 이것은 전문적인 심리치료 훈련을 받지 않은 마음챙김 교사들이 이런 사람들을 적절하고 안전하게 보살필 수 있을 것인지 우려를 더할 뿐이다.

다른 중요한 결과들 역시 간과되었다. 존스 홉킨스 대학교 연구자들의 메타 분석 연구—2014년에 널리 알려졌다—는 마음챙김이 신체적 운동이나 기타 긴장 이완 기법보다 더 효과적인 건 아니라는 사실을 입증했다. 이 연구는 우울증, 불안, 통증은 적당히 호전되고 스트레스는 미미하게 감소하는 현상이 확인되지만, 그 밖에 더 주목할 만한 이점이 거의 없다고 밝혔다.[51] MBCT에 관한 또 다른 중요한 실험—마음챙김 이니셔티브의 고문, 윌렘 쿠이켄Willem Kuyken이 실시한—에서는 항우울제 약물을 복용할 때보다 재발 방지 효과가 더 크다는 증거가 없다는 걸 확인했다.[52] 그렇다고 비용 대비 효과가 더 좋은 것도 아니다. 〈마음챙김 나라 영국〉은 반대로 말하고 있지만.

그냥 멈추고 내려놓으면 됨

약 20명의 영국 정치인으로 이루어진 어느 핵심 단체는 웨스트민스터에서 따로 예약할 필요 없이 매주 마음챙김 수업에 참여한다. 이 수업의 교사들은 매년 두 차례 침묵 수행의 날을 진행하는데, 정치인들은 집중력, 충동 억제, 친절, 메타 인지 등 이곳에서 가르치는 기술의 긍정적인 효과에 대해 극찬한다. 노동당 상원의원 앤드루 스턴Andrew Stone은 마음챙김을 하면 "다양한 종류의 대화"를 하는 데 도움이 된다고 말한다.[53] 보수당 의원 팀 로튼Tim Loughton은 매일 아침 1시간 동안 목욕을 하면서 수도요금을 납세자들에게 떠넘기며 이렇게 말한다. "나는 목욕 시간 중 일부를 마음챙김에 할애하기도 합니다."[54] 마음챙김 이니셔티브의 제이미 브리스토Jamie Bristow는 이런 말들을 카밧진식으로 분석한다. "정치적 담론의 현장에서 이처럼 내적 경험과의 친밀함이 높아진다는 것은, 좀처럼 파악하기 힘든 인간의 조건을 통찰하는 데에 심오하지는 않다 하더라도 중요한 변화를 의미하며, 이는 사회의 가장 시급한 문제들 가운데 일부에 열쇠를 제공할지 모른다."[55]

현재 영국의 정치인들은 전 세계 의회들에 마음챙김 훈련을 알리면서 복음을 전파하고 있으며, 12개 이상 국가의 입법부에서 이를 도입하고 있다. 2017년에는 영국 상하원 의원들이 웨스트민스터에서 열린 "마음챙김 정치의 날" 행사를 위해 참석한 14개국 정치인들을 환영했다. 네덜란드의 에스테르 아우에한트Esther Ouwehand는 자신의 관점이 긍정적으로 바뀌었음을 요약해 설명했다. "마음챙김은 정말이지 나에게 가장 중요한 것―바로 내 가치―을 잃지 않게 해줍니다."[56]

아무래도 오해를 살 게 두려웠는지, 이 발언을 전하면서 브리스토는 재빨리 이렇게 강조했다. "마음챙김 수련은 종종 자기 자신에게만 몰두하는 개인주의의 상징으로 오해받곤 합니다."[57] 그가 보기에 이런 의회 행사는 "마음챙김이 전체―국가 전체, 사회 전체―에 도움이 된다고 여겨진다"는 것을 보여준다. 브리스토의 동료 쿠이켄은 한발 더 나아가, 카밧진이 세운 공적의 중요성을 다윈과 아인슈타인에 비교한다. "그들이 생물학과 물리학에 공헌했다면, 존은 새로운 미개척 분야―인간 정신과 마음에 관한 과학―를 위해 공헌했다."[58]

2017년 회담에서 연설을 하기 전에 카밧진은 한 기자에게 다음과 같이 말했다. "이 회담은 세계를 장악하려는 유별난 광신자들의 집단이 아니라, 우리 인간의 가장 심오하고 가장 아름다운 마음속으로 곧장 들어오는 산소줄입니다."[59] 미국의 하원의원 라이언도 "원격"으로 참석했다. 그는 같은 기자에게 이렇게 말했다. "명상은 우리에게 잠시 멈추어 뒤로 물러나서 문제와 거리를 두고 생각하게 해줍니다. 오늘날 미국의 두 정당은 그런 큰 맥락의 문제 해결 방법이 절대적으로 부족합니다. 많은 경우 극도로 당파적인 증오가 그 자리를 대신하고 있습니다."[60] 라이언의 관점에서 볼 때 "우리 삶이 이런 것들에 덜 영향 받도록 의도적으로 노력해야 합니다. 그래야 더 나은 미래를 구축하는 방법을 명확하고 냉정하게 생각할 수 있습니다."[61]

이런 기본적인 견해에는 분명히 장점이 있다. 그러나 어느 시점이 되면 실제로 건축을 해야 한다. 그리고 여기에는 카밧진이 다시금 뜨겁게 달군 초월주의와, "순수한 주의 집중"을 통해 모든 것에 이를 수 있다는 보편적 선善에 관한 입증되지 않은 주장 이상이 필요하다. 그러나 카밧진은 순간에 집중해야 한다는 말 외에 더 이상의 말을 하려 하지 않는다. 그것이 마음을 차분하게 만드는 건 분명하지만 정치적 지혜의 대단한 원천은 될 수 없다. 카밧진은 내면에 주의를 돌리면 가짜 뉴스를 바로잡을 수 있다고, 자기 통제를 통해 교묘하게 요구 사항을 주입하는 감시 국가를 전복할 수 있다고 차분하게 주장한다.

마음챙김을 통해 다르마를 주류에 편입시키는 것은 명백히 긍정적인 치유의 사건이자, 현재 우리가 사는 세상에 고통과 괴로움을 일으키는 가장 근본적인 원인—오늘날 우리가 매일 뉴스에서 목격하는 진실에 대한 전체주의적 왜곡, 민주주의 제도의 취약성에서 오는 모든 결과들, 늘 새로운 경지를 갱신하는 듯한 탐욕과 증오와 망상에 의한 디스토피아적 "통치 방식"의 영속화 등—중 일부를 해결할 엄청난 기회이다.[62]

이처럼 공공선에 관해 과장된 말들을 늘어놓으면서도, 카밧진은 개인과 개인의 수련에 역점을 둔다. 사회적 세계—소로가 보기에는 영감을 주는 곳이었던—는 지금 이 순간의 순수한 자유를 방해하는 원인이 된다. 카밧진이 가장 좋아하는 경구 가운데 하나는 그저 "멈추어" 지금 이 순간의 즐거움을 만끽하라는 것이다. 최근에 그가 했던 말처럼 말이다. "멈추고 내려놓으세요. 다시 말해, 모든 경험을 내려놓고 찰나의 순간까지 알아차림 하면서 상황을 있는 그대로 받아들이세요."[63]

한편 권력의 중심부에 있는 그의 제자들은 마음챙김 이니셔티브의 브리스토가 한 말을 인용하며 다음과 같이 언급한다. "'정신 자본mental capital' 개념은 지도자들과 정책 입안자들이 개인의 인지 능력과 정서 능력이 건강과 회복력, 그리고 미래의 더 큰 사업 성과를 결정한다는 것을 알게 되도록 돕는다."[64]

카밧진은 기본적인 우려들에 대해 논하지 않는다. 마음챙김 정책에 관한 그의 비전은 "순수한 알아차림"에 도달함으로써—"행위"에 대한 집착을 내려놓음으로써—우리가 무엇에도 구속 받지 않는 내적 본성의 순수함을 재발견하게 될 거라는 것이다. 그는 마음챙김을 진아眞我로 향하는 길로, 진정한 인간이 되는 수단으로 여긴다. 라이언과 영국 의회의원들이 생각하는 마음챙김 국가처럼, 집단의 변화를 위한 구체적인 방안이 제시될 필요는 없다. 그저 멈추고 "내려놓기"만 하면, 우리는 충분히 자율적인 인간이—아마도 그들이 반대한다고 믿고 있는 신자유주의 체제의 행복한 신하가—될 테니까 말이다.

결론

―

마음챙김 해방

마음챙김을 가르칠 때 사용되는 혁명적인 미사여구는 허구에 가깝다. 마음챙김을 해서 우리의 기분이 조금 더 좋아진다 하더라도 고통의 원인은 여전히 그대로이다. 도널드 트럼프를 생각해 보자. 리얼리티 TV 출신의 이 광대가 세계 무대를 차지했을 때, 나는 수백만 유권자를 사로잡은 그의 대단한 매력의 원천이 무엇인지 당황하지 않을 수 없었다. 정치 전문가들의 수많은 해설을 읽어 보았지만 충분히 납득할 만한 글을 발견하지 못했다. 그래서 차라리 내가 직접 써보고 싶다는 생각이 들었다. 우리에게는 대부분 부정직, 위선, 오만, 탐욕, 근시안적인 시각, 인종차별, 증오, 두려움, 자기중심적인 사고, 어리석음이 있다. 그래서 우리는 죄책감을 갖기 마련이고, 이것은 현대 문화 특유의 낮은 자존감이 만들어지는 배경이다. 그런데 트럼프는 이런 성향들을 털끝만큼도 거리낌 없이 드러낼 뿐만 아니라 뻔뻔스럽게 과시하기까지 한다. 그러면서 악덕을 미덕인 양 수용하고 찬양하도록 추종자들을 부추긴다. 트럼프는 기후변화와 곳곳에 만연한 불평등의 위험을 부인하고, 대중들에게 개인의 안전에나 신경 쓰라고 말하고는 그들의 문제에 책임을 져야 할 희생양들의 명단을 줄줄 읊는다. 우리는 자신에게 어떤 결점이 있든 스스로에게 만족하길 원한다. 트럼프는 그런 우리에게 도덕성 따위 던져 버리면 얼마든지 그럴 수 있다고 말한다.

분명 의도는 진실하지만, 카밧진의 행동 역시 이와 유사하다. 카밧진은 만성 통증에 시달리는 환자들을 돕기 위해 마음챙김을 세속화하면서, 마음챙김을 전 세계 어디에서나 이용할 수 있는 만병통치약이라며 팔고 있다. 우리는 행동의 장기적인 결과는 무시한 채 그저 현재에 집중하라는 당부를 듣는다. "판단"을 삼가고 윤리적인 분별력을 버리라고 권유받는다. 트럼프와 마찬가지로 마음챙김 운동은 우리를 더 기분 좋게 만들기 위해 도덕적으로 모호한 분위기를 조장한다. 그리고 둘 다 현대 미국 문화에서 나르시시즘의 승리를 반영한다.

관망주의

카밧진의 분석에서, 특히 그가 마음챙김 혁명을 홍보할 때 이런 흔적들을 볼 수 있다. 대대적인 변화의 증거가 없지 않느냐는 인터뷰 진행자의 질문에 그는 이렇게 답했다. "그렇게 부정적일 필요가 있을까요?"

만일 내가 절망에 빠져, 모든 것이 지독한 망상을 향해 흐르고 있다고, 마음챙김마저 망상의 블랙홀 속으로 빠져들고 있다고 생각하게 된다면, 흐음, 차라리 저는 이 자리에서 죽어 버리는 게 나을 겁니다. 제 말 아시겠습니까? 그래서 요점이 뭐냐고요? 먼저 인간의 아름다움을 보고, 그런 다음 사업이 진행되는 과정에서 인간을 파괴하지 않도록 사업의 진행 방식을 규제하는 법이라도 제정하자는 겁니다. 우리는 그러기 위해 애쓰고 있는 입법자들이 있지 않습니까?[1]

이런 발언들에서 드러나는 망상의 깊이가 얼마나 깊은지는 가늠하기 어렵다. 그래, 기업의 월권행위를 방지하는 "법이라도 제정"해서 실제로 시행하는 것이 도움이 될지도 모른다. 그런데 그는 대중은 물론이고, 구조적인 변화를 위해 동원될 수 있는 CEO나 정치인들에게 연설할 때도 이런 메시지를 전하지 않는다. 이미 "그러기 위해 애쓰고 있는 입법자들이 있다."라는 의견에 대해서는, 2008년 이후 고위직 은행원들이 사기죄로 기소되지 않은 것으로 분명하게 진위를 알 수 있다.

카밧진은 마음챙김을 "혁명"을 향한 의미 있는 진전과 결합시키는 대신, "인간의 아름다움" 같은 모호한 개념들로 청중을 현혹하면서 지금 이 순간의 행복을 만끽하길 더 좋아한다. 결국 그가 우리에게 종종 상기시키는 것처럼, "향후 인류의 운명이 어찌될지 말하는 것은 시기상조다."[2] 이 기발한 언급은 중화인민공화국 초대 총리인 저우언라이가 프랑스 혁명에 관한 질문을 받았을 때 했던 답변에서 차용한 것이다(그는 프랑스 혁명이 1968년에 일어난 시위라고 생각했다). 카밧진은 세속적인 마음챙김에 영적 색깔을 입히기 위해 연설에 아시아인의 어록들을 잔뜩 늘어놓고 불교의 지혜를 살짝 뿌리길—불교의 선문답 형식이나 다르마 같은 전통적인 용어를 이용하여—좋아한다. 연설 내용에 난해하고 신비로운 분위기를 덮어씌워 자신의 상품에 대한 관심을 불러일으키는 것이다. 그러나 그의 진아에 관한 듣기 좋은 말들이 윤리나 상호 연결에 관한 가르침으로 바뀌지 않는 한, 그는 차라리 장난감을 미끼로 해피 밀을 파는 게 나을 것이다.

군대 마음챙김 홍보 인터뷰에서, 카밧진은 하라다 로시 선승과 만났을 때 포스터 한 장을 건네받은 일을 회상한다. 포스터에는 다음과 같은 글이 새겨져 있었다. "천 년의 견해를 결코 잊지 말라."[3] 군인들에게―닐 영의 노래 가사처럼―"더 친절하고 더 부드러운 기관총 손잡이"를 쥐어준다고 해서 군수업체를 해체하거나 빈번하게 계속해 오던 전쟁을 종식할 리 없다는 걸 알기까지 정말 그토록 오랜 시간이 걸리는 걸까? 이미 미국은 이웃의 열 개 나라가 합한 것보다 더 많은 돈을 무기 생산에 쓰고 있다.[4]

나는 인간이 근본적인 변화 없이 천 년이 지난 후에도 존재할 수 있을지 확신하지 못하겠다. 호흡만 바라보고 있으면 기후변화, 생물 다양성 감소, 오염, 대규모 환경 파괴에 뭔가 체계적인 영향을 줄 거라고 가정하는 건 터무니없는 생각 같다. 이것은 기업이 정부, 재정, 언론을 통제하는 금권정치에 관해―혹은 실업, 불평등, 노숙, 약물 남용, 백인 우월주의를 종식시키는 문제에 관해―주의를 집중하면 마법의 지팡이가 소망을 이뤄줄 거라고 말하는 것과 다를 바 없어 보인다.

모순적이게도 미래의 구원에 관한 카밧진의 견해는 현재 우리에게 가장 필요한 것―정치 참여―으로부터 우리의 주의를 분산시킨다. 시카고 대학교의 로렌 벌렌트는 "낙관주의는 잔인하다. 사람 혹은 사람들이 발전적인 변화를 위해 위험을 무릅쓰고 싸우지만, 가능성에 대한 인식에 불을 붙이는 대상이 사실상 그것을 불가능하게 만들 때."[5]라고 말한다. 순간에 주의를 고정하고, "행동"을 놓아버리며, 행위에 대해 지나치게 숙고함으로써 반대 의견은 종종 억압된다. 그리고 우리는 불안정한 상황 속에 틀어박혀 벌렌트가 말하는 "행복한 삶이라는 진부한 환상"에 잠기라는 말을 듣는다. 마음챙김은 기본적인 대응 장치로는 더할 나위 없지만, 수동성이라는 안락한 교착 상태로 추종자들을 유혹하므로 혁명적인 전략으로는 무의미해 보인다.

교육학자이며 비평가인 헨리 지루는 매 순간 마음챙김하는 삶은

"문화적 유아화幼兒化"의 위험이 있다고 경고한다. "무사유無思惟는 이제 정치 풍토와 주류 문화 기관에서 유명하지는 않더라도 특권적인 위치를 차지하는 무언가가 되었다."⁶ 우리를 더 자유롭게 만드는 가르침과 결합되지 않는 한, 마음챙김은 억압적인 체제를 좀 더 부드럽게 작동시킬 뿐이다. 카밧진은 자기관리라는 신자유주의의 메시지를 되풀이하면서 치료를 말하기를 꺼린다. 대신 "치유"라는 모호한 방식을 선호한다. 그는 자신의 대표작 《재앙으로 가득한 삶》에서 다음과 같이 말한다. "종종 두 단어가 번갈아 사용되지만, 우리가 말하는 치유healing는 '치료curing'와 의미가 다르다." 더 정확히 말하면, "치유는 상황을 있는 그대로 받아들임으로써 우리가 질병과 다른 방식으로 관련될 수 있다는 가능성을 암시한다."⁷

카밧진처럼 이것을 사회변화 이론이라고 부른다면 오해의 소지가 있을 뿐 아니라 사람들에게 문제를 직시하지 못하도록 조장하는 것이다. 에릭 카즈딘은 《이미 죽은 사람들 : 새 시대의 정치, 문화, 그리고 질병The Already Dead : The New Time of Politics, Culture and Illness》에서, 그들은 현재를 견딜 만한 것으로 느끼기 위해 행동을 포기함으로써, "현재가 미래를 완전히 식민지로 만들도록 허용하고 있다."라고 주장한다.⁸ 물론 하루 종일 마음챙김을 하는 사람은 아무도 없지만, 그것이 바람직할 수도 있다고 인정하는 것은 곧 자신의 권한을 잃어버리는 것이다. 그리고 이것은 마거릿 대처의 시장 논리에 대해 "달리 대안이 없다"는 견해를 곧이곧대로 받아들이는 "현실주의자들"에게 치료법이 된다. 이제 우리가 품을 수 있는 최고의 희망은 우리에게 가해지는 잔혹한 폭력에 순응하면서 신자유주의의 악몽 속에서 고통을 잊게 해주는 임시방편 요법에 의존하는 것뿐이다. 이것은 인간의 삶을 상상하는 여러 방법 가운데 도덕적, 영적으로 파탄에 이르는 방법이다.

○   **깨어나시오**   •

그럼에도 불구하고 마음챙김은 혁명적일 수 있다. 하지만 가르치는 방식이 달라져야 한다. 이 책의 대부분은 사실 마음챙김이 어떤 식으로 그렇게 하지 않고 있는지를 보여주었다. 마음챙김의 선두 지지자들이 비판에 어떤 식으로 저항하는지도 보여주었다. 여러 컨퍼런스에서, 글에서, 온라인에서 마음챙김 프로그램의 오류에 주목하도록 사람들의 주의를 돌릴 때면, 나는 대개 "부정적"이라는 비난을 듣는다. 예를 들어, 팟캐스트 '세속적인 불교신자The Secular Buddhist'를 운영하는 MBSR 교사 테드 마이스너는 페이스북에서 나에게 이렇게 물은 적이 있다. "매사에 왜 그렇게 깐깐하게 구는 거예요?" 영국의 기업 마음챙김 컨설턴트 마이클 채스칼슨Michael Chaskalson은 뱅거에서 열린 마음챙김 컨퍼런스에서 내 발표가 끝날 무렵 자리에서 일어나 이렇게 따졌다. "아니, 그래서 우리 보고 뭘 어떻게 하라는 겁니까? 무슨 해결책이라도 있는 겁니까?"

나는 이렇게 말하고 싶은 마음이 굴뚝 같다. "쓰레기를 팔고 다니는 걸 당장 그만두는 게 어떤가?" 하지만 그건 무례한 짓이었을 거다. 더욱이 마음챙김 관계자들이 자신들의 행동을 비판적으로 바라볼 생각이 없는 한, 아무리 알아듣게 말해도 달라질 것 같지 않다. 지금으로서는 도전적인 질문—특히 공인받지 못한 정신 훈련과 관련한—을 던지는 것이 중요하다. 어쩌면 이런 것 역시 마음챙김 프로그램의 일부일지도 모르겠다. 쉬운 해답이 떠오르길 기대하지 말고 어려운 질문을 받아들이며 앉아 있기. 하지만 추궁이 멈출 때 누가 혹은 무엇이 이익을 얻을지는 빤하지 않은가? 대개의 경우 그래 왔으니까.

2015년에 베테랑 활동가 안젤라 데이비스는 카밧진을 압박해 그의 접근법에 한계가 있음을 직면하게 했다. 그녀는 경찰관 한 명에게 마음챙김을 가르친다고 해서 경찰이 인종차별적인 기관이 되는 것을 막지는 못할 거라고 말했다. "전적으로 동의합니다." 카밧진은 이렇게 대답한 다음 그녀에게 질문을 돌렸다. "마음챙김이 그런 식으로 가볍게 도입되거나, 혹은 기관들이 스스로를 보호하느라 그 구조적인 틀을 전혀 변화시키지 못하는 수준에서 그친다면, 당신은 효과적인 대안이 무엇이라고 생각합니까?"⁹

글쎄, 일단 마음챙김 수련만으로는 충분하지 않다는 걸 인정하는 것에서 시작할 수 있겠다. 관심을 기울이는 데에 근본적인 청사진은 따로 없다. 목표가 사회에 변화를 일으키는 것이라면 그것을 추구하는 방법을 배워야 한다. 마음을 차분히 하면 방법을 이해하는 데에는 도움이 될지 모르지만, 그것은 사전 준비에 불과하다. 현대의 마음챙김은 평화와 조화라는 유토피아적 예언을 남발하면서 순간의 경험 외에 어떤 것에도 집중하지 못하게 함으로써, 구세주를 자처하며 사기를 치고 있다. 이 운동의 토대는 대단히 보수적이고 미국적이다. 진보, 이상주의, 철저한 개인주의에 대한 순진한 믿음을 가지고, 유려한 언사와 사이비 불교의 낭만적인 혼종 속으로 모두가 자유롭게 빠져드는 것이다.

마음챙김 관계자들이 변화에 진지하게 관심을 갖는다면, 문제—즉 고통에 순응하게 하는 관리 시스템에 공모했다는 사실—를 인정하는 것에서부터 시작해야 할 것이다. 그러나 그들은 불행을 야기하는 정치적·문화적·역사적 조건에 대해 비판적인 질문을 던지도록 하는 대신,

사람들이 그 조건들을 견디도록 도우려 한다. 《자본의 새로운 선지자들》에서 니콜 애쇼프는 긍정적인 신화로 우리를 달래는 것이 신자유주의적 자본주의에 어떤 식으로 도움이 되는지 설명한다. 그녀는 이를 견디기 위해 "사람들은 기꺼이 그 구조와 규범에 참여하고 그것을 재생산해야 하며", 특히 위기 상황에서 "자본주의는 영리적 순환의 바깥에 존재하는 문화적 사상을 이용해야 한다."라고 주장한다.[10] 마음챙김은 필요한 것을 완벽하게 제공한다. 카밧진은 페이스북 최고 운영 책임자 셰릴 샌드버그, 언론계의 거물 오프라 윈프리, 억만장자 빌 게이츠, 그리고 홀 푸드 마켓의 CEO 존 맥케이 같은 자본주의 옹호자들의 대열에 합류한 자본주의의 선지자다.

카밧진이—다른 마음챙김 지도자들과 마찬가지로—50년 전 자신의 활동주의를 명상적 정적주의와 교환한 것은 우연이 아닐 것이다. 편안한 자기 자리에 앉아 있으니, 유해한 상황들을 그저 "온전히 수용하면서" 인간의 고통을 바라보는 수동적인 관찰자가 될 법도 하다. 그러나 축소된 복지 제도에 직면해 경제적으로 벼랑 끝에 몰린 사람들에게, 그리고 외국인 혐오부터 문화적 트라우마에 이르는 숱한 문제들에 상품화된 무력함은 별 도움이 되지 않는다. 물론 카밧진의 주요 지지자들은 이 말에 동의하지 않겠지만 말이다. 또 한 명의 억만장자인 아리아나 허핑턴은 이렇게 주장한다. "당신이 고생해서 생활비를 벌든 성공의 절정에 있든, 마음챙김은 당신이 진정한 당신 자신에게 접속되도록 돕는다."[11]

하지만 그 다음엔? 궁극의 행복에 도취되어 부당함을 받아들인다면, 약물 중독자가 되어 좀비처럼 나른하게 망각에 빠지는 것과 뭐가 다른가? 카밧진은 마음챙김하면서 해질녘을 즐기거나, 설거지를 하거나, 장미꽃 향기를 맡거나, 아기의 미소를 지켜보며 늘 곁에 있는 이 순간의 경이로움에 "빠지라"고 즐겨 말한다. 이 만트라는 "반항하고turn on, 주파수를 맞추어tune in, 낡은 것으로부터 벗어나라drop out"라는 티모시 리어리*의 LSD 구호처럼 들린다. 신자유주의의 마음챙김은 우리가 비판적인 질문에 "신경을 끊고turn off", 물질세계로부터 "관심을 돌려tune out", 고독이라는 사적 영역에 "빠져서drop in" 개인주의 숭배를 강화하길 바란다. 사람들이 환각성 약물에 대해 어떻게 생각하든, 적어도 이런 약물들은 자기에 대한 집착을 없애 준다.

마음챙김에 해방을

이론상 마음챙김은 전통 불교 맥락의 마음챙김과 유사한 역할을 어느 정도는 해야 한다. 요크 대학교 철학 교수 데버러 오르Deborah Orr는 다음과 같이 설명한다. "이 수련의 잠재적인 결과는, 자아가 현대 서양에서 우리가 사회적 구조물이라고 말하곤 하는 일종의 구조물이라는 경험적 깨달음이다. 이는 망상적인 자기 이해를 조장할 수 있다."[12] 고정된 자아가 없다는 인식은 무상함과 그로 인한 불만족과 더불어 불교의 핵심 특징 중 하나다. "세상의 다른 모든 사람과 사물과 마찬가지로, 나 또한 정신적인 구조물, 변화하는 현실을 가리는 환영의 가면일 뿐"이라고 불교학자 헌팅턴은 설명한다. "표상 뒤에는 저절로 생겨났다 사라지면서 끊임없이 이어지는 이해할 수 없는 사건들만 있을 뿐

---

* 20세기 저항문화를 대표하는 심리학자이며 작가. LSD가 정신의 치료를 돕고 인성을 변화시켜 새로운 진화를 가능하게 한다고 주장했다.

자아는 없다."¹³ 이 사실은 더 넓은 맥락에서 접하지 않으면 상당히 혼란스러울 수 있다. 우리의 두려움과 욕망은 그것을 부인하게 만드는 경향이 있다.

우리 고통의 일부는 어느 정도 개인적인 망상에서 비롯하며, 개인적인 수준에서 해결되어야 한다. 부처는 죽기 전 마지막으로 제자들에게 이렇게 권했다고 한다. "목표에 이르기 위해 부지런히 힘쓰거라."¹⁴ 그런데 이 목표에는 만물이 서로 연결되어 있음을 아는 것, 즉 연기緣起라고 불리는 상호 의존에 관한 통찰이 포함된다. 그러므로 우리의 망상 중 일부는 생각 속에서 나오는 것이지만, 우리를 고통스럽게 만드는 조건들을 무시하는 것 또한 정치적 관점에서 빚어진 망상이다. 헌팅턴은 불교적 표현으로 이렇게 말한다. "누군가가—누구라도—된다는 것은 끊임없이 고통을 받는 것이다." 그러나 우리가 그 사실을 충분히 이해한다 할지라도 우리는 불필요한 고통으로 가득한 세상에 살고 있다. 그리고 그 가운데 일부는 망상, 탐욕, 악의로 인해 빚어진 상황을 변화시킴으로써 완화할 수 있다. 불교의 "올바른" 마음챙김은 이러한 정신적 해악을 약화시키고, 유익한 행위가 널리 전파되도록 한다. 사회적 차원에서도 같은 시도를 해볼 수 있다.

카밧진은 한 학술지에서 자신이 불교 신자로 적격이라고 주장하면서, 간혹 이런 생각을 내비친다. "'나는 누구인가'라는 사소하지 않은 질문은 깨어 있음 자체를, 비분리성을, 생생한 경험과 직관의 신비를, 그리고 주체와 대상이라는 이원성에 내재한 인위적인 분리를 가리킨다." 또 그는 거들먹거리며 다음과 같이 말한다.

비이원적 관점을 고려한다는 것은 마음챙김의 방편적·비방편적 특성들의 고유한 상호 보완성을 수행과 스스로 깨우친 가르침 둘 다와 함께 처음부터 실에 꿰는 것이 중요하다는 것을 시사한다.[15]

이것이 "공생"—카밧진이 인용하는 틱낫한의 비이원성에 관한 표현—에 관해 말하는 것이라면, 이를 실천하는 교사는 거의 없다. MBSR은 개인에게 자신의 내면에 집중하라고 말하면서, 이것은 불교의 윤리를 가르치지 않고 전하는 것이라고 설명한다. 이에 대해 카밧진은 "전 세계 마음챙김의 주류는 언제나 부처의 본래 가르침의 핵심에 있는 윤리적 틀에 단단히 기반을 두고 있다."라며 다음과 같이 말한다.

MBSR은 환자들과의 임상적 맥락에서 이런 고전적인 기초들을 분명하게 명시하지 않는다. 또 그래서도 안 된다. 하지만 불교의 사성제[인간의 고통, 고통의 원천인 욕망, 그리고 그것을 없애도록 도와주는 부처의 가르침들]는 언제나 MBSR과 그 밖에 마음챙김에 기반한 프로그램들을 통하여 마음챙김 수양이 뿌리를 내리고 성장하는 토양이었다.[16]

카밧진의 말은 교사들은 선의가 있고, 따라서 연민도 있으니, 이 문제에 대해서 아무 말도 할 필요가 없다는 의미다. 이것은 기업의 CEO들은 아무런 제제를 받지 않아도 스스로 인도적인 태도를 취하고 이윤의 극대화를 멈추기로 결심할 수 있다는 그의 의견만큼이나 터무니없다.

심지어 은행조차 윤리적인 기초에 기반하는, 사업을 정의하는 새로운 방법이 있을지 모른다. 모든 종류의 사업은 자신들의 윤리가 무엇인지, 자신들이 어떤 부가가치로 기여하는지, 그리고 자신들이 도입하는 모든 종류의 마음챙김 프로그램뿐만 아니라, 자신들이 세상에서 행동하는 방식과 기업 강령의 근본적인 기초와 새로운 방식이 일치하는지 실제로 재검토할 수 있다.[17]

참 허황된 희망사항이다. 정말로 이렇게 되길 원한다면, 카밧진은 신자유주의의 족쇄에서 마음챙김을 해방시키는 것부터 시작해야 한다. 고통의 사회적 기원에 대한 의식을 높이지 않는 한 마음챙김은 자기관리에 그칠 뿐, 문제는 각자의 머릿속에 그대로 남겨질 것이다. 이런 방법으로는 우리에게 필요한 집단적 해결이 가능할 것 같지 않다.

대대적인 전환

우리를 자유롭게 하는 마음챙김의 힘은 완전히 끝나가고 있다. 윌리엄 데이비스는 《행복 산업》에서 카밧진 같은 전문가들은 "권력 구조가 아니라 사람들의 행동과 사고방식을 판단하는 근거"로 과학적인 방법들을 도입한다고 주장한다.[18] 우리가 그 방법들을 따를 필요는 없다. 우리는 마음챙김을 통해 불행의 원인에 눈감는 대신, 진부한 명상적 표현대로 "상황을 있는 그대로 보는" 법을 배워야 한다. 데이비스는 다음과 같이 말한다. "우울은 '내부로 향하는 분노'라고들 말한다. 긍정심리학자들은 우리를 둘러싼 세상에 '알아차리라'고 호소하지만, 여러 가지 측면에서 행복 과학은 '내부로 향하는 비판'이다."[19]

고통은 종종 무엇이 변해야 하는지—우리의 반응 방식뿐 아니라 세상의 변화까지—알려주는 안내자 역할을 한다. 비판을 다시 외부로 향할 때 마음챙김 운동이 자본주의에 제공하는 지적인 덮개가 제거된다. 스트레스를 개인적인 문제로 개인화하고, 이런 입장을 지지하기 위해 과학을 이용하면서, 마음챙김은 개인이 자기 자신에게 몰두하게 만든다. 그리고 이 과정에서 문화적 역기능의 희생자들에게 책임을 돌릴 뿐 아니라, 그들을 자기애적 자아도취의 소용돌이 속으로 빠뜨린다. 물론 스트레스를 덜 느끼는 것은 중요하다. 하지만 그러려면 마음의 평정이 아니라 마음에 힘을 실어주는 통찰력이 겸비되어야 한다. 진정으로 혁명적인 마음챙김은 사회를, 그리고 시민을 해방시킨다. 그 해방은 판단하지 않는 초연함이 아니라 비판적인 사고에 달려 있다.

카밧진 같은 현대 마음챙김 엘리트들은 사회의 병폐를 지나친 숙고와 석기시대의 낡은 생명 작용이 만들어낸 개인의 "생각병"으로 축소해 버린다. 신자유주의가 사회를 승자와 패자로 나누는 것처럼, MBSR은 마음챙김 상태에 있느냐 그렇지 않느냐로 단순하게 구분한다. "주의력 결핍 장애"에 사회적·정치적 원인이 있을 수 있다든지, 혹은 빈곤, 주택 공급 부족, 사회적 불평등과 정신 질환, 스트레스, 행동 장애, 학습 장애의 확산 사이에 관련성이 있다는 의견은 어디에서도 제시되지 않는다.

다행히 이런 근시안적인 경향은 서서히 바뀌고 있는 것 같다. 최근 권위 있는 의학 학술지 《랜싯 정신의학 The Lancet Psychiatry》에 게재된 두 편의 글은 임상의와 정책 입안자들에게 사회적 요인과 관련된 고통을 개인적인 "질병"으로 분류하지 말라고 요청한다. 영국 심리학회의 전 회장을 포함한 저자들은 진단 코드는 고통의 배경을 고려해 분류되어야 한다고 말한다.

영국의 국가 의료보험 기록의 정기적인 데이터 수집을 확대하면, 보다 포괄적이고 사회적이며 체계적인, 그리고 심리적으로 종합적인 장애 패턴을 확인할 수 있다. 또한 그것을 토대로 정신건강 문제의 사회적 결정 요인으로 입증된 불평등, 빈곤, 트라우마 등에 관한 정보를 목표 대상으로 삼을 수 있다. 극심한 빈곤을 기록으로 증명하지 못하는 것은 의사가 심각한 우울증을 발견하지 못하는 것만큼이나 심각한 문제로 봐야 한다.[20]

이들은 세계보건기구가 이미 정신건강에 관한 심리사회적 재난의 영향을 기록으로 남기기 위해 "비진단적이고 비병리화한 과학적 대안"을 이용한다고 덧붙인다.

이들의 주장이 성공을 거두자 마음챙김은 권위가 약해졌다. 마음챙김의 근본적인 가능성은 전문가라는 지위에 개인적인 이해관계가 있는, 그 지위를 통해 개인에게 병리적인 진단을 내리는 엘리트들에 의해 훼손되었다. 실제 벌어지는 상황을 있는 그대로 본다면, 권력과 특권의 엄청난 왜곡과 그것을 지속하도록 돕는 신자유주의 체제가 고스란히 드러날 것이다. 제도화된 탐욕, 악의, 망상이 문화 전체에 들끓어 언론, 기업, 정치, 군대를 오염시킨다. 브루스 로저스 본은 《신자유주의 시대에 영혼을 보살피는 법 Caring for Souls in a Neoliberal Age》에서, 이러한 제도화가 거의 눈에 보이지 않는 고통의 총체적인 원천을 이룬다고 주장한다.[21] 그는 이렇게 쓴다. "압제자들은 더 이상 얼굴을 갖지 않는다. 국가, 기업, 교회 같은 비인격적인 '얼굴'조차도." 마음챙김 관계자들이 더 이상 그들을 위해 일하길 원치 않는다면, 그들은 개인에게 향하던 생의학적 측면의 집중을 거두고 새로운 설명적 서사를 만들 필요가 있다. 또한 치료적 중립성을 구실로 삼거나, 어쨌든 윤리가 "암시"되어 있다고 주장하면서 "보편적으로 사용되는" 미사여구 뒤에 숨기를 그만두고, 분명한 태도를 취해야 한다.

○　　　　　　　규칙 다시 쓰기　　　　　　　•

바뀌어야 하는 건 진단 모델만이 아니다. 수련과 비판적 교수법을 결합하는 등, 치료적 방법도 달라져야 한다. 문화적 트라우마, 조직적 인종차별주의, 그 밖에 정신적 질환으로 치부할 수 없는 여러 형태의 소외 및 배제와 함께 사회적 고통과 억압의 원인과 조건이 검토되어야 한다. 로저스 본은 "신자유주의의 장애들을 위한 진단 및 통계 편람은 없다"라고 말하면서, 그 일을 해보려는 시도들은 현행 방식을 답습하려 해서는 안 된다고 지적한다.[22] 그는 이렇게 설명한다. "나라면 '반신자유주의 치료법Anti-Neoliberal Therapy, ANT'을 위해 겉만 번드르르한 ANT 홍보용 자료를 판매하거나 수료증을 주는 주말 프로그램을 제공하는 식의 매뉴얼화된 계획을 세우지는 않겠다. 신자유주의와 동일한 수법으로는 혹은 동일한 표현 방식으로는 결코 신자유주의를 이길 수 없다."[23] 이 말은 마음챙김 교육과정이 내면의 자기관리에 한정되어서는 안 된다는 의미다. 사회적 경험이 어떻게 구현되는지 통찰하는 능력을 기르기 위해 수련을 이용하는 훨씬 광범위한 집중이 요구되는 것이다.

고통은 개인화되고 내면화되었을 뿐 아니라 증폭되고 소외되었다. 결과적으로 말하면 고통은 개인적인 수준에서 다룰 수 있는 문제가 아니다. 마음챙김은 "1단계" 고통—병, 노화, 죽음, 만성적인 육체의 고통, 인간관계에서 오는 갈등, 이혼, 실직—에 대해 고통 완화 치료를 제공한다. 의사가 도움이 되지 않을 때, 이런 고통은 전통적으로 종교적인 위로, 상담, 심리 치료의 영역이었다. 하지만 오늘날 1단계 고통은 더 이상 개인적인 것이 아니다. 사회적, 경제적, 정치적, 환경적으로 얽혀 있다. 신자유주의는 이 사실을 부인하려 애쓰면서, 이미 사회적·집단적 지지 관계가 약화된 자율적인 개인에게 스스로 극복하라며 짐을 지운다. 마음챙김은 개인의 고통이라는 신화를 강화하면서 이 일을 도왔다.

인간의 악함은 개인적으로, 그리고 집단적으로 2단계 고통으로 이어진다. 개인이 폭력의 희생자인지, 혹은 전체 인구가 전쟁이나 대량 학살, 사회적 불평등, 억압적인 조건에 피해를 입었는지, 2단계 고통의 원인은 확인할 수 있다. 신자유주의에 의해 발생하는 3단계 고통은 원인을 확인하기가 훨씬 힘든데, 확실한 형태 없이 구석구석 스며들어 전체적으로 영향을 미치기 때문이다. 3단계 고통은 1단계, 2단계 고통과 얽혀 있어서 내면 세계와 외면 세계가 전부 혼란스러워진다. 권력 관계, 계층의 이해관계, 사회적 불평등, 정치적 억압을 모호하게 만드는 요인들에 대해 집단적으로 인식을 고취하지 않는다면, 마음챙김은 이런 고통을 효과적으로 다루지 못할 것이다. 현재 마음챙김 교사들 중 3단계 고통을 다루는 사람이 거의 없는 이유는 그들 스스로가 문제의 일부이기 때문이다. 그들이 위안을 주는 방식은 언젠가 C. 라이트 밀스가 묘사한 "유쾌한 소셜 로봇cheerful social robots"처럼, 개인을 마음챙김하며 현 상황을 받아들이는 신자유주의의 신하로 만들도록 돕는다.[24]

MBSR을 본뜬 프로그램들은 자기관리라는 "1단계" 치료법을 제공한다. 카밧진이 뭐라고 주장했는지 모르지만, 이런 치료법들은 결코 사회의 변화와 집단의 치유를 위해 고안된 것이 아니었다. 혁명적이 되기 위해, 마음챙김 교사들은 복잡하게 얽힌 고통과 맞서 싸울 수 있는 새로운 수련 방법이 필요하다. 공공에 대한 관심과 연대, 그리고 저항 정신을 키울 필요가 키워야 하며, 그러려면 지금까지 거의 배제되어 온 사회정치적 맥락과 역사적 맥락을 이해해야 한다. 학교 마음챙김을 예로 들어보자. 사회적으로 불리한 위치에 있는 청년들을 대상으로 하는 프로그램들은 파울로 프레이리가 말하는 의식화, 즉 개인의 문제를 폭력, 빈곤, 중독에 시달리는 사회 환경과 연결하는 비평적 의식을 키우기에 부적절하다.[25] 도심의 아이들에게 3분 동안 쉬는 시간을 주고 호흡을 관찰하도록 가르치면 불만은 잠재울 수 있겠지만, 불만을 일으킨 조건들은 쉽게 간과된다.

사람들이 자신이 접근하는 것에 대해 잘못 이해하는 것도 문제다. "보편적 다르마"에 대한 카밧진의 주장은 마음챙김에 잠깐 "발만 담가도" 모두가 동일한 방식으로 반응할 것처럼, 인간의 경험을 동일시하는 오류를 범한다. 이것은 주로 마음챙김을 하는 백인 엘리트들이 전 지구적 구원을 위한 운동의 열쇠를 쥐고 있다는 일종의 특권적 환상이다. 결국, "우리는 모두 같은 인간"이니 따위의 진부한 말들은 마음챙김 교사들이 제도적 불평등을 보지 못하도록 시야를 가린다. 로빈 디앤젤로는《백인의 취약함 White Fragility*》에서 이렇게 지적한다.

백인은 자신들의 관심과 관점을 보편적인 것으로 여기도록 배운다. [그리고] 또한 개인을 소중하게 여기고, 자신을 인종적으로 사회화된 집단의 일원이 아닌 개인으로 여기도록 배운다. 개인주의는 역사를 지우고, 세대에

---

* 인종차별에 대해 백인이 느끼는 불편한 감정이라는 의미.

걸쳐 부가 분배되고 축적되어 온 방식을 숨김으로써 오늘날 백인들에게 이익을 준다. 따라서 백인들은 자신을 유일무이하고 독창적인 사람, 사회화의 바깥에 존재하는 사람, 인종차별적 문화가 전하는 냉혹한 메시지에 영향을 받지 않는 사람으로 간주한다.[26]

고통과 괴로움이 보편적으로 경험되지 않으며 공평하게 분배되지도 않는다는 것은 분명한 사실이다. 메리 왓킨스와 헬레네 슐만은 《해방의 심리학을 향하여 Toward Psychologies of Liberation》에서, 마음챙김에서 일반적으로 사용하는 미사여구는 "수많은 사람들이 이 사업에 대해 으레 생각하는 혹은 진지하게 의심하는 복잡한 상황을 은폐하기 위한 광적인 변명식 담론"이라고 말한다.[27] 전문가들은 과학으로 이것을 은폐하면서 인간의 고유한 본성에 관해 이야기하기 위해 반역사적 관점을 써먹는다. 사람들을 혼란스럽게 만드는 엇갈리는 쟁점들은 모두 회피하면서 말이다.

마음챙김은 기업의 이익 극대화를 만류하지 않는 것처럼, 전쟁을 정당화하기 위한 군대의 거짓말 또한 만류하지 않을 것이다. 마음챙김 프로그램은 제도적 질서에 의문을 품지 않으며, 권력의 이해관계에 동조한다. 노동 착취나, 공해 같은 고통의 부주의한 확산, 그 밖의 외부적인 요인에 초점을 두는 일은 결코 없다. 정치적인 측면에서 마음챙김은 지구 온난화, 전례 없는 불평등, 빈곤, 대규모 수감, 인종차별, 성차별, 부패, 군국주의에 조금도 영향을 미친 적이 없다. 그 목적들이 그토록 온순하고 내면을 향해 있는데 무엇 때문에 그러겠는가?

정신분석 역시 미국화되면서 마찬가지로 효과를 발휘하지 못했다. 유럽의 많은 정신분석가들은 마르크스주의자와 사회주의자였다. 이들

신프로이트학파 정신분석가들은 개인의 문제는 역사적·사회적 맥락과 분리될 수 없다고 말하면서 신경증을 사회적 질병으로 보았다. 로버트 하탐이 《깨달음을 위한 노력Awakening Struggle》에서 언급한 것처럼, 에리히 프롬은 "정신분석이 '사회에 저항하기는커녕 오히려 순응' 하면서 '본래의 급진주의'를 상실했다"는 사실에 경악했다.[28] 프롬은 이렇게 통탄한다. "치료의 목적은 주로 기존의 환경에, 종종 '현실'이라고 불리는 것에 더 잘 적응하도록 사람들을 돕는 것이다. 대개 정신건강은 오직 이런 적응에 다름 아닌 것으로 간주된다." 그 결과 "심리학자들은 소크라테스에서 프로이트까지 온갖 '적절한' 말들을 사용하여 개인이 조직의 구성원으로 완벽하게 적응할 수 있도록 돕는다. 그리하여 산업사회가 목표를 달성하는 데 일조하는 산업사회의 사제가 된다."[29] 프롬은 완전한 해방에는 새로운 실천 방식이 필요하다고 설명한다. 자아와 사회 사이에서, 행복을 위한 내면 검색과 사회경제적 구조 변화 사이에서 변증법적으로 작용하는 새로운 실천 방법이 필요하다.

우리는 마음챙김에 혁신을 일으켜야 한다. 그러려면 현재 마음챙김이 가르치는 내용의 한계를 인정하고 과장 광고를 없애야 한다. 마음챙김을 기반으로 한 개입들의 치료적 기능은 분명히 가치가 있다. 그걸 중단할 필요는 없다. 다만 더 많은 것을 시도해야 한다. 마음을 차분히 하면 사회적·역사적·정치적 현실에 참여하는 데 도움이 된다. 생의학적 용어나 일반화한 용어로 정의되는 또 다른 형태의 방식은 필요하지 않다. 마음챙김은 공동체에 대한 유기적 역사와 각 공동체 특유의 지식에 편입하여, 공동체가 저마다의 상황을 살피도록 권한을 부여해야 한다.

불만, 불안, 스트레스가 우리 자신의 잘못만이 아니라 구조적인 원인들과 관련이 있다는 사실을 인식한다면, 이는 저항에 불을 붙일 기름이 될 것이다. 마크 피셔는 《자본주의 리얼리즘Capitalist Realism》에서 이렇게 말한다. "정서적 장애는 불만이 내면에 갇혀 있을 때 드러나는 모습이다. 그 진짜 원인인 자본을 향해 외부로 불평의 채널을 돌릴 수 있고 또 그래야만 한다."[30] 마음챙김의 해방은 맥마인드풀니스의 폐허에서 벗어나, 결속을 다지면서 착취의 희생자들이 자본주의의 비인간적인 요구에 저항하도록 돕느냐에 달려 있다. 마음챙김 해방의 목적은 개인과 집단의 "양심을 촉구하여" 피로, 우울증, 심신의 쇠약을 실천주의라는 건설적인 형태로 전환하게 하는 것이다.

맥마인드풀니스를 넘어서

사회적 마음챙김은 전문가가 지휘하는 개입이 아니다. "증거 기반의" 서비스를 판매한다고 주장하지도 않는다. 그 목적은 신자유주의가 파괴한 결속과 사회적 유대를 회복하도록 도와 쇄신하는 것이다. 사회적 마음챙김은 권력의 견해를 받아들이지 않으며, 제도적 이익과 공모하거나 그것을 위해 행동하길 거부한다. 대신 개인적·사회적·생태계적 해방의 관련성을 인지하고 공동체의 이익을 위해 봉사한다. 따라서 사회적 마음챙김은 책임 분담에 대한 집단의 관심을 회복하는, 케빈 힐리가 말하는 "시민의 마음챙김"으로 볼 수 있다.[31]

우리는 자본주의의 폐해에 절망하거나 자본주의를 당장 파괴해야 한다는 신화에 매달리는 대신, 순간 순간 의미 있는 행동을 함으로써 자유로울 수 있다. 이런 행동은 영향력이 크다. 우리를 분열시켜 치열한 경쟁 환경에서 혼자 힘으로 살아가게 하고, 그 과정에서 집단적 기억을 지워 버리는 신자유주의에 의한 단절로부터 우리를 회복시키기 때문이다. 너무나 많은 사람들이 절망을 거듭하면서 소극적이고 냉소적이 되는 현상은 그리 놀랍지 않다. 우리는 다시 하나가 되기 위해, 우리에게 일어난 일을 상기하기 위해, 그리고 빅쿠 보디가 말하는 "깊은 자비심"을 기르기 위해 *기억을 되살려* 새로운 통찰력을 일깨워야 한다.

집단은 이런 목소리를 낼지도 모른다. 활발하게 힘을 발휘할 수 있으려면, 인간 고유의 존엄성과 지구상 모든 생물의 상호 의존성에 뿌리를 둔 새로운 패러다임을 분명하게 밝히고 구체화할 필요가 있다고 말이다. 이 같은 협력은 기업주의, 시장 개척, 자원 추출, 소비자 중심주의, 유해한 경제 성장 등 자유 시장의 필수 요건들에 합리적인 대안을 제공하는 대안적 가치관을 장려하는 데 도움이 될 수 있을 것이다.[32]

이 방법은 영적 수행과 급진주의적 활동을 결합한 해방 신학과 유사한 성격의 마음챙김이라고 할 수 있다. 이것은 우리가 사회적 고통, 집단적 트라우마, 그 밖에 억압적인 문화적 경험들을 적극적으로 인정하고, 공통적인 취약성을 증언하는 것에서 시작된다. 그러다 보면 신뢰와 공감을 다시 쌓고 저항력을 키우게 될 것이다. 함께 고통받은 사람들은 함께하는 새로운 미래를 함께 상상할 수 있다. 피터 가벨은 《상호 인정 욕망 The Desire for Mutual Recognition》에서 이렇게 말한다. "우리의 목적이 세상을 바로잡는 것이 아니라 세상을 치유하는 것이라면, 우리는 사회적-영적 영향을 미칠 거라고 생각되는 이성에 근거한 형식적인 변화 대신, 우리의 집단적 존재를 회복할 수 있을 직관에 근거한 사회적-영적 행동에 참여해야 할 것이다."[33]

혁명적 마음챙김은 지금 이 순간에 집착하지도, 판단을 생략하지도 않는다. 오히려 사회 변화를 의식적으로 추구하면서 과거와 미래를 수용한다. 이런 공동체적 접근은 엄연히 반자본주의적인 방식으로서, 새로운 공동체의 출현을 상상하는 비평에 기반한다. 모든 인간이 압박, 빈곤, 폭력에서 자유롭지 않은 한—공공 영역에서 말하고 행동할 자유는 물론이고—개인의 행복은 공허할 것 같다. 그렇다고 해서 그 동안 우리가 비참할 거라는 의미는 아니다. 스스로를 돕지 않는다면 서로를 도울 수도 없다. 그러나 우리는 상품화된 마음챙김의 스마일리 페이스 smiley face와도 같은 좋아 보이는 말들에서 한 걸음 더 나가야 한다. 불만과 불행은 혁명의 장애물이 아니라 혁명의 연료다.

해방은 조직적인 과정이므로 개인적인 방법에 의지할 수 없다. 사회적 마음챙김은 최대한 넓은 렌즈로 시작하여 고통의 구조적 원인에 집단의 관심을 집중시킨다. 집단들은 공통의 의미와 공통의 기반을 확립하기 위해 서로 협력하고, 내면으로 들어가기 전에 사회 참여의 동기를 끌어낸다. 이것은 회의실에서 만드는 8주 프로그램과는 분명히 다르다. 이것은 저항 정신과 명상 수행을 결합한 더 심오하고, 더 장기적인 목표를 지닌 것이다. 목적은 종전과 같이 더 많은 일을 하기 위해 스트레스를 줄이자는 것이 아니다. 사회 정의를 추구하기 위해 개인의 기량을 십분 활용하고, 억압하는 자와 억압당하는 자 모두를 해방시키기 위해 부당한 권력에 저항하면서, 공통의 투쟁에서 타인과 협력함으로써 소외감을 극복하자는 것이다.

때때로 카밧진은 자신의 접근법이 틀릴 수도 있다고 말한다. 그는 자신을 비판하는 사람들을 폄하하면서도 이렇게 인정한다. "인간이 처한 상황을 치유하기 위한 무수히 많은 상상적 접근법을 적용할 여지가 있다."《마음챙김 혁명The Mindful Revolution》에 관한 영화에서 재촉을 받자, 카밧진은 자본주의로는 CEO들의 꿈이 실현되지 못할 수도 있다고 인정한다. 그는 어색하게 웃으며 말한다. "자본주의 논리가 바뀌어야 한다는 데 동의합니다. 그러니까 내 말은, 다른 모든 것이 진화하고 있다는 의미입니다. 진짜 문제는 탐욕스러운 방향으로 진화하고 있느냐, 지혜로운 방향으로 진화하고 있느냐 하는 것이지요."[34]

우리에겐 그런 한가한 되새김질이나 하고 있을 시간이 없다. 마음챙김을 해방시키려면 먼저 우리 자신의 망상을 직시해야 한다. 이 길은 때로 고독한 과정이지만, 외부 세계에서 물러나는 것은 아니다. 우리가 가공의 개별적 자아에 대한 집착에서 벗어나 그 이상을 볼 수 있다면, 오히려 그 과정은 우리의 연대감을 강화할 수 있다. 방어적인 외피와 그것을 야기하는 끊임없는 결핍감을 벗어 버릴 때, 처음엔 개인적인 무력함을 마주하게 될 것이다. 하지만 이처럼 텅 빈 자아를, 안락함과 통제력에 매달리려는 헛된 노력을 통찰함으로써, 우리는 고립된 "나"를 넘어선 자유로운 힘을 발견하게 된다. 진정으로 혁명적인 마음챙김은 비이원적이다. 변화를 일으키는 힘은 둘로 나누어지지 않으므로, 무엇에도 소유되지 않는다. 그 힘을 하나로 연결함으로써 우리는 모든 지각 있는 존재의 해방을 모색할 수 있다.

감사의 글

이 책의 편집자, 타리크 고다르에게 특별히 감사를 전하고 싶다. 그는 내 책에 즉시 관심을 보였고 누구보다 열심히 홍보하고 있다. 여러 곳의 더 큰 출판사 중에 결국 리피터 출판사를 선택한 이유는, 현 상황에 대해 문제를 제기하는 비판적인 도서를 출판하는 타리크의 리더십과 비전 때문이다. 리피터 출판사의 사장이자 왓킨스 미디어의 이사 에단 일펠드는 처음부터 내 프로젝트를 열렬히 지지했다. 전문적인 조언과 도움을 아끼지 않은 리피터의 직원 조쉬 터너, 마이클 왓슨, 조너선 먼더에게도 감사 인사를 전하고 싶다.

타고난 재능이 있지만 더 큰 발전을 위해 노력하는 프리랜서 편집자 대니얼 심슨에게 특별히 감사를 전한다. 그는 전문적인 지식과 예리한 시선으로 이 책을 수정하는 데 큰 도움을 주었다. 이 책을 구상하기 몇 해 전, 대니얼과 나는 마음챙김 운동에 관한 의혹과 회의적인 의견을 자주 주고받았다. 친구이자 멘토인 데이비드 로이에게도 심심한 감사를 전하고 싶다. 그는 내가 마음챙김 운동에 관한 비평을 밀고 나갈 용기를 주었고, 덕분에 《허핑턴 포스트》지에 〈맥마인드풀니스를 넘어서〉라는 인터넷 기사를 쓸 수 있었다. 나는 여러 해 전부터 데이비드가 쓴 글의 팬이었다.

맥마인드풀니스 비평의 발판을 세운 초창기 동지, 데이비드 포브스에게 감사한다. 우리가 함께했던 팟캐스트 '마음챙김 괴짜들'은 이 책을 쓰기 위한 많은 아이디어에 영감을 주었다. 구글의 위즈덤2.0 대실패에 관한 글의 초기 버전은 《허핑턴 포스트》에 소개되었다.

나는 맥마인드풀니스 비평의 다양한 측면에 관해 내 친구이며 동료이자 《트라이시클》의 특집기사 편집장인 앤디 쿠퍼와 많은 대화를 나누었다. 우리는 마음챙김 운동의 과대광고와 과장된 과학적 주장에 관심을 갖고, 살롱Salon.com에 〈마음챙김의 진실성 문제Mindfulness' Truthiness Problem〉를 게재했다.

에드윈 응은 소셜 미디어에 〈기업 마음챙김이라니, 웃기고 있네Corporate Mindfulness is Bullsh*t〉, 〈백인의 특권과 마음챙김 운동White Privilege and the Mindfulness Movement〉, 〈기업 마음챙김의 과대광고 전격 해부Cutting Through the Corporate Mindfulness Hype〉, 〈마음챙김과 자기돌봄 : 내가 왜 이걸 신경 써야 하지?Mindfulness and Self-Care : Why Should I care?〉 등의 내 글이 게재되도록 도움을 줬다. 응과 나는 "도피처 만들기Making Refuge" 프로젝트에 착수했는데, 마음챙김 운동의 산만한 성격과 미사여구 사용 전략을 이해하는 데 큰 도움이 되었다. 또 한 명의 친구이자 동료인 잭 월쉬에게도 특별히 고마움을 전한다. 그의 글은 내가 신자유주의와 마음챙김 담론의 이념적 기반에 관한 비평을 쓸 때 많은 영향을 주었다. 잭과 나는 사회의 마음챙김 프로젝트를 비판하는 다수의 프로젝트를 계속 함께 진행하고 있다. 데이비드 루이스와는 마음챙김 운동의 핵심 사안을 중심으로 활발하게 활동하는 토론 그룹에서 처음 만난 후 지금까지 우정을 이어오면서 지지를 받고 있다. 데이비드는 컬럼비아 대학교의 《과대광고 너머 : 새 열쇠를 쥔 불교와 신경과학Beyond the Hype : Buddhism and Neuroscience' in a New Key》에 소개된 우리 논문 〈현대 과학의 진실성 문제Contemplative Science's Truthiness Problem〉를 돋보이게 한 fMRI 뇌 영상 연구의 기술적 한계에 관해 알려주었다.

이 책을 쓰는 동안 나를 지지해 준 많은 동료와 친구들에게 감사한다. 스티븐 스탠리, 빅쿠 보디 스님, 로버트 서먼, 크리스토퍼 티트머스, 케빈 힐리, 글렌 윌리스, 리처드 킹, 제프 윌슨, 잭 페트랜커, 린다 휴먼, 휴 윌모트, 알렉스 카링-로벨, 조 밀리로, 데버러 로셸, 버나드 포레, 톰, 야날, 리처드 페인, 리사 데일 밀러, 샤일라 캐서린, 앨런 세나우케, 일마리 코르텔라이넨, 무심 패트리샤 이케다, 케이티 롱케, 던 해니, 푸니에 추, 브라이언 빅토리아, 데이비드 브라지에, 마누 바짜노, 게리 가츠, 피터 도란, 새뮤얼 스테판, 후안 움베르토-영, 피어스 살가도, 데이비드 맥마한, C. W. 헌팅튼, 니룹 싱, 안토니노 라포네, 마시모 토마시니, 루스 휩먼, 윌리엄 데이비스, 윌로비 브리튼, 폴 그로스먼, 미구엘 파리아스, 캐서린 위크홀름, 랍비 마이클 러너, 저스틴 휘태커, 조시 배런 등, 많은 이들이 자기만의 독특한 관점으로 마음챙김에 관한 비판적 담론을 펼쳤다.

잡지 《트라이시클》의 편집자, 제임스 샤힌에게도 감사 인사를 전해야겠다. 그는 내가 샌프란시스코 주립대학교에서 조직한 국제 컨퍼런스 "마음챙김과 자비심 : 명상 수행의 기술과 과학Mindfulness and Compassion : The Art and Science of Contemplative Practice"을 위해 후원을 아끼지 않은 공동 후원자였다. 놈 오버슈타인, 그리고 프레데릭 렌즈 미국 불교 재단이 아낌없이 제공한 재정적 후원에도 마찬가지로 감사 인사를 전한다. 이들의 도움으로 나는 작금의 신자유주의의 속박으로부터 마음챙김을 해방시킬 방법들을 구상할 수 있었다.

친구이자 멘토 B. 앨런 월리스에게 특별히 감사를 전한다. 그는 마음챙김의 상업화에 관해 처음부터 나와 함께 고민해 왔다. 내가 이 책을 쓰는 동안 뒤에서 묵묵히 있어 주는 것만으로도 나에게 힘이 되었다. 그가 영적으로 또 지적으로 변함없는 지원의 원천을 제공했기에 나는 날카로운 비판을 서슴없이 던질 수 있었다. 한국 불교 태고종 승정을 역임한 종매 케네스 박 스님에게도 큰 은혜를 입었다. 스님의 지혜, 자비심, 무한한 에너지는 영감의 원천이 되었다.

샌프란시스코 주립대학교 학과장 톰 토머스에게 감사를 전하고 싶다. 그의 관용과 인내심 덕분에 1년 가까이 학과 업무에 거리를 둘 수 있었다.

마지막으로 내 평생의 파트너 웬델 해나에게 고맙다고 말하고 싶다. 그녀는 처음부터 나에게 과감하게 단독 저자로 나서야 한다고 강조했다. 마음챙김 운동에 맞서며 나를 후원해 준 한나가 없었다면 이 책은 결코 빛을 보지 못했을 것이다. 우리 개, 닉이 특별히 고맙다. 닉이 있어서 이따금 컴퓨터에서 벗어나 운동을 할 수 있었다.

주

1장 마음챙김 혁명이란?

1 http://www.soundstrue.com/podcast/transcripts/jon-kabat-zinn.php
2 http://time.com/1556/the-mindful-revolution/
3 Jeff Wilson, *Mindful America*. Oxford University Press, 2014. p.164.
4 Jon Kabat-Zinn, *Coming To Our Senses: Healing Ourselves and the World Through Mindfulness*. Hachette Books, 2005. p.143.
5 Ibid., p.160.
6 https://www.mentalpraxis.com/zombie-mindfulness.html
7 Wendy Brown, *Undoing the Demos: Neoliberalism's Stealth Revolution*. MIT Press, 2015. p.15.
8 Jon Kabat-Zinn, *Mindfulness for Beginners:Reclaiming the Present Moment and Your Life*. Sounds True, 2012.
9 https://greatergood.berkeley.edu/article/item/the_four_keys_to_well_being
10 https://academic.oup.com/jaar/article-abstract/83/3/624/722898?redirectedFrom=fulltext
11 David Forbes, *Mindfulness and Its Discontents*. Fernwood Publishing, 2019. p.34.
12 https://www.youtube.com/watch?v=-kpiqOGpho4
13 https://www.nature.com/articles/nrn3916
14 https://tricycle.org/trikedaily/meditation-nation/
15 http://religiondispatches.org/american-buddhism-beyondthe-search-for-inner-peace/

16 https://www.huffingtonpost.com/ron-purser/beyond-mcmindfulness_b_3519289.html

17 https://static1.squarespace.com/static/5a8e29ffcd39c3de-866b5e1/t/5b5303d91ae6cf630b641909/1532167130908/McMindfulness.pdf

18 Jeremy R. Carrette and Richard King, *Selling Spirituality:The Silent Takeover of Religion*. Routledge, 2005. p.5.

19 Ibid., p.22.

20 Byung-Chul Han, *Psycho-Politics: Neoliberalism and New Technologies of Power*. Verso Books, 2017.

21 https://speculativenonbuddhism.com/2011/07/03/elixirof-mindfulness/

22 http://theconversation.com/mcmindfulness-buddhismas-sold-to-you-by-neoliberals-88338

23 Byung-Chul Han, *Psycho-Politics: Neoliberalism and New Technologies of Power*. Verso Books, 2017. p.30.

24 https://www.huffingtonpost.com/ron-purser/beyondmcmindfulness_b_3519289.html

2장 신자유주의의 마음챙김

1 https://www.nytimes.com/2017/03/08/well/mind/how-tobe-mindful-on-the-subway.html

2 Jon Kabat-Zinn, *Wherever You Go, There You Are*. Hachette Books, 2005.

3 https://www.theatlantic.com/business/archive/2015/03/corporations-newest-productivity-hack-meditation/387286/

4 https://medium.com/thrive-global/the-father-of-mindfulness-on-what-mindfulness-has-become-ad649c8340cf

5 https://www.margaretthatcher.org/document/104475

6 https://mondediplo.com/1998/12/08bourdieu

7 http://www.cabinetmagazine.org/issues/2/western.php

8 https://www.margaretthatcher.org/document/104052

9 Michel Foucault, *The Birth of Biopolitics: Lectures at the College de France, 1978-79*. Translated by G. Burchell. Palgrave Macmillan, 2008.

10 Michel Foucault, *The History of Sexuality Volume 1: An Introduction*. Vintage Books, 1978. p.60.

11 Ruth Whippman, *America the Anxious*. St Martin's Press, 2016.

12 https://www.templeton.org/

13 Nikolas Rose, *Inventing Our Selves: Psychology, Power, and Personhood.* Cambridge University Press, 1998. 1999. p.160.
14 https://blogs.scientificamerican.com/observations/more-recycling-wont-solve-plastic-pollution/
15 Ibid.
16 Henry A. Giroux, *The Violence of Organized Forgetting:Thinking Beyond America's Disimagination Machine.* City Lights Publishers, 2014.
17 https://rkpayne.wordpress.com/category/buddhism-under-capitalism/
18 Ole Jacob Madsen, *The Therapeutic Turn: How Psychology Altered Western Culture.* Routledge, 2014.
19 Jon Kabat-Zinn, *Full Catastrophe Living.* Bantam Dell, 1990. p.550.
20 https://www.mentalpraxis.com/uploads/4/2/5/4/42542199/goto-jones_zombie_mindfulness_manifesto.pdf
21 Julie Wilson, *Neoliberalism.* Routledge, 2017. p.220.
22 https://www.uib.no/sites/w3.uib.no/files/attachments/15_williams-structures_0.pdf
23 http://digitool.library.mcgill.ca/webclient/StreamGate?folder_id=0&dvs=1547509446906~428
24 Norbert Elias, *The Civilizing Process.* Blackwell, 2000.
25 http://mannersandmindfulness.com/
26 http://www.psow.edu/blog/how-to-be-manners-mindfulat-work
27 Jennifer M. Silva, *Coming Up Short: Working-Class Adulthood in an Age of Uncertainty.* Oxford University Press, 2015. p.21.
28 Lauren Berlant, *Cruel Optimism.* Duke University Press, 2011.
29 Joshua Eisen, *Mindful Calculations: Mindfulness and Neoliberal Selfhood in North America and Beyond.* Masters Thesis, McGill University, 2014. p.72.
30 Lauren Berlant, *Cruel Optimism.* Duke University Press, 2011. p.1.

3장 스트레스의 만트라

1 https://www.dailymail.co.uk/health/article-2045309/Stress-Top-cause-workplace-sickness-dubbed-Black-Death-21st-century.html
2 Jon Kabat-Zinn, *Full Catastrophe Living.* Bantam Dell, 1990.
3 Ibid., xxvii
4 Ibid., p.2.

5 Tim Newton, *Managing Stress: Emotion and Power at Work*. Sage Publications, 1995.
6 Dana Becker, *One Nation Under Stress: The Trouble with Stress As An Idea*. Oxford University Press, 2013. p.18.
7 David G. Schuster, *Neurasthenic Nation: America's Search for Health, Happiness, and Comfort, 1869-1920*. Rutgers University Press, 2011.
8 Walter B. Cannon, *The Wisdom of the Body*. W.W. Norton; New York, 1939.
9 Hans Selye, *The Stress of Life*. McGraw-Hill, 1956.
10 https://www.ncbi.nlm.nih.gov/pubmed/3279524
11 Ibid.
12 Dana Becker, *One Nation Under Stress: The Trouble with Stress As An Idea*. Oxford University Press, 2013. p.37.
13 https://www.ncbi.nlm.nih.gov/pmc/articles/PMC3036703/
14 https://www.npr.org/sections/health-shots/2014/07/07/325946892/the-secret-history-behind-the-science-of-stress
15 Ibid.
16 Ibid.
17 Ibid.
18 Dana Becker, *One Nation Under Stress: The Trouble with Stress As An Idea*. Oxford University Press, 2013. p.40.

4장 마음챙김의 개인화

1 https://www.tandfonline.com/doi/full/10.1080/14639947.2011.564844 p.282.
2 http://healthland.time.com/2012/01/11/mind-readingjon-kabat-zinn-talks-about-bringing-mindfulness-meditation-to-medicine/
3 Al Rapaport (ed.), *Buddhism in America*. Tuttle, 1997. p.505.
4 Herbert Benson, *The Relaxation Response*. Avon Books, 1976. p.117.
5 Richard King, "'Paying Attention' in a Digital Economy:Reflections on the Role of Analysis and Judgement Within Contemporary Discourses of Mindfulness and Comparisons with Classical Buddhist Accounts of *Sati*". In Ronald Purser & David Forbes(eds.), *Handbook of Mindfulness: Culture, Context and Social Engagement*. Springer, 2016. p.38.
6 https://www.tandfonline.com/doi/full/10.1080/14639947.2011.564844

7 Ibid., p.290.
8 http://www.integralhealthresources.com/toward-a-mindful-society-shambhala-sun-interview-with-jon-kabat-zinn/
9 https://www.facebook.com/rpurser/videos/10154961154191759/
10 https://symbiosiscollege.edu.in/wp-content/uploads/2015/03/MBI-An_Emerging_Phenomenon_Margaret_Cullen.pdf
11 https://www.tandfonline.com/doi/full/10.1080/14639947.2011.564844
12 https://www.tandfonline.com/doi/abs/10.1080/14639940802556560 (p.238.)
13 https://www.tandfonline.com/doi/abs/10.1080/03060497.2015.1018683
14 https://www.ncbi.nlm.nih.gov/pubmed/24565760
15 https://www.ncbi.nlm.nih.gov/pubmed/24565760
16 Ruth Whippman, *America the Anxious*. St Martin's Press. p.26.
17 Carl Cederstrom and Andre Spicer, *The Wellness Syndrome*. Polity Press, 2015.
18 Interview with Jon Kabat-Zinn, *Common Ground*
19 Nomi Morris, 'Fully experiencing the present: a practice for everyone, religious or not', *Los Angeles Times*, 2 October 2010.

5장 마음챙김의 식민지화

1 https://bigthink.com/videos/sam-harris-on-secular-meditation-2
2 https://www.mindful.org/dan-harris-meditation-10-percent-happier/
3 https://www.cbs.com/shows/60_minutes/video/V0EAV25FWjaYdEKlbE8w2OgiQAxx8f_T/denied-insidehoms-mindfulness/
4 http://religiondispatches.org/hide-the-religion-featurethe-science-60-minutes-drops-the-ball-on-mindfulness/
5 http://time.com/collection/guide-to-happiness/1556/the-mindful-revolution/
6 Chade Meng Tan, *Search Inside Yourself: The Unexpected Path to Achieving Success, Happiness (and World Peace)*. HarperOne, 2014.
7 Paul Carus, *The Gospel of the Buddha*. (originally published in 1894). Open Court, 1999.
8 http://workplacewellbeing.co/images/davidsonzinn13. pdf, p.95.
9 Candy Gunther-Brown, "Can 'Secular' Mindfulness be Separated from Religion", in R. Purser, D. Forbes(eds.), *Handbook of Mindfulness:*

Culture, Context and Social Engagement. Springer, 2016. pp.75-94.
10. Tracy Goodman, Stealth Buddhism. Interview by Vincent & Emily Horn. BG331. www.buddhistgeeks.com/2014/08/bg-331-stealth-buddhism/
11. https://www.mcgill.ca/tcpsych/files/tcpsych/asi_conference_program_2.pdf
12. https://kar.kent.ac.uk/31308/
13. Edwin Ng, Zack Walsh and Ronald Purser, "Mindfulness Is Inherently Political Because Choiceless Exposure To Vulnerability Is a Promise of #MakingRefuge Shared-In-Difference". Unpublished paper.
14. https://www.tandfonline.com/doi/full/10.1080/14639947.2011.564844
15. Jeff Wilson, "The Religion of Mindfulness." *Tricycle*, Fall, available at https://tricycle.org/magazine/the-religion-mindfulness-essay-jeff-wilson/
16. https://www.ncbi.nlm.nih.gov/pmc/articles/PMC5605584/
17. https://www.ncbi.nlm.nih.gov/pmc/articles/PMC5605584/
18. https://www.tandfonline.com/doi/full/10.1080/14639947.2011.564844
19. Ibid.
20. Ibid.
21. Jon Kabat-Zinn, *Coming to Our Senses*. Hyperion, 2005. p.9.
22. Jon Kabat-Zinn, *Wherever You Go, There You Are*. Hachette Books, 2009. p.4.
23. Ibid., p.24.
24. Arthur Versluis, *American Transcendentalism and Asian Religions*. Oxford University Press, 2003.
25. Rick Fields, *How the Swans Came to the Lake: A Narrative History of Buddhism in America* Shambhala, 1992. p.157.
26. William James, "The religion of healthy-mindedness" in *The Varieties of Religious Experience: A Study in Human Nature*. New York, Wayne Proudfoot, 1902/2004. p.95.
27. William James, *Talks to Teachers on Psychology*. Harvard University Press, 1899. p.147.
28. David McMahan, *The Making of Buddhist Modernism*. Oxford University Press, 2008. p.168.
29. http://buddhiststudies.berkeley.edu/people/faculty/sharf/documents/Sharf%20Is%20Mindfulness%20Buddhist.pdf, p.479.
30. RichardCohen,*BeyondEnlightenment:Buddhism, Religion, Modernity*, Routledge, 2006. p.11.

31 Nyanaponika Thera, *The Heart of Buddhist Meditation*. Samuel Weiser, 1973, pp.17-8.
32 https://www.tandfonline.com/doi/abs/10.1080/14639947.2011.564813
33 C. Kelley, "O.K., Google, Take a Deep Breath." http://www.nytimes.com/2012/04/29/technology/google-course-asksemployees-to-take-a-deep-breath.html
34 Robert Meikyo Rosenbaum and Barry Magid (eds.), *What's Wrong with Mindfulness*. Wisdom Publications, 2016. pp.41-2.
35 Ibid., p.42
36 Jon Kabat-Zinn, *Wherever You Go, There You Are*. Hachette Books, 2009.

6장 마음챙김의 사회적 기억상실증

1 David Smail, *Power, Interest and Psychology: Elements of a Social Materialist Understanding of Distress*. PCCS Books, 2012. p.7.
2 Joel Kovel, The American Mental Health Industry. In D. Ingleby (Ed.), *Critical psychiatry: The Politics of Mental Health*. Pantheon Books, 1980.
3 Ibid., p.73.
4 Russell Jacoby, *Social Amnesia: A Critique of Contemporary Psychology*. New Brunswick, NJ: Transaction Publishers, 1997.
5 Ibid., p.4.
6 W. Pietz, Fetishism and Materialism. In E. Apter and W. Pietz (Eds.), *Fetishism as Cultural Discourse*. Cornell University Press, 1993.
7 T. Dant, Fetishism and the Social Value of Objects. *Sociological Review* 44(3), 1996. p.5
8 Richard Payne, "Modernist Mindfulness." http://rkpayne.wordpress.com/2014/08/22/modernist-mindfulness/
9 http://www.soundstrue.com/podcast/transcripts/jon-kabat-zinn.php?camefromhome=camefromhome

7장 마음챙김의 진실스러움 문제

1 http://time.com/1556/the-mindful-revolution/

2 https://www.ncbi.nlm.nih.gov/pubmed/25783612
3 https://tricycle.org/trikedaily/benefits-mindfulness-hardprove/
4 https://link.springer.com/chapter/10.1007/978-3-319-44019-4_21
5 https://hbr.org/2015/01/mindfulness-can-literally-changeyour-brain
6 https://www.ncbi.nlm.nih.gov/pubmed/19860032
7 https://psicoterapiabilbao.es/wp-content/uploads/2015/12/Khoury_2013_mindfulness-metaanalys.pdf
8 https://www.ncbi.nlm.nih.gov/books/NBK153338/#d12013035995.commentary
9 https://journals.plos.org/plosone/article
10 https://tricycle.org/trikedaily/dont-believe-hype/
11 Joel Best, *Flavor of the Month: Why Smart People Fall for Fads*. University of California Press, 2006.
12 Aryeh Siegel, *Transcendental Deception*. Janreg Press, 2018. p.98.
13 Herbert Benson, *The Relaxation Response*. HarperTorch, 1976.
14 Ibid., p.140.
15 Jeff Wilson, *Mindful America*. Oxford University Press, 2014. p.80.
16 https://projectreporter.nih.gov/reporter_searchresults.cfm
17 https://jamanetwork.com/journals/jamainternalmedicine/fullarticle/1809754
18 https://effectivehealthcare.ahrq.gov/topics/meditation/research
19 https://www.nature.com/articles/s41598-018-20299-z
20 https://journals.plos.org/plosone/article
21 https://www.ncbi.nlm.nih.gov/pubmed/15903115
22 https://www.ncbi.nlm.nih.gov/pmc/articles/PMC2778755/
23 David L. McMahan, "How Meditation Works: Theorizing the Role of Cultural Context in Buddhist Contemplative Practice". In D. McMahan & E. Braun(eds.), *Meditation, Buddhism, and Science*. Oxford University Press, 2017.
24 Ronald Purser and David Lewis, "Contemplative Neuroscience's Truthiness Problem." Paper presented at the *Beyond the Hype: Buddhism and Neuroscience in a New Key* conference. Columbia University, 2016.
25 Nikolas Rose and Joelle M. Abi-Rached, *Neuro: The New Brain Sciences and the Management of Mind*. Princeton University Press, 2013.
26 Evan Thompson, "Looping Effects and the Cognitive Science of

Meditation." In David L. McMahan & Erik Braun(eds.), *Meditation, Buddhism, and Science*. Oxford University Press, 2017, pp.47-61.
27 Ibid.
28 https://www.ncbi.nlm.nih.gov/pubmed/16022930
29 https://www.ncbi.nlm.nih.gov/pubmed/20467003
30 https://www.ncbi.nlm.nih.gov/pubmed/29016274

8장 마음챙김하는 근로자

1 Daniel Goleman, *Emotional Intelligence*. Bantam Books, 1995.
2 Dale Carnegie, *How to Win Friends and Influence People*. Simon & Schuster, 1936.
3 https://pdfs.semanticscholar.org/c5b4/28f63499bdd3caf39f8bdc28590edce8d8b0.pdf
4 Chade Meng Tan, *Search Inside Yourself: The Unexpected Path to Achieving Success, Happiness (and World Peace)*. HarperOne, 2014. p.134.
5 https://www.businessnewsdaily.com/2267-workplacestress-health-epidemic-perventable-employee-assistanceprograms.html
6 https://news.gallup.com/businessjournal/162953/tackleemployees-stagnating-engagement.aspx
7 https://www.researchgate.net/publication/240240954_Stress-management_interventions_in_the_workplace_Stress_counselling_and_stress_audits
8 Tim Newton, *Managing Stress: Emotion and Power at Work*. Sage Publications, 1995. p.244.
9 David Gelles, *Mindful Work*. Houghton Mifflin Harcourt, 2015.
10 https://www.nytimes.com/2015/08/16/technology/insideamazon-wrestling-big-ideas-in-a-bruising-workplace.html
11 Richard Wilkinson and Kate Pickett, *The Spirit Level: Why Greater Equality Makes Societies Stronger*. Bloomsbury, 2011.
12 https://www.gsb.stanford.edu/insights/why-your-workplace-might-be-killing-you
13 David Gelles, *Mindful Work*. Houghton Mifflin Harcourt, 2015. p.97.
14 Nicholas Carr, *The Shallows: What the Internet is Doing to Our Brain*. W.W. Norton, 2011.

15 http://www.academyanalyticarts.org/rose-power-subjectivity
16 Nikolas Rose, *Inventing Ourselves: Psychology, Power, and Personhood*. Cambridge University Press, 1998. p.114.
17 https://rkpayne.wordpress.com/2014/02/18/corporatist-spirituality/
18 Frederwick Winslow Taylor, *Principles of Scientific Management*. Harper & Brothers Publishers, 1915.
19 American Psychological Association, 1962.
20 John Micklethwait and Adrian Wooldridge, *The Witch Doctors: What the Management Gurus are Saying, Why it Matters and How to Make Sense of It*. Mandarin, 1997.
21 https://journals.sagepub.com/doi/abs/10.1177/0038038516655260
22 Richard Gillespie, *Manufacturing Knowledge: A History of the Hawthorne Experiments*. Cambridge University Press, 1993.
23 http://jeremyhunter.net/wp-content/uploads/2013/02/Mindful-Is-Mindfulness-Good-for-Business.pdf
24 https://www.mindful.org/its-not-mcmindfulness/
25 https://www.mindful.org/its-not-mcmindfulness/
26 Ken Keyes, Jr. *The Hundredth Monkey*. Vision Books, 1982.
27 https://link.springer.com/article/10.1023/A:1006978911496
28 Robert L. Park, *Voodoo Science: The Road from Foolishness to Fraud*. Oxford University Press, 2001.
29 http://nomosjournal.org/2013/08/searching-for-integrity/
30 David Gelles, *Mindful Work*. Houghton Mifflin Harcourt, 2015.
31 https://money.cnn.com/2017/01/24/investing/aetna-obamacare-humana-merger/
32 https://www.nytimes.com/2018/06/14/opinion/sunday/meditation-productivity-work-mindfulness.html

9장 마음챙김 장사꾼

1 https://globalwellnessinstitute.org/industry-research/2018-global-wellness-economy-monitor/
2 https://www.mindful.org/its-not-mcmindfulness/
3 https://www.awakenedworldpilgrimage.com/
4 https://www.whil.com/companies
5 Edward L. Bernay, *Propaganda*. Horace Liveright, 1928.

6 https://www.seanfeitoakes.com/mindfulness-the-googleway-well-intentioned-saffron-washing/
7 https://www.publicintegrity.org/2016/02/16/19297/ford-spent-40-million-reshape-asbestos-science
8 https://jalopnik.com/lawsuit-accuses-ford-of-cheatingdiesel-emissions-on-50-1821962910
9 https://www.businessinsider.com/marc-benioff-salesforcecom-chief-has-pulled-some-crazy-stunts-2012-3
10 https://www.fastcompany.com/40433618/not-so-zen-atheadspace-as-layoffs-hit-the-company
11 Headspace factsheet: https://www.dropbox.com/sh/vntknlkvkzg98rp/AABIqR-M-IhhCSAcWHXlqQ7na/HS%20Fact%20Sheet?dl=0&preview=Headspace+Fact+Sheet+-+November+2018.pdf&subfolder_nav_tracking=1
12 https://www.forbes.com/sites/kathleenchaykowski/2017/01/08/meet-headspace-the-app-that-made-meditation-a-250-million-business/#713227fc1f1b
13 https://techcrunch.com/2017/09/02/funding-your-blissmindfulness-startups-scale-up/
14 https://ebmh.bmj.com/content/18/4/97
15 https://www.wired.co.uk/article/mental-health-apps#_=_
16 https://www.ft.com/content/9b8c0c6e-e805-11e6-967bc88452263daf
17 George Ritzer, *The McDonaldization of Society*. Sage Publications, 2007.

10장 엘리트들의 마음챙김

1 Janice Marturano, *Finding the Space to Lead: A Practical Guide to Mindful Leadership*. Bloomsbury Press, 2015.
2 Ibid., p.166.
3 https://www.huffingtonpost.com/janice-l-marturano/mindful-leadership-receiv_b_2543151.html
4 Janice Marturano, *Finding the Space to Lead: A Practical Guide to Mindful Leadership*. Bloomsbury Press, 2015.
5 https://www.huffpost.com/entry/collective-mindfulness-th_b_4732429
6 https://www.huffingtonpost.com/entry/otto-scharmer-davos_n_

4635396

7 https://dealbook.nytimes.com/2015/01/21/amid-thechattering-of-the-global-elite-a-silent-interlude/

8 https://www.rollingstone.com/politics/politics-news/the-great-american-bubble-machine-195229/

9 http://www.buddhistpeacefellowship.org/can-mindfulness-change-a-corporation/

10 https://www.academia.edu/25482900/WHAT_IS_ENLIGHTENMENT_MINDFULNESS_IN_THE_MOMENT_OF_STRESS

11 Byung-Chul Han, *Psycho-Politics: Neoliberalism and New Technologies of Power*. Verso Books, 2017.

12 Jeremy Carrette and Richard King, *Selling Spirituality: The Silent Takeover of Religion*. Routledge, 2005. p.22.

13 Sam Binkley, *Happiness as Enterprise: An Essay on Neoliberal Life*. SUNY Press, 2015. p.2.

14 Wendy Brown, *Undoing the Demos: Neoliberalism's Stealth Revolution*. MIT Press(Zone Books), 2015.

15 http://religiondispatches.org/rich-people-need-innerpeace-too-an-interview-with-googles-jolly-good-fellowchade-meng-tan/

16 https://tricycle.org/blog/2014/02/17/protest-ers-crash-google-talk-corporate-mindfulness-wisdom-20-conference/

17 https://www.huffingtonpost.com/ron-purser/google-misses-a-lesson_b_4900285.html

18 http://wisdom2conference.tumblr.com/post/76757167725/wisdom-20-2014-google-handles-protesters-with

19 Ibid.

20 Soren Gordhamer, *Wisdom 2.0: The New Movement Toward Purposeful Engagement in Business and in Life: Ancient Secrets for the Creative and Constantly Connected*. HarperOne, 2009. p.40.

21 https://www.youtube.com/watch?v=fFE0GMI9HJ8

22 https://www.youtube.com/watch?v=oTJ9_KM4i4U

23 https://tricycle.org/magazine/buying-wisdom-2/

24 https://tricycle.org/magazine/buying-wisdom/

11장 학교에서의 마음챙김

1 https://mindfulnessinschools.org/
2 https://www.tandfonline.com/doi/abs/10.1080/14639947.2017.1301032
3 https://www.mindfulschools.org/
4 https://www.washingtonpost.com/sf/feature/wp/2013/04/11/the-education-issue-believing-self-control-predicts-success-schools-teach-coping/
5 https://www.mindfulschools.org/resources/room-tobreathe/
6 https://link.springer.com/chapter/10.1007/978-3-319-44019-4_26
7 https://link.springer.com/chapter/10.1007/978-3-319-44019-4_23
8 https://www.theatlantic.com/international/archive/2012/03/the-white-savior-industrial-complex/254843/9 https://journals.sagepub.com/doi/pdf/10.2304/pfie.2013.11.5.538
10 James Reveley, "Neoliberal Meditations: How Mindfulness Training Medicalizes Education and Responsibilizes Young People." *Policy Futures in Education* 2016, 14(4)pp. 497-511.
11 Kathryn Ecclestone and Dennis Hayes. *The Dangerous Rise of Therapeutic Education*. Routledge, 2008.
12 https://www.mindfulschools.org/about-mindfulness/mindfulness-in-education/
13 https://mindfulnessinschools.org/mindfulness-in-education/what-is-it/
14 https://link.springer.com/chapter/10.1007/978-3-319-44019-4_29
15 http://www.buddhistpeacefellowship.org/the-heart-ofmindfulness-a-response-to-the-new-york-times/
16 https://www.lionsroar.com/in-engaged-buddhism-peacebegins-with-you/
17 https://link.springer.com/chapter/10.1007/978-3-319-44019-4_24
18 https://mindfulnessinschools.org/mindfulness-in-education/what-is-it/
19 Richard Burnett, "Mindfulness in Secondary Schools:Learning Lessons from the Adults, Secular and *Buddhist*." *Buddhist Studies Review*, 2011, 28(1), pp.79-120.
20 https://www.youtube.com/watch?v=7pLhwGLYvJU
21 Ibid.,
22 https://www.huffingtonpost.com/candy-guntherbrown-phd/

mindfulness-meditation-in_b_6276968.html
23 https://www.youtube.com/watch?v=7pLhwGLYvJU
24 https://link.springer.com/chapter/10.1007/978-3-319-44019-4_6
25 https://www.huffingtonpost.com/2013/04/17/warstler-elementary-school-ohio-mindfulness-program_n_3101741.html
26 http://www.nclplaw.org/wp-content/uploads/2011/12/DYRSD-Legal-Opinion-Memorandum-2-2-161.pdf
27 https://www.ncbi.nlm.nih.gov/pmc/articles/PMC3151546/
28 http://psycnet.apa.org/buy/2014-14116-001
29 https://www.ncbi.nlm.nih.gov/pubmed/9097338
30 Ibid.
31 https://law.justia.com/cases/federal/district-courts/FSupp/440/1284/1817490/
32 https://www.davidlynchfoundation.org/
33 https://www.facebook.com/tmfreeblog/photos/pb.137913942929551.2207520000.1518324891./1442412835812982/?type=3
34 Ibid.
35 http://tmfree.blogspot.com/
36 https://www.au.org/church-state/june-2009-church-state/featured/levitating-over-the-church-state-wall
37 https://www.theguardian.com/teacher-network/2015/nov/24/san-franciscos-toughest-schools-transformed-meditation
38 https://www.theatlantic.com/education/archive/2015/08/mindfulness-education-schools-meditation/402469/
39 https://link.springer.com/content/pdf/10.1007%2Fs12671-015-0478-4.pdf
40 https://www.vox.com/science-and-health/2017/5/22/13768406/mindfulness-meditation-good-for-kids-evidence
41 https://www.ncbi.nlm.nih.gov/pmc/articles/PMC4075476/
42 https://www.vox.com/science-and-health/2017/5/22/13768406/mindfulness-meditation-good-for-kids-evidence
43 https://journals.plos.org/plosone/article?id=10.1371/journal.pone.0153220
44 https://tricycle.org/trikedaily/trauma-meditation/
45 https://www.theatlantic.com/health/archive/2014/06/the-dark-knight-of-the-souls/372766/
46 http://minet.org/www.trancenet.net/research/2000perezdealbeniz.

shtml
47 https://www.researchgate.net/publication/272240728_Biologising_parenting_Neuroscience_discourse_English_social_and_public_health_policy_and_understandings_of_the_child
48 https://royalsociety.org/topics-policy/projects/brainwaves/education-lifelong-learning/

12장 군대에서의 마음챙김

1 https://www.ncbi.nlm.nih.gov/pubmed/18157882
2 https://www.army.mil/article/29549/mind_fitness_improving_operational_effectiveness_and_building_warrior_resilience
3 https://news.miami.edu/stories/2018/11/ensuring-success-in-demanding-roles.html
4 https://doi.org/10.1016/bs.pbr.2018.10.001
5 http://www.amishi.com/lab/wp-content/uploads/Stanley_Jha-Mind_Fitness-JFQ.pdf
6 William D. Lutz, *The New Doublespeak: Why No One Knows What Anyone's Saying Anymore*. HarperCollins, 1996.
7 https://www.youtube.com/watch?v=t_WI68yHFqM
8 https://doi.org/10.1016/bs.pbr.2018.10.001
9 http://www.amishi.com/lab/wp-content/uploads/JhaCV_8.24.17_Web.pdf
10 https://www.psychologytoday.com/us/blog/dangerous-ideas/201103/the-dark-side-comprehensive-soldier-fitness
11 https://thewinnower.com/papers/49-a-critical-examinationof-the-u-s-army-s-comprehensive-soldier-fitness-program
12 http://psycnet.apa.org/doiLanding?doi=10.1037%2Fa0024932
13 http://www.amishi.com/lab/wp-content/uploads/Stanley_Jha-Mind_Fitness-JFQ.pdf
14 https://psmag.com/social-justice/a-state-military-mind-42839
15 https://www.theoaklandpress.com/news/marines-studying-mindfulness-based-training/article_c4ac9534-d1d9-5eab-91e5-fdec5e4c10c3.html
16 https://www.ncbi.nlm.nih.gov/pubmed/20141302
17 http://www.amishi.com/lab/mbat_project/

18 https://www.inquiringmind.com/article/3002_14_kabatzinn-interview-with-jon-kabat-zinn-the-thousandyear-view/
19 https://www.youtube.com/watch?v=D5r2sBQM31k
20 https://www.inquiringmind.com/article/3001_16_stanleycultivating-the-mind-of-a-warrior/
21 Ibid.
22 https://federalnewsnetwork.com/federal-drive/2013/01/federal-drive-interviews-jan-28-2013/
23 Brian Victoria, *Zen at War*. Rowman & Littlefield, 2006(second ed.).
24 D. T. Suzuki, *Zen and Japanese Culture*. Princeton University Press, 1938. p.145.
25 Brian Victoria, *Zen at War*. Rowman & Littlefield, 2006(second ed.). p.210.
26 https://www.thezensite.com/ZenEssays/CriticalZen/An_Ethical_Critique_of_Wartime_Zen.pdf (p.201).
27 Brian Victoria, "Samadhi Power in Imperial Japan." Unpublished paper. p.13.
28 Brian Victoria, *Zen at War*. Rowman & Littlefield, 2006(second ed.). p.139
29 Elizabeth Stanley, "Neuroplasticity, Mind Fitness, and Military Effectiveness." In Robert Armstrong & Mark Drapeau (eds.), *Bio-Inspired Innovation and National Security*. CreateSpace, 2012.
30 Brian Victoria, "Teaching Buddhism and Violence." In Brian K. Pennington(ed.), *Teaching Buddhism and Violence*, Oxford University Press, 2012. p.89.
31 https://www.theguardian.com/commentisfree/belief/2012/may/22/anders-behring-breivik-meditation
32 https://sites.google.com/site/breivikreport/documents/anders-breivik-psychiatric-report-2012-04-10
33 https://www.inquiringmind.com/article/3002_14_kabatzinn-interview-with-jon-kabat-zinn-the-thousandyear-view/
34 https://www.inquiringmind.com/article/2202_4_cullen_mindfulness-conversation/
35 http://www.huffingtonpost.com/matthieu-ricard/caring-mindfulness_b_7118906.html
36 John Dyckman, "Letter to the Editor". *Inquiring Mind*, Fall 2014.
37 http://www.mindfulnesstrainingcourse.org/the-application-of-right-

mindfulness-foLt
38 Col Dave Grossman, *On Killing: The Psychological Cost of Learning to Kill in War and Society*. Back Bay Books, 2009(revised ed.).
39 http://blogs.dickinson.edu/buddhistethics/files/2010/12/Premasiri.pdf
40 https://journals.sagepub.com/doi/abs/10.1177/002088171004600403

13장 정치에서의 마음챙김

1 Tim Ryan, *A Mindful Nation: How a Simple Practice Can Reduce Stress, Improve Performance, and Recapture the American Spirit*. Hay House, 2012. pp.33-34.
2 Ibid.
3 Ibid.
4 https://www.huffingtonpost.com/one-world-with-deepakchopra/the-art-of-mindfulness-in_b_5023022.html
5 https://abcnews.go.com/Politics/rep-tim-ryan-meditation-reduces-stress-work-trump/story?id=48378736
6 Tim Ryan, *A Mindful Nation: How a Simple Practice Can Reduce Stress, Improve Performance, and Recapture the American Spirit*. Hay House, 2012.
7 Ibid.
8 Craig Martin, *Capitalizing Religion: Ideology and the Opiate of the Bourgeoisie*. Bloomsbury, 2014.
9 Tim Ryan, *A Mindful Nation: How a Simple Practice Can Reduce Stress, Improve Performance, and Recapture the American Spirit*. Hay House, 2012.
10 https://www.washingtontimes.com/news/2012/jul/11/ohio-democrat-uses-mindfulness-stress-reduction-te/
11 https://www.tandfonline.com/doi/full/10.1080/07393148.2016.1153195
12 https://www.ncbi.nlm.nih.gov/pubmed/18031225
13 Richard Wilkinson and Kate Pickett, *The Spirit Level: Why Greater Equality Makes Societies Stronger*. Bloomsbury, 2011.
14 https://theintercept.com/2018/07/23/tim-ryan-presidential-run-2020/
15 Tim Ryan, *A Mindful Nation: How a Simple Practice Can Reduce Stress, Improve Performance, and Recapture the American Spirit*. Hay House,

2012. p.167.
16 Jon Kabat-Zinn, *Coming To Our Senses: Healing Ourselves and the World Through Mindfulness*. Hachette Books, 2005.
17 https://www.ncbi.nlm.nih.gov/pmc/articles/PMC5605584/
18 https://www.ibtimes.com/heinrich-himmler-nazihindu-214444
19 https://www.yogajournal.com/blog/nazi-leaders-fascinated-by-yoga
20 https://www.tandfonline.com/doi/full/10.1080/07393148.2016.1153195
21 https://www.nbcnews.com/politics/elections/sanderswing-party-terrifies-moderate-dems-here-s-howthey-n893381
22 https://www.politico.com/magazine/story/2018/09/09/tim-ryan-2020-presidential-candidate-yoga-beer-mindfulness-interview-profile-219738
23 Sam Binkley, *Happiness as Enterprise: An Essay on NeoliberalLife*. SUNY Press, 2015.
24 Tim Ryan, *A Mindful Nation: How a Simple Practice Can Reduce Stress, Improve Performance, and Recapture the American Spirit*. Hay House, 2012.
25 Jon Kabat-Zinn, *Wherever You Go, There You Are*. Hyperion, 2005
26 https://www.theguardian.com/society/2014/may/07/politicians-ruby-wax-parliament-mindfulness-meditation
27 https://www.ncbi.nlm.nih.gov/pmc/articles/PMC3964149/
28 https://www.theguardian.com/lifeandstyle/2013/apr/07/zen-buddhism-nhs
29 https://www.themindfulnessinitiative.org.uk/about/who-we-are
30 https://www.themindfulnessinitiative.org.uk/about/mindfulness-appg
31 https://www.mindful.org/can-mindfulness-transform-politics-2/
32 https://www.themindfulnessinitiative.org.uk/publications/mindful-nation-uk-report
33 https://themindfulnessinitiative.org.uk/images/reports/Mindfulness-APPG-Report_Mindful-Nation-UK_Oct2015.pdf
34 https://www.theguardian.com/commentisfree/2015/oct/20/mindfulness-mental-health-potential-benefits-uk
35 Ibid.
36 Ibid.
37 https://thepsychologist.bps.org.uk/not-mcmindfulness-any-stretch-imagination
38 Ibid.

39 https://thebuddhistcentre.com/text/triratna-around-world
40 https://www.themindfulnessinitiative.org.uk/about/who-we-are
41 https://www.breathworks-mindfulness.org.uk/meet-our-associates
42 https://www.bbc.co.uk/news/uk-england-hampshire-37432719
43 https://thebuddhistcentre.com/news/statement-urgyen-sangharakshita
44 http://www.wiseattention.org/blog/2012/10/19/secularmindfulness-buddhism-2-a-wider-view-of-mindfulness/
45 https://www.ncbi.nlm.nih.gov/pmc/articles/PMC5353526/
46 https://eric.ed.gov/?id=EJ1120864
47 https://themindfulnessinitiative.org.uk/images/reports/Mindfulness-APPG-Report_Mindful-Nation-UK_Oct2015.pdf
48 https://eric.ed.gov/?id=EJ1120864
49 https://themindfulnessinitiative.org.uk/images/reports/Mindfulness-APPG-Report_Mindful-Nation-UK_Oct2015.pdf
50 https://www.ncbi.nlm.nih.gov/pubmed/24294837
51 https://www.ncbi.nlm.nih.gov/pubmed/24395196
52 https://www.ncbi.nlm.nih.gov/pubmed/25907157
53 https://www.sciencedirect.com/science/article/pii/S2352250X1830 1209
54 https://www.conservativehome.com/platform/2018/08/tim-loughton-mindfulness-has-a-crucial-role-to-play-intackling-mental-illness.html
55 https://www.sciencedirect.com/science/article/pii/S2352250X1830 1209
56 Ibid.
57 Ibid.
58 https://www.theguardian.com/lifeandstyle/2017/oct/22/mindfulness-jon-kabat-zinn-depression-trump-grenfell
59 https://www.theguardian.com/lifeandstyle/2017/oct/13/politicians-meditate-commons-mindfulness-event
60 Ibid.
61 https://www.sciencedirect.com/science/article/pii/S2352250X1830 1209
62 https://www.ncbi.nlm.nih.gov/pmc/articles/PMC5605584/
63 http://www.wbur.org/onpoint/2018/08/14/meditation-mindfulness-jon-kabat-zinn

64 https://www.sciencedirect.com/science/article/pii/S2352250X18301209

결론 마음챙김 해방

1 https://vimeo.com/ondemand/themindfulrevolution
2 https://link.springer.com/article/10.1007/s12671-017-0758-2
3 https://www.inquiringmind.com/article/3002_14_kabatzinn-interview-with-jon-kabat-zinn-the-thousandyear-view/
4 https://www.iiss.org/publications/the-military-balance
5 https://www.dukeupress.edu/cruel-optimism
6 https://truthout.org/articles/domestic-terrorism-youth-and-the-politics-of-disposability/
7 Jon Kabat-Zinn, *Full Catastrophe Living*. Bantam Dell, 1990. p. 200
8 https://www.dukeupress.edu/the-already-dead/
9 https://www.eventbrite.com/e/video-of-angela-davisjon-kabat-zinn-east-bay-meditation-center-benefittickets-50134682184
10 Nicole Aschoff, *The New Prophets of Capital*. Verso, 2015. p.3.
11 http://mindfulnessinamericasummit.com/
12 Deborah Orr, "Ethics, Mindfulness, and Skillfulness", in *Handbook of Ethical Foundations of Mindfulness*, ed. Steven Stanley, Ronald Purser and Nirbhay Singh. Springer, 2018, pp.137-8.
13 https://tricycle.org/magazine/seeing-things-they-are/
14 Bhikkhu Bodhi, *The Connected Discourses of the Buddha, A Translation of the Samyutta Nikaya*. Wisdom Publications, 2000. p.251.
15 https://www.ncbi.nlm.nih.gov/pmc/articles/PMC5605584/
16 Ibid.
17 https://vimeo.com/ondemand/themindfulrevolution
18 William Davies, *The Happiness Industry: How the Government and Big Business Sold Us Wellbeing*. Verso, 2015. p.251.
19 Ibid.
20 https://www.thelancet.com/journals/lanpsy/article/PIIS2215-0366(18)30394-8/fulltext
21 Bruce Rogers-Vaughn, *Caring for Souls in a Neoliberal Age*. Palgrave Macmillan, 2016. p.126.
22 Ibid.

23 Ibid.
24 C. Wright Mills, *The Sociological Imagination*. Grove Press, 1961.
25 Paulo Freire, *Pedagogies of the Oppressed*. Continuum, 2000(30th Anniversary edition).
26 Robin DiAngelo, *White Fragility: Why It's So Hard for White People to Talk About Racism*. Beacon Press, 2018. p.59.
27 Mary Watkins and Helene Shulman, *Toward Psychologies of Liberation*. Palgrave, 2008. p.29.
28 Robert Hattam, *Awakening Struggle: Towards a Buddhist Critical Theory*. University of South Australia Press, 2002. p.228.
29 Erich Fromm, *Beyond The Chains of Illusion*, Abacus, 1989. pp.131-2.
30 Mark Fisher, *Capitalist Realism*. Zero Books, 2009. p.80.
31 http://nomosjournal.org/2013/08/searching-for-integrity/
32 https://tricycle.org/trikedaily/conscientious-compassion/33 Peter Gabel, *The Desire for Mutual Recognition: Social Movements and the Dissolution of the False Self*. Routledge, 2018. p.210.
34 https://vimeo.com/ondemand/themindfulrevolution

지은이 로널드 퍼서
샌프란시스코 주립대학교 경영학 교수이자 불교 신자. 여러 매체에 에세이와 문화 비평 글을 쓰고 있다. 특히 《허핑턴 포스트》에 기고한 〈맥마인드풀니스를 넘어서Beyond McMindfulness〉가 크게 화제가 되어 마음챙김 명상 비판의 물꼬를 텄다. 저서로 《마음챙김 핸드북: 문화, 맥락 및 사회 참여》, 《마음챙김의 윤리적 기초 핸드북》이 있다. 1981년에 버클리에 있는 티베트 불교인 닝마파 선원에서 불교 수련을 시작했고, 한국의 선 불교 태고종에서 계를 받은 불교 교사이기도 하다.

옮긴이 서민아
대학에서 영문학과 경영학을, 대학원에서 비교문학을 공부했다. 옮긴 책으로 《기후정의》, 《도리언 그레이의 초상》, 《비트겐슈타인 가문》, 《은여우 길들이기》, 《자유의지》, 《자전소설 쓰는 법》, 《카뮈, 침묵하지 않는 삶》, 《키라의 경계성 인격장애 다이어리》, 《힘없는 자들의 힘》 등이 있다.

마음챙김의 배신 : 명상은 어떻게 새로운 자본주의 영성이 되었는가?

초판 1쇄 발행 | 2021년 1월 11일
초판 2쇄 발행 | 2021년 4월 30일
지 은 이 | 로널드 퍼서
옮 긴 이 | 서민아
펴 낸 이 | 이은성
편   집 | 구윤희
디 자 인 | 본문 이다례, 표지 최승협
펴 낸 곳 | 필로소픽
주   소 | 서울시 동작구 상도동 206 가동 1층
전   화 | (02) 883-9774
팩   스 | (02) 883-3496
이 메 일 | philosophik@hanmail.net
등록번호 | 제379-2006-000010호
ISBN 979-11-5783-206-4 03300

필로소픽은 푸른커뮤니케이션의 출판 브랜드입니다.